戦国期宗教思想史と蓮如

大桑 斉

法藏館

戦国期宗教思想史と蓮如＊目次

目次

目　次

目次

装幀 山崎登

戦国期宗教思想史と蓮如

序説

本書は、十五・十六世紀の思想史を「戦国期宗教思想史」として捉える構想のもとに著した諸論文で構成されている。具体的には、戦国期の宗教化状況における最高神観念の形成という観点をベースに置き、この時期の代表的な宗教である真宗思想をそのうちに捉え返すことが課題である。第一編はその基礎作業に当てられ、五山禅林と唯一神道にみられる最高神の観念と蓮如の阿弥陀仏観念を検討する。第二編は、対象を蓮如の御文に絞り込み、最高神観念のもとでの救済論を一向一揆との関連で思想史として追求したい。さらに第三編では、その状況下で真宗が生み出したカリスマ的救済者としての蓮如像の形成と善知識信仰の様相を捉えたい。

「戦国期宗教思想史」という観点からの思想史研究はいまだなされていない。十五・十六世紀は戦国時代といわれる時期とほぼ一致し、土一揆と呼ばれた民衆闘争に始まり、大名間の争覇戦から統一政権の形成、いわゆる石山戦争と、騒乱と戦乱が打ち続いた時代である。独創的な思想家が出現したわけでもなく、思想的営為が重要な意味をもったとも考えられない時代、と認識されるのが普通である。このような認識によって、この時代が思想史の課題に据えられることは少なかった。

この常識に対して、あえて「戦国期宗教思想史」として問題化するには、それなりの理由がある。それは「思想史」の捉え方にかかわっている。独創的な思想（家）の歴史を対象とする思想史に対して、人々が生きる拠り所とした思惟を歴史的に捉える〈思想史〉がありうる。安丸良夫がいう「意味的なもの、いいかえれば人びとの体験の主観的表象」とは、そのようないわば「思想」以前の思惟であり、「そこに広範な人びとのものである歴史の形成力を発見し、そこに視点を据えて」歴史像を作り変える、これが「民衆思想史」である（『〈方法〉としての思想史』、校倉書房、一九九六年、「はしがき」）という。戦乱の世に「人びとの体験の主観的表象」を考えれば、空しく死んでゆかねばならない人々の現世安穏後生善処という願望が注目される。現世のみならず後生にわたる救済の願望を充足するには、哲理や倫理や現世利益の祈禱では十分ではなく、現世安穏とともに後生善処を実現する宗教が「歴史の形成力」でなければならず、それを担ったのが仏教であったから、仏教救済論の民衆的展開がこの時代の民衆思想史の中心課題となる。

日本仏教は、鎌倉時代において哲理的思想的最高峰に登り詰めたが、それは親鸞「思想」、日蓮・道元「哲学」、とでも呼ぶのがふさわしいような、哲理としての仏教であった。それらの新仏教も、顕密体制論といわれる鎌倉仏教の捉え方に従えば、密教を媒介にした天台・真言の統合体が宗教界を支配する体制のもとで、異端の改革派であり、民衆的レベルにおいても少数派にとどまった。顕密仏教の代表的研究者である平雅行が「日本の中世社会では、阿弥陀信仰や念仏信仰・法華信仰が大変盛んです。しかしそれらの内実を検討してみると、そのほとんどは顕密仏教の阿弥陀信仰、顕密仏教の法華信仰なのであって、法然・親鸞や日蓮は阿弥陀信仰や法華信仰の世界においてすら全くの少数派です。（中略）彼らが自立した存在となって社会的な影響力をもつようになるのは戦国時代に入ってからです」といい、藤井学が鎌倉仏教ではなく「戦国仏教」と呼ぶべきだと提唱するのを支持している（『親鸞とその時代』、法藏館、二〇〇一年）ことは、まさに戦国期宗教思想史が何を課題とすべきかを指示しているようである。鎌倉に生まれた新仏教は戦国期に民衆的に定着して社会的存在となったというのであるから、その内容が問われねばならないのである。

鎌倉仏教の異端の改革派仏教が人々に定着し始めるには、南北朝動乱による社会変革が根底にまで及んだ戦国期を待たねばならない。そこでは、戦乱のうちで救済を求める人々の声が仏教者を揺り動かし、思想的哲学的な仏教を超えて、人々を救済する宗教としてのあり方が求められたことにおいて仏教諸宗に中興者たちが出現する。十五世紀には、禅に一休、日蓮宗に日親、天台宗に真盛、真宗に蓮如と真慧（高田派）など、各宗の中興と呼ばれる宗教者が続出し、それぞれの宗派の哲理的教義を宗教化・民衆化し、教線を拡大して、今日見るような宗派分布図の基本を作り上げた。こうした状況を、戦国期宗教化状況と呼ぶことにする。

その戦国期宗教化状況において展開された宗教思想はどのようなものなのか、これが問題となる。それを最高神観念の形成という観点から捉えてみたい。最高神観念は鎌倉仏教の共通した思想的特徴としての専修性にかかわって形成される。ただ一つの実践を選びとるという、親鸞・法然における弥陀一仏・専修念仏、日蓮における専称題目、道元における只管打坐、このような専修性が、現実の場で宗教として、信仰として働けば、それ以外のさまざまな信仰は余行として排除される。しかしそれら余行としての信仰、それを支える神仏は、排除はされても否定され抹殺されたわけではないから、それらの多様な神仏と専修性の関係論が必要とされてくる。そこに最高神の観念が生まれる。それは多神教・汎神状況を前提とし、その諸神仏を最高の神格のもとに組織化、体系化するものであった。真宗もまたそうした動向のうちにあるから、最高神観念を下敷きにして蓮如における阿弥陀仏観念を捉え返すことが必要となる。

次には、宗教化状況における最高神観念の形成のうちでの真宗の思想的展開として、蓮如の御文の救済論が問題となる。御文研究にはすでに多くの蓄積があるが、基本的には五帖八十通の御文、あるいは全遺文二百五十余通を一括して対象化し、適宜抽出された個々の御文を連ねて論ずる、という方法である。けれども、八十通といい、二百五十余通といっても、それは蓮如四十七歳の寛正二年（一四六一）に始まり、死の一年前の八十四歳、明応七年（一四九八）に及ぶ三十八年の時間的幅をもっている。その間には、吉崎での布教、畿内へ戻っての山科本願寺の再興、引退して大坂坊居住という、いくつかの大きな節目をもっており、その背後には、一向一揆の蜂起と敗退、一転しての加賀制圧、隣国越前朝倉氏との抗争という状況があった。このようなことを知るだけでも、御文を一括して論ずるのが無謀であることは容易に理解しえよう。御文は時代を区分して論じられねばならない。

そのとき、御文が五帖に編纂されていることが問題となる。御文を五帖に編纂したのは誰かについて諸説があるが、蓮如自身が大筋において編集したという出雲路修説（東洋文庫345『御ふみ』解説および「五帖御文の成立をめぐって」『教化研究』一〇三）に従いたい。なぜなら、五帖の各帖は、各々が見事に状況に対応し、さらには各帖ごとにきわめて特徴的な救済論をもつ、というように構成されているのであり、そのように読めば編者を蓮如自身に想定するほかないからである。帖ごとに読むことで、状況に対応した蓮如の救済論の展開として読むことができる。それは、最高神弥陀による救済論としてどのように戦国期宗教思想史に位置づけられるのか、また一向一揆とどのような関係として捉えられるのかを問題としたい。

蓮如が御文によって最高神弥陀の救済論を展開するのをうけて、最高神阿弥陀仏の応化としての蓮如像が形成される。蓮如の十男願得寺実悟がそのイデオローグとなるが、その蓮如像は、一向一揆・本願寺が戦国の世に一方の雄として展開することと密接に絡みながら、形成され、変容される。その根底には、中世社会に広く展開していた生身仏の信仰がある。そのため蓮如を弥陀の応化とする観念は、直ちに蓮如信仰として受容されたのではなく、本願寺宗主を善知識と仰ぐ信仰形態を生み出した。蓮如側近の高弟赤尾の道宗、そして戦国も末期、本願寺の御堂衆出身で豊臣秀吉の朝鮮侵略に従軍した安養寺慶念の信仰には、こうした善知識信仰が濃厚なことを指摘する。応化としての蓮如、その救済論としての御文が本格的に受容されるには、江戸を待たねばならない様相が見て取れるはずである。

以上、本書の内容をあらかじめ概観したが、最高神観念の形成という戦国期宗教化状況から善知識信仰の成立に至るという仮説を提示したのは、江戸から明治を経て現代に継承された民衆的宗教意識の解明という課題が根底にあるからにほかならない。何故に真宗門徒は、つい最近まで宗主崇拝を残存させたのかという課題であり、それは、たとえば森龍吉が、本願寺法主の専制主義の確立に「何よりも要求されたものは法主を「人神」的存在と化し、それに絶対的権能を付託せねばやまぬ封建的権力体制の意志が自己を貫き、弥陀一仏に対する一神教的傾向に、現世における家父長的支配の遺制を反映させ、集権的に再生産することであった。したがって門末に要求されるものは弥陀一仏に対する絶対的信順の擬制としての本願寺法主に対する随順である」（「幕藩体制と宗教」『日本宗教史講座』第一巻、三一書房、一九五九年）と述べたような、本願寺宗主体制の性格の解明という課題であった。森においては、宗主体制が要求したものとして一神教に擬せられる宗主という捉え方がなされているが、本書では逆に、民衆の生身仏信仰、それを基盤とした戦国期宗教思想史の最高神観念の形成から、本願寺宗主体制の最高神擬制と捉え返しを試みている。そのように捉えることで、戦国大名の絶対者化、仏神擬制、統一権力者の神格化の問題などが見通せる。

いま一つの課題は、蓮如御文が展開した救済論である。蓮如と一向一揆の関係論として、蓮如に一向一揆を否定した言説はあっても肯定した言葉はない、というようなレベルでの、蓮如一向一揆否定論や逆の肯定論が罷り通ってきた。最高神としての蓮如の阿弥陀仏、それが最高神であるゆえんは、一切衆生の無条件救済を本願とするところにあるから、一揆する民衆はすべて救われねばならないのであり、そこに展開されたのが現世正定聚論、弥陀の光明の全包摂性、たのむ者を必ず救うという六字釈であった。それらは、最高神弥陀の全民衆救済論であり、一揆民衆の救済論であった。あるいはまた、常に問題となる神仏関係論も最高神観念から無理なく捉えることができよう。戦国期宗教思想史として、最高神の観念を媒介に一向一揆との関係論を導入すればこのように考えることができる。そのうえで、最高神阿弥陀の応化として、民衆は蓮如を捉えるのであり、そこから善知識信仰はさほど距離がない。

第一編　戦国期宗教思想史における真宗

第一章　最高神観念の形成

本章は、全体の序説として、大桑著『日本近世の思想と仏教』（法藏館、一九八九年）で考えた最高神観念の形成を概略するために、次のように構成した。「はじめに」「第一節」は新稿、「第二節」「第三節」は前著の第1編第二章「戦国思想史における原理と秩序――五山僧横川景三の思想から――」、第三章「吉田兼倶の論理と宗教――十五世紀宗教論への視座――」から要点を抽出し、若干の補足を加えたものである。

はじめに

戦国期宗教思想史を宗教化状況――つまり鎌倉仏教の哲理が民衆の救済願望に応答すべく、救済論を軸に再編成されて宗教として展開する状況――において捉えるならば、そこに展開されたのは救済論における専修性と融合性の論理的競合状況であった。真宗では祖師親鸞の念仏の専修性が強化されて諸神仏菩薩不拝の方向をとるが、同じく専修性に立脚する日蓮宗では、真宗とは逆に諸神仏を番神として組み込み編成するという方向であり、専修性を基軸とする融合論とでもいうべきあり方をとる。また浄土宗や時宗・禅宗なども、土着の神々や密教系の神仏を取り込んで展開する点では、専修性よりは融合性に主眼を置いているように思われる。そうした内で、本来的に汎神論であり融合性を本質とする神祇信仰のうちから、専修性を主張して唯一神道が生み出されてくる。

　このような専修性と融合性は、いずれの場合にせよ、汎神論を否定し、さまざまな神仏を抹殺したり排除したりするようなものではありえず、中核となる神格の主神的性格を強化し、それに基づいてさまざまな神仏菩薩を体系化するような方向性をとるものであった。黒田俊雄が、一向専修と本地垂迹が「ともに多神観に立ちながら」、前者は「極限まで一神教的傾向をつよめ、後者は多神教のままで一神教的効果をもたせようとする」のであり、そこにみられる「絶対者」「最高神」の信仰（一神教）の形成、そこへ引き上げる努力に、中世的宗教の特質と躍動と緊張をみたのは、きわめて示唆的である（「中世国家と神国思想」〈『黒田俊雄著作集』第四巻〉および「思想史の方法についての覚書」〈『黒田俊雄著作集』第二巻〉、法藏館、一九九五年・一九九四年）。こうした多神教を前提とした一神教・最高神への動きは、諸神仏菩薩を体系化し、中核となる神格を主神として性格づけることを必然とするから、専修性と融合性という一見正反対の方向をとりながらも、主神格の創出、つまりは最高神の形成という思惟を基軸にすることで共通していた。このように中世後期における戦国期宗教化状況のうちに特徴的に最高神観念の形成を想定したい。

第一節　日蓮宗の場合

真宗に関しては後に見ることとして、それとの対比の意味をも含めて、日蓮宗の場合を藤井学の仕事を中心にして見ておきたい（主として『日本仏教史Ⅱ中世編』の藤井学による日蓮宗関係の各章、および「「かた法華」と「ひら法華」〈『文化財報』八一、一九九三年〉。これらはいずれも『法華文化の展開』、法藏館、二〇〇三年に収録〉。

その核となったのは、日蓮における釈尊御領の観念である。日蓮は、

この娑婆世界の真実の主人を釈迦仏と考えた。日本の風土の真実の領主は、天皇や将軍ではなくて、釈迦仏であると説いた。すなわち、日本は仏土なのである。この国土の真実の主が説いた唯一正法が法華経であるから、日本の国土に鎮座する固有の神はこの法華経を守護し、かつこの経の流布を使命とする日蓮以下の法華経の行者を常に擁護する責務を、国土の真実の主の釈迦仏に負っていると、日蓮はいくたびも述べ続けた。

というように、日本の国土を釈迦仏の領とする釈尊御領観念によって、日本の神々を釈迦仏の唯一の正法である法華経とその行者を守護する神々へと転換する。その背後には、釈迦仏は天照大神をはじめ諸神の本地であるという本地垂迹説がある。多くの神々のうちの主神として他の神々を従えるものという最高神の観念を日蓮の釈迦仏に見ることができよう。

それはさらに神前読経の論理となって展開する。藤井学は、神々が法華経とその行者を守護するためには、

神は常に法華経の法味に浸っていなければならない、と日蓮は説いた。したがって神前では、法華経が常に読誦されていなければならない。

という。そこからまた法華経の法味に浸りえなかった神々は神でなくなり天に帰るという神天上説が導かれ、そのような神は当然ながら礼拝の対象にはならなくなる。こうして日蓮宗における神祇不拝の教説と、それとは逆の法華経守護の三十番神という考え方が展開することになる。

三十番神の思想はすでに比叡山天台宗で形成されていたが、それが日蓮没後に中山門流と日像門流において受容され、十三世紀末から十四世紀初期の洛中布教とともに展開し、さらには十五世紀の日親の洛中布教による日蓮宗

寺院の成立展開において、寺院境内に三十番神堂が勧請され、あるいは本尊曼荼羅に名社大神が記入されて、本尊とともに祭祀されるという様相で展開し、釈迦仏（主神）―三十番神（守護神）―それ以外の神々（天上に帰った神）という神仏のヒエラルキーが形成された。このような主神釈迦仏を、神々を体系化する機能をもった最高神とみなしてよいであろう。日蓮において形成された「娑婆世界の真実の主」釈迦仏観念が、民衆への布教を媒介に宗教化し、最高神観念へと展開したのである。

その三十の神々は、伊勢・八幡・賀茂・春日・平野・北野・稲荷・住吉・祇園・熱田・諏訪・鹿島などの全国的な神のほかに、比叡山の諸神、松尾・赤山などの京都の地域神、建部・三上・吉備・気多・気比・貴船などの各地の地域神などで、ほとんどの神々が網羅された感がある。これに対して、天上に帰った神々、礼拝の対象にならない神々は、真言・天台などの支配下に入った神社であるといわれるから、それらは主として村の鎮守クラスの神々、あるいは実社神であったようである。

以上のように、日蓮宗における釈迦仏は、神々を体系化する意味で最高神と考えられるが、最高神と呼ぶためには、それだけでは不十分である。宇宙・世界・万物を創造し、それらを支配するという創造主宰神の性格が必要であろう。日蓮宗の釈迦仏にそのような観念が付随しているか否かが問題である。日蓮においてはその方向性を認めることができよう。すなわち「日眼女釈迦仏供養事」（弘安二年〈一二七九〉）で、

東方の善徳仏・中央の大日如来・十方の諸仏・過去の七仏・三世の諸仏・（中略）・日月・月天・明星天・北斗七星・二十八宿・（中略）・八万四千の無量の諸星・阿修羅王・天神・地神・（中略）・一切世間の国々の主とある人、何か教主釈尊ならざる。

と述べているのは、時間的空間的な一切の神仏および権力者を釈尊の分身とみる考えを示しており、その限りで釈

尊は万物の創造主宰神といえないこともない。

このような最高神＝創造主宰神的思想が、その後どのように展開したかは知見に入っていないが、法華経の「今此三界皆是我有、其中衆生悉是我子」という世界と衆生を仏土仏子とする文言が本尊に記され、人々の礼拝の対象として周知されたことに、そのような創造主宰神としての観念の展開を見ることができよう。

第二節　五山禅林における最高神観念の形成──横川景三の「太初」の観念

日蓮宗の場合は、民衆への教化活動による宗教化を通じて最高神の観念の展開があったが、これとは別の、最高神を哲理的に思惟する営為を見ておこう。空を根本原理とする仏教思想においては、かかる創造主宰神の観念は本来的ではない。密教において、大日如来が金剛界・胎蔵界曼荼羅の本尊であり、十方諸仏を包括する法身仏とされて、宇宙の根源神的性格をもち、日本列島の生成が大日如来の真言によって誕生したという大日印文説話が説かれることがあったが、その創造神的性格がそれ以上に展開されることはなかったようである。

万物の生成を説くのはむしろ神祇観念に見られるところである。伊勢神道の形成とともに神道五部書と呼ばれる神道書が、日本の国土生成神話を新たに展開し、これと歩調を合わせて中世日本紀と呼ばれる一群の神話が生み出され、日本の国土生成を説くものとして鎌倉期から展開したことは、近時注目されている。山本ひろ子は、神々が古代そのままの様態では人々の信仰的要請に応えられないところから、中世は本地垂迹説の世界として展開し、神々の変貌を語る神道書が世界の創世＝天地開闢から語り出されたと述べ、そうした内から天御中主神・国常立神などの根源神への熱い眼差しが生まれたという（岩波新書『中世神話』、一九九八年）。このように中世は創造主宰神の観念への注目が始まった時代である。

仏教側で中世後期に創造主宰神への思惟を見せるのは五山禅林の学僧たちであった。中国禅との密接な関連をもった五山の学は、宋・明の禅に付随していた儒学ならびに老荘思想の影響が強いが、そこに見られた創造主宰神の観念が、この時代における関心に従って取り込まれてくる。

その代表者として横川景三（一四二九～一四九三）を取り上げる。日蓮宗の日親（一四〇七～一四八八）、真宗の蓮如（一四一五～一四九九）より若干若いが同世代といってよい人物である。学の師は、相国寺・南禅寺に歴住し、鹿苑院塔主・僧録を勤めた当代の大儒僧、瑞渓周鳳（一三九一～一四七三）。また五山文学の始祖義堂周信（一三二五～一三八八）に私淑していた。応仁文明の乱を避けて近江に移り、文明四年帰洛後、等持寺・相国寺・南禅寺に歴住、臨川寺三会院塔主として夢窓派の総師となり、最後は鹿苑僧録に至った当代きっての学僧である。

横川が近江の豪族菅野秀定に与えた「太初」という法号を説明した「太初字説」（『東遊続集』、五山文学新集第一巻、東京大学出版会、一九六七年）を題材に考える。

A大通智勝仏ヲ按ズルニ、未ダ出家セザル時十六子アリ。各々沙弥トナリ、初中後ノ義ヲ説キ、一乗妙理ヲ顕ス。其一沙弥、西方ニ仏トナル。是ヲ阿弥陀ト名ヅク。爾レ自リ般舟ノ教、家伝戸授シテ、勝テ教フベカラス。公已ニ沙弥トナリ、安養ノ社ニ入ル。晨香夕火、専念ヲ心トナシテ勤ムト謂ツベシ。苟モ初心一念ニ於テ、不思議善ヲ得レバ、則チ口ニ南無ヲ唱セズ、足ヲ西方ニ跨セズ、己身ノ中ニ浄土ヲ現ジ、本性ノ上ニ弥陀ヲ見ル、亦広大ナラズヤ。（原漢文、以下のB～Eも同）

この字説は菅野秀定の浄土信仰を、初一念に「不思議善」を獲得してそのままの身で弥陀そのものになったと称える。横川自身も禅と念仏の一致の信仰をもっていたことが知られるが、それはこのような唯心弥陀的な信仰であった。阿弥陀という絶対善が自己の心に内在するという思惟であることに注意しておきたい。

ついで横川は「太初」の字義に触れて、以下のようにいう。

B南華曰ク、太初無アリ有ナシ、一ノ起ル所ナリ。之ヲ解スル者曰ク、太初ハ造化ノ始メナリ、自然ノ理ナリ。余曰ク、一異有無ノ説、造化自然ノ論、出家児尋常茶飯ノミ。以テ論ズルニ足ラズ。古人アリテ謂フ、老荘ハ仏法中小乗声聞ノ人ナリ。誠ナル哉也此言。

「南華」とは『南華真経』＝『荘子』のことであり、その外編天地第十二に、

C泰初に無あり。有もなく名もなし。一の起こる所、一あるも未だ形せず、物得て以て生ずる、これを徳と謂う。

と見えている。金谷治によれば、「泰初［すなわち天地の始め］には「無」があった。存在するものは何もなく、名まえもなかった。そこに「一」が起こったが、「一」はあってもまだ形はなかった。万物はこの「一」を得ることによって生まれているが、これを徳という」、と訳されている（岩波文庫『荘子』第二冊）。「泰初」には、「有」でもなく「名」もない「無」のみが存在し、その「無」が「一の起こるところ」として「一」の存在因となる。「一」は「泰初」が「無」であるのに対して「有」であるが、いまだ形をもたない。しかし万物はこの「一」を得ることによって生ずるのであるから、「一」は万物の生成因である。このように万物の存在因「無」と生成因「一」が起こるのが「泰初」なのである。「泰初」はそのような宇宙生成の始まりを意味するのであり、Bで「太初ハ造化ノ始メナリ」といわれるのはこの意味である。この文に「之ヲ解スル者曰ク」というのは、宋代後期の儒者林希逸の著『荘子鬳斎口義』を指し、寛文五年（一六六五）風月庄左衛門開版本によれば次のように見えている。

D泰初トハ造化ノ始ナリ。有ル所ノ者ハ、只是無ノミナリ。未ダ箇ノ有ノ字アラザルナリ。有猶ヲ之レ無キトキハ、則安ンゾ名ヲ得ル事ヲ得ン。此レ乃チ一ノ由テ起ル所ナリ。此ノ一ノ字便チ是無ノ字ナリ。故ニ一有リテ

未ダ形セズト曰フ。物得テ以テ生スルトキハ、有アルナリ。凡ソ物各其有ヲ有スレバ、皆徳ナリ。未ダ形セザルハ、一ノ起ル所ノ時ヲ言フ。（中略）此レ乃チ之ヲ玄妙ノ徳ト謂ヘバ、則大順ト同ジナリ。大順ハ即チ泰初自然ノ理ナリ。

横川の思惟が、大筋においてこの林希逸によっていることが知られよう。Bで「太初」が「自然ノ理」ともいわれているのは、ここに出典をもつことも明らかになった。ただしここで「自然ノ理」は「大順」と説明されるように、順序や秩序のことであるから、宇宙の始まりは秩序の生成因でもある。

こうして、横川は宇宙の始まりを「太初」といい、それは無であり実態をもたないが、それが存在因となって「一」を生み、その「一」が生成因となって万物を生み出すという始源と規定したのである。また一方「太初」は「自然ノ理」ともいわれ、万物をあるようにあらしめる自然の秩序原理でもある。「太初」は端的に言い切れば万物を創造し主宰する究極原理といってよい。

このような「太初」は『老子』と密接な関係にある。関連条項を列挙するだけで明白であろう。

第一章　道の道《よ》るべきは常道にあらず、名の名づくべきは常名にあらず、名なし天地の始には、名あれ万物の母《はじめ》にこそ。

第三十九章　昔の一（道）を得るもの、天は一を得て清く、（中略）万物は一を得て生じ、

第四十章　天下の物は有より生じ、有は無より生ず。

第四十二章　道、一を生じ、一、二（陰陽）を生じ、二、三（陰陽と沖気と）を生じ、三、万物を生ず。（岩波文庫『老子』）

このような『老子』各章が念頭にあるだろうし、人々もまたこれを連想したであろうから、「太初」は老子の宇宙

の究極原理の「道」にも連なっている。

横川はBで、このような「造化自然ノ論」は仏教では常識であり論ずるに足らず、老荘は仏教でいえば小乗でしかないと批判し、それを仏典によってより高次な意味を付与しようとする。

E妙経ノ中、正法ヲ説クニ初善・中善・後善ノ語アリ。大乗論ニヨレバ、初中後ノ心ヲ以テ三善ト為ス。初心者如来不可思議是ナリ。太初ノ太ノ言ハ大ナリ、義ヲ此ニ取ル者ナリ。

典拠は『法華経』巻第一、および『成実論』巻第一「法宝論初三善品」であるが、そこでの文脈と関係なしに横川はこの三善の初善を「太初」に当てはめ、如来不可思議と関連づけようとしている。これによって「太初」は如来に比定され、認識を超えた絶対原理とされたのである。順序を逆転して説明してきたが、このEの後に、最初に引いたAが続くのであり、「太初」＝如来は、大通智勝仏の子阿弥陀仏として人格化され、さらには人間の心に内在する原理とされた。

かくして「太初」は老荘儒仏に貫徹する宇宙の始源であり、無でありながら有の始源となり、万物を秩序づける原理であった。それは宇宙の始源でありながら、「本性ノ上ニ弥陀ヲ見ル」といわれるように、人間に内在するのである。

これはこの時代の東アジアの普遍理念であった儒教、その宇宙の根本原理である「太極」に通ずるものである。「太極」は「無極而太極」といわれるように、「無」でありながら万物の始源となり、また万物の秩序原理である「理」でもあり、その理は万物に内在するという朱子学の概念、それと同様な性格をもっているのが横川の「太初」なのであり、究極原理という意味合いで、最高神格といってもよい。

横川のこのような「太初」は哲学的思弁にとどまっていて宗教性は薄い。それが救済論とどのように関係するかも己身の浄土、本性の弥陀というだけで明確ではない。その意味では社会的な有意味性に疑問がある。しかしながら、横川という禅僧が、十五世紀中葉という時期に、宇宙の根源に関して思惟をめぐらしているのは、そのような思惟を要求する何かがあったからにほかならない。横川は、先述のように応仁文明の乱を避けて近江に移るが、その途中で堅田の湖賊に襲われた経験をもち、それを中国の白蓮教徒に比定しているが、それは一向一揆に遭遇したことである。そして帰洛して諸山に住した十五世紀後半には、山科に本願寺が再建され、日親の布教によって洛中に二十一の法華寺院が開かれ、また次に述べる唯一神道の吉田兼倶が洛中を騒がせていた。そのようななかで横川の最高神の思惟が展開されたのである。

第三節　吉田兼倶の「神道」

最高神の観念は、日蓮宗の釈迦仏が、洛中布教、寺院開創に伴う寺院境内への三十番神勧請において神々を再編成する最高神に展開し、一方では五山禅林で、横川景三の「太初」のように究極原理の思惟となって展開された。この両者が別々の営為であったように、最高神観念と宗教化はいまだ結びついていない。

こうしたなかで、宗教化と究極原理の思惟を結合させて、宗教的最高神の観念を具体化して現実社会に提示しようとしたのが、唯一神道（元本宗源神道）の創始者である吉田兼倶（一四三五～一五一一）である。その根本概念の「神道」は、究極原理であり、最高神の性格をもつものであった。

はじめに吉田家ならびに兼倶について略述すれば、吉田家は本姓卜部氏で、亀卜を司る下級官人であったが、十世紀の中期に兼延が平野社（祭神は桓武天皇生母）・吉田社（京都の藤原氏祖神の社）の神主（預）を兼ねて台頭し、神祇伯白川家・忌部氏・中臣氏に伍して神祇の四氏と称され、やがて他の三氏を圧倒する。平野社が本家であったが、吉田社預かりの分家が卜部氏を継承する。ここに出た兼倶は応仁文明の乱頃から神道伝授による活発な活動を始め、文明八年（一四七六）以降は神道長上と称して神道界の首長を自認し、『日本書紀』や中臣祓の講義を開き、土御門天皇や公家・将軍家・禅僧に帰依者を生み出した。その学統は、一条兼良・清原博士家・賀茂陰陽道などを継承するもので、横川景三らの禅僧とも親交があった。文明十三年（一四八一）に比叡山に登って前代未聞の神道教化を行った。次いで文明十六年には吉田社に八角形殿堂に六角形の後房を付した奇怪な形の太元宮を起こし、全国の神々の総本所を称し、さらに延徳元年（一四八九）、伊勢皇大神宮が吉田山に降臨したと密奏したことは大事件となった。神道裁許状を発行して神職の組織化を企図したのも兼倶の創始にかかり、これを基点に吉田家は神道・神職の組織の中核となってゆく。

このような吉田兼倶の活動を念頭に置いて、応仁文明の乱の終結する文明中期から末期の京都の宗教状況を見れば、日蓮宗の大布教によって洛中に続々と法華の寺が成立し、洛東の山科には仏国のごとしと称えられた本願寺が再建されて諸国門末の帰依を集め、その一方で吉田山には奇怪な神殿が姿を現し、兼倶による神社界や宮中への活発な働きかけがあって、まさに宗教化状況の只中にあった様相が窺える。

さて、その兼倶の主著とみなされるのが『唯一神道名法要集』（日本思想大系19『中世神道』所収）である。十世紀の兼延に仮託されていて成立年代を確定できないが、文明末年には成立していたと考えられ、そこには最高神に関する論理が展開されている。

唯一神道は「元本宗源神道」が正式名称である。「元」「本」「宗」「源」の四概念から構成されており、次の問答のように展開されている。

聞ふ。元本宗源ノ神道トハ何ぞ哉。

答ふ。元とは陰陽不測の元元ヲ明かす。本とは一念未生の本本ヲ明かす。故ニ頌に曰はク、
元《はじめ》を元《はじめ》として元初《はじめのはじめ》ニ入リ、本《もと》を本として本心《もとのこころ》に任ス。と。

問ふ。宗源とは何ぞ哉。

答ふ。宗トハ一気未分の元神ヲ明かす。故に万法純一の元初ニ帰ス。是れヲ宗と云ふ。源トハ和光同塵の神化ヲ明かす。故に一切利物の本基ヲ開ク。是れヲ源と云ふ。故に頌に曰はく。

宗トは万法一に帰す。源とは諸縁基を開く。


「元《はじめ》」とは、最初の頌によれば、易の「陰陽不測之謂神」を受けて、陰ともなり陽ともなる以前の予測しがたい「元《はじめ》の元《はじめ》」である。根本の始まりということであろう。この頌は『倭姫命世記』雄略天皇二十三年条の倭姫託宣（日本思想大系19『中世神道』所収、三〇頁）に、また『類聚神祇本源』の天照大神の言葉（同、一一七頁）として、『旧事本紀玄義』（同、一五六・一六五頁）にも見える。その典拠は『漢書』叙伝「元㆑元本㆑本、数始㆓於一㆒」である。この「元」に連続するのが「宗」で、「宗トハ一気未分の元神」といわれ、また続いて「故に万法純一の元初ニ帰ス」、第二の頌に「宗トは万法一に帰す」といわれるように、「帰」という概念に連続する。つまり、

「元」＝はじめのはじめ＝「宗」＝帰

と連続する概念である。「帰」に帰結するから、これを「収斂」と規定し、その意味するところを「根源」という概念として把握したい。つまり、

「元」＝はじめのはじめ＝「宗」＝帰＝収斂＝根源（帰する源）

と理解できる。

一方「本」は、「一念未生の本本」、すなわち人間の思念のいまだ生じない以前のモトであり、「本《もと》を本として本《もとの》心《こころ》に任す」というように本心である。「一念未生」は禅語であろうが、辞典類には「一念不生」しか見出せない。たとえば織田『仏教大辞典』で「一念不生」は「念慮を超越したる境界」とするような概念であり、それを「未生」とすることで、念慮のいまだ生じない以前という本源性の意味に転じている。また「本」に連続する「源」は、「一切利物の本基ヲ開ク。是れヲ源と云ふ」「源とは諸縁基を開く」とあって、すべてを開きだす「源」であるとされる。つまり、

「本」＝もとのこころ＝「源」＝開

となる。これを「発散」と規定し、その意味するところを「始源」と概念化すると、

「本」＝もとのこころ＝「源」＝開＝発散＝始源（始まる源）

となる。

かくして「元本宗源」とは万物の根源にして始源、万物の帰するところであり始まるところである、という宇宙の究極原理を表す概念であることが理解できる。

次に「神道」という概念を検討する。

問ふ。神道トハ、亦子細有る哉。

答ふ。此れに就て、大旨、二義有り。一ニハ神道の二字ノ義ヲ明かす。二には躰・用・相ノ三義ヲ明かす。

問ふ。二字ノ義トハ何と謂ふことぞ哉。

答ふ。神トハ、天地万物の霊宗也。故に陰陽不測ト謂ふ。道トハ、一切万行の起源也。故に道ハ常ノ道ニ非ずト謂ふ。惣ジテ器界・生界、有心・無心、有気・無気、吾ガ神道ニ非ずといふこと莫し。故に頌に曰く。

神トハ万物ノ心にして、道トハ万行ノ源なり。
三界の有無情は、畢竟唯神道のみ。

端的に第二の「答ふ」の「神トハ……」のフレーズにあるように、「神」は、天地万物の「霊」（神聖）なる「宗」＝「元＝はじめのはじめ」、であるから、先の元＝宗＝収斂＝根源（帰する源）である。したがって易にいうように「陰陽不測」である。また頌にいうように「万物ノ心」と規定される。「神」とは心なので、同じく第二の「答ふ」に「道トハ、一切万行の起源」というように、「道」は一切がそこから出現する始まりであるから、「本」＝「源」＝発散であり始源（始まる源）である。それは老子のいうように認識不可能な原理である。

以上によって「神道」は、万物の根源にして始源となる。それは「元本宗源」と同義である。それらは「神道」自体が「元＝宗」であり「本＝源」であるような、弁証法的関係にある概念群といえよう。

兼倶の最高神とはこの「元本宗源神道」である。それは宇宙の究極原理として万物の帰するところであり、始まるところであった。その意味では、万物・人間に外在し、超越する。しかるに神は、心と規定されるから、一転して万物・人間に内在する。この外在的超越的でありながら、同時に内在的という究極原理の性格は、儒学の「理」の性格にほかならない。すなわち、周濂渓『太極図説』には、

易に太極あり、是れ両儀を生じ、両儀四象を生じ、四象八卦を生ず。

とあって、この文はそのまま「儒教に云はク」として引用され、「是れ則ち聖人ノ神道也」と規定されているが、自然と人間の究極原理である太極から陰陽二気、そこから金木水火の四種のかたちが、あらゆる現象が生ずるということであるから、太極は自然・人間を超越する外部的存在である。ところが一方で、

太極は只是れ天地万物の理（『朱子語類』巻一）

といわれるから、太極は万物に内在する理でもある。兼倶の「神道」はこの太極＝理である。したがって兼倶の「神道」は、究極原理ではあっても最高「神格」という側面が弱い。しかしまったくその試みがないわけではない。すなわち、兼倶の『中臣祓抄』（『神道大系』古典註釈編八）では、

天地四方ノ中ニ、一ツノ堅点アリ。有物混成先天地トモノ也。是即国常立尊也。

相秘訣曰、神者、天地未分之先、陰陽一気之元、太極無名之物、森羅万象之根本、有情非情之元霊也。名之曰天狭霧、地狭霧、又曰、大空一虚空太元尊神、是即国常立尊也。

というように、国常立尊や太元尊神という神格に擬せられている。このうち、太元尊神は「神道」の性格を擬人化した架空の神であり、国常立尊は『日本書紀』開巻第一に登場する天地開闢の神である。兼倶はこの国常立尊を最高神として定立するが、『名法要集』にはその名は一回見えるだけで、強力なものとはいえない。先掲の文にあるように、この神格にしても「太極無名之物」に命名されたものであるから、人格神の姿をとっても「太極」という究極原理性は払拭しきれないのである。

その結果、兼倶の最高神、究極原理は超越性・外在性よりも人間への内在性を強め、先掲の文の「神トハ万物ノ心」というように「心神」となってゆく。このようにして日本中世では唯一最高の創造主宰神は生まれることがなかった。最高神への志向性はあったが、超越的外在性を獲得しえず、神々を組織化する最高神であり、その意味で汎神観を前提とし、それに立脚しながら、それらを組織化する、そのような最高神であった。

第二章　蓮如における阿弥陀仏の観念

本章は、大桑著『日本近世の思想と仏教』（法藏館、一九八九年）の第１編第二章「戦国思想史における原理と秩序——五山僧横川景三の思想から——　六　蓮如の阿弥陀仏観との共通性」を大幅に増補改訂したものである。

第一節　『正信偈大意』の阿弥陀仏観念

戦国期宗教化状況において、多神教を前提とし、それらを体系化する最高神観念が形成された。その最高神は、宇宙の究極原理として万物の帰する根源であり、かつ、そこから万物が生起する始源という性格をもっていた。また、究極原理から人格神の方向性を志向しながら、外在的な超越性を獲得しえず、そのゆえに、人間の心に内在する「心神」の性格をとる。

そのような動向のうちで真宗を考えれば、真宗の阿弥陀仏は中世最高神観念といかなる関連にあるのかという問題に遭遇する。かつて蓮如の『正信偈大意』における阿弥陀仏観念を見通し的に検討したが、不十分に終わっているので、あらためて検討を加え、修正したい。

金森道西の懇望によって、長禄四年（一四六〇）、蓮如四十六歳のときに著された『正信偈大意』（『真宗聖教全書』三所収。引用では、无・㝵などの異体文字は通字を用いた）では、冒頭に、『正信偈』の「帰命無量寿如来」から「超日月光照塵世」までの部分が解説されているが、それはすべて阿弥陀仏規定とみてよい。幾つかに分割して考察する（A・Bのように分割し、その内容を①②のように区分した）。

A①「帰命無量寿如来」といふは、寿命の無量なる体なり、また唐土のことばなり、阿弥陀如来に南無したてまつれといふこゝろなり。②「南無不可思議光」といふは、智恵の光明のその徳すぐれたまへるすがたなり。③帰命無量寿如来といふは、すなはち南無阿弥陀仏の体なりとしらせ、この南無阿弥陀仏とまふすは、こゝろをもてもはかるべからず、ことばをもてもときのぶべからず、この二の道理きはまりたるところを、南無不可思議光とはまふしたてまつるなり。④これを報身如来とまふすなり、これを尽十方無碍光如来となづけたてまつるなり。

この部分は、『正信偈』冒頭の「帰命無量寿如来」と「南無不可思議光」の二句を説いたものであるが、「帰命」と「南無」に関しては何も言及がなく、阿弥陀仏の別名である無量寿如来、不可思議光仏という言葉によって、阿弥陀仏の性格を規定しようとしている。

①では、阿弥陀仏の別名である無量寿如来を説明して「寿命の無量なる体」という。「無量」とは「計りしれない」こと、「無限」であることで、時間・空間、数量・力量などが人知を超えて無限であること（『岩波仏教辞典』）を意味する。ここでは「寿命の無量」であるから、空間的無限性よりも時間的永遠性を表しており、その「体」というから、阿弥陀仏は時間的永遠性を本質としている、という意味になろう。③もまた無量寿如来の規定で、心（思慮）や言葉（言説）を超越した存在、つまり認識不可能な非実態性が阿弥陀仏の本質であるという。こうして阿

弥陀仏＝無量寿仏は永遠性と非実態性において規定されるから、およそ人間において認識不可能な存在となる。しかるにこの二つの特性が極まったところが南無不可思議光であって、それは②で阿弥陀仏の知恵と徳を象徴する光明であるとされるから、認識不可能な阿弥陀仏が光明という形をとることが示される。したがって認識不可能な本体から働き出して光明という形をもつことで、④のように報身と規定されることになる。その報身として光明は尽十方無碍光、つまり碍るものなく全世界を照らし、そこに充満するという働きをもつことで空間的無限性を獲得する。したがって南無阿弥陀仏は、本体として無量寿仏であり、時間的永遠性と非実態性において認識不可能な法身であるが、同時に不可思議光如来・尽十方無碍光如来として光明という形態をとることで、認識可能な報身でもあり、空間的無限性をもつという、両義性において規定されている。

『正信偈大意』は、引き続いてさらに次のように展開される。

B①この如来を方便法身とはまふすなり。方便とまふすは、かたちをあらはし、御名をしめして、衆生にしらしめたまふをまふすなり、すなはち阿弥陀仏なり。②この如来は光明なり、光明は智恵なり、智恵はひかりのかたちなり、智恵またかたちなければ不可思議光仏とまふすなり。③この如来十方微塵世界にみち〳〵たまへるがゆへに無辺光仏とまふす、しかれば世親菩薩は「尽十方無碍光如来」となづけたてまつりたまへり。④さればこの如来に南無し帰命したてまつれば、摂取不捨のゆへに真実報土の往生をとぐべきものなり。

このB部分は①から③までが親鸞の『一念多念文意』からの引用であって、それによってAでの阿弥陀仏の規定を再展開し、文証とする。

親鸞の言葉によって、①で、先に報身如来と規定した不可思議光仏を方便法身と規定しなおす。不可思議光仏は法身から働き出した姿であることで報身とされ、この法身と報身の両義性を兼ね備えた姿が方便法身といわれるのである。それは方便として形と名をもつことで、衆生済度という阿弥陀仏の本願を人々に知らしめる姿である。②では、その方便法身の阿弥陀仏は、智慧の光明であるから不可思議光仏といわれるという親鸞の言葉が、文証的に引かれているのである。次に③で、Aでは留保されていた尽十方無碍光如来の意味が、親鸞の言葉によって解き明かされる。法身の阿弥陀仏は無量寿如来であるから、空間的にも無量の存在である。それを言い換えて、十方微塵世界に遍満して辺りがないから、無辺光仏といわれ、また碍るものがないから無碍光如来でもある、といわれる。

この段は④で、このような如来に南無し帰命すれば、摂取不捨の如来の本願ゆえに往生を遂げることができる、と結ばれることで、「帰命無量寿如来　南無不可思議光」という二句の解釈となっている。帰命や南無の解釈がないこともあって、説明不足の感があるが、この二句は『正信偈』全体にかかるものであるから、ここではその詳述は保留されたのであろう。

以上において展開された阿弥陀仏の概念をまとめておく。阿弥陀仏は、真如そのものである法身としての本質においては、時間的に永遠で、全空間に遍満する存在であり、かつ人間の思慮・言説を超えた非実態的な認識不可能な存在である。しかしながら、阿弥陀仏という存在の本来的目的は人々を救済することであり、そのためには人々にその存在と本願を知らしめねばならず、その智慧と徳を光明として表す。この光明という姿を表すことで報身となるが、その法身であり同時に報身である両義性を方便法身というのである。つまり無量寿仏は法身、不可思議光仏は法身であり報身、それを方便法身の南無阿弥陀仏という、ということであろう。その南無阿弥陀仏は世界に充満し遍在するから、その救済は包摂的で漏れる者がない。

このような阿弥陀仏は、その法身としての性格を一般化すれば、無形無名で無限性永遠性をもち、全世界に遍満する非実態的な認識不能の究極原理ともいうことができようから、この限りでは儒教の太極や老荘の「道」「一」

などと同様である。しかしそこにとどまることなく、方便法身として形と名を表し尽十方の無碍の光明として人間に働き懸ける能動性を属性とすることに特徴がある。それは阿弥陀仏が、究極原理にとどまらず、あるいは儒や老荘の究極原理が宇宙創造の方向へ働くのに対して、何よりも衆生済度を本願とする仏、宗教的救済者たることを本質としているからにほかならない。また儒の究極原理が無から生じた「理」と表現されるとき、それは万物に内在しながら個物を個物たらしめる個別性の原理として働くのに対して、阿弥陀仏はこれとは逆に、万物に遍在し万物を漏れることなく救済することによって個物の普遍性を保障する原理となる。これもまた、阿弥陀仏が原理ではなく仏という救済者であることによっている。

宗教化状況ということは、阿弥陀仏が究極原理性として説かれるよりも、このような救済性において強調されることを意味するはずである。方便法身の南無阿弥陀仏がそれであって、無形無名の究極原理としての法身の阿弥陀仏が、衆生の完全救済を実現すべく、形名性と遍在性・包摂性・無碍性を属性としたあり方において説かれてくるのである。

さて、『正信偈大意』は、次に「法蔵菩薩因位時」から「国土人天之善悪」までの四句、また「建立無上殊勝願」から「重誓名声聞十方」の四句を説いた後に、「普放無量無辺光」以下の五句に関して、光明となって顕現する阿弥陀仏の属性を列挙する。

C「普放無量無辺光」といふより「超日月光」といふにいたるまでは、これ十二光仏の一々の御名なり。（以下箇条書きにして抄出した）

①無量光仏……「利益の長遠なることをあらはす、過・現・未来にわたりて、その限量なし。」

②無辺光仏……「照用の広大なる徳をあらはす、十方世界をつくしてさらに辺際なし、縁としててらさずとい

ふことなきがゆへなり。」
③無碍光仏……「神光の障碍なき相をあらはす。」
④無対光仏……「相対すべきものなし。」
⑤炎王光仏＝光炎王仏……「光明の智火をもて煩悩のたきゞをやくに、さらに滅せずといふことなし。三途黒闇の衆生も光照をかうぶり解脱をうるは、このひかりの益なり。」
⑥清浄光仏……「無貪の善根より生ず、かるがゆへにこのひかりをもて衆生の貪欲を治する。」
⑦歓喜光仏……「無瞋の善根より生す、かるがゆへにこのひかりをもて衆生の瞋恚を滅する。」
⑧智恵光仏……「無痴の善根より生す、かるがゆへにこのひかりをもて無明の闇を破する。」
⑨不断光仏……「一切のときにときとしててらさずといふことなし、三世常恒にして照益をなす。」
⑩難思光仏・⑪無称光仏……「神光の相をはなれてなづくべきところなし、はるかに言語の境界にこえたるがゆへなり。こゝろをもてはかるべからざれば難思光仏といひ、ことばをもてとくべからざれば、無称光仏と号す。」
⑫超日月光仏……「日月はたゞ四天下をてらして、かみ上天におよばず、しも地獄にいたらず、仏光はあまねく八方上下をてらして障碍するところなし、かるがゆへに日月にこえたり。」
されはこの十二光をはなちて十方微塵世界をてらして衆生を利益したまふなり。

以上の十二光は阿弥陀仏の方便法身としての属性と働きを網羅したものである。これらを概念化していけば、①〜④は法身としての阿弥陀仏の本性にかかわって、①無量光＝永遠性、②無辺光＝全空間性（無限性）、③無碍光＝無障碍性、④無対光＝絶対性、をそれぞれ表している。④無対光は、A・Bでいわれることがなかった、相対すべきものなき性格をいうから、最高神、超越的絶対神、ないしほとんど唯一神、の性格に近い。次に⑤以下の四光は救済の具体相を表しているから、方便法身の阿弥陀仏の性格を示し、⑤光炎王＝滅煩悩、⑥清浄光＝治貪欲、⑦歓喜光＝滅瞋恚、⑧知恵光＝破無明、をそれぞれ表している。⑨以下の四光は、再び阿弥陀仏の本性に戻って、⑨不断光＝恒常性（永遠性）、⑩難思光・⑪無称光＝認識不可能性、⑫超日月光＝全空間性（無限性）と超越性、を表す。このうちでも⑫に力点があり、上天から地獄に及ぶ光照が日月を超えるということで、絶対的性格を付与されている。このように見れば、阿弥陀仏は絶対の最高神とされているかのようであるが、さらに④無対光というように、比較すべきものをもたないとされることで、むしろ唯一神的性格となり、したがってそこには、他の神仏を組織し体系化するような性格は含まれていないのである。

なお、右の十二光仏の釈は、存覚の『顕名鈔』から、ほとんどそのままの引用であることが名畑崇によって指摘されている（「蓮如上人初期の教化」『講座蓮如』第一巻、平凡社、一九九六年）。これによれば、十四世紀の存覚の段階からすでに阿弥陀仏最高神観念の成立があったことになり、蓮如に画期性を認めることはできなくなる。しかしながら、以下のように蓮如における一つの転換を認めることができる。すなわち、十二光仏の釈は、『教行信証』真仏土巻に二カ所の引文があって、第一は曇鸞『讃阿弥陀仏偈』、第二は憬興『述文賛』からである。親鸞にはまた『弥陀如来名号徳』の著述があって、ここでは曇鸞の十二光仏釈に近い表現が見られ、憬興の釈はとられていない。存覚では、『六要鈔』にこの二つの引文が記されていたが、『顕名鈔』においては曇鸞一つにしぼりこまれている。蓮如もまた、当初の『正信偈註釈』『正信偈註』では第二の憬興から引文していたが、『正信偈大意』に至って、曇鸞からの引文に、転換したのである。憬興の文が、たとえば超日月光について「日応じてつねに照らすこと周からず、娑婆一耀の光なるがゆゑに」というように、絶対最高神格を示す表現としては強いものではない。ここに蓮如の選びと転換を見ることができよう。

第二節　御文における阿弥陀仏観念

『正信偈大意』では、阿弥陀仏の観念に救済的最高神・唯一神としての性格を見ることができたが、神仏を組織し体系化するような性格を見出せなかった。蓮如の著述を通じて、そのような神仏体系化が見出せるのは、御文である。五帖御文（『真宗聖教全書』三）には、以下に列挙したように、阿弥陀仏を諸仏の本師本仏とみなし、諸仏は阿弥陀仏の分身であり、また阿弥陀仏のうちに「こもれり」とする記述が見られる。

①諸仏・菩薩と申すことは、それ弥陀如来の分身なれば、十方諸仏のためには、本師本仏なるがゆへに、阿弥陀一仏に帰したてまつれば、すなはち諸仏・菩薩に帰するいはれあるがゆへに、阿弥陀一体のうちに諸仏・菩薩はみなことぐ〳〵くこもれるなり。（二―三）

②弥陀如来と申は、三世十方の諸仏の本師本仏なれば、久遠実成の古仏として、（二―八）

③阿弥陀如来は三世諸仏のためには本師師匠なれば、その師匠の仏をたのまんには、いかでか弟子の諸仏のこれをよろこびたまはざるべきや。（二―九）

④二には諸仏・菩薩とまうすは、神明の本地なれば、いまのときの衆生は阿弥陀如来を信じ念仏まうせば、一切の諸仏・菩薩はわが本師阿弥陀如来を信ずるに、そのいはれあるによりて、わが本懐とおぼしめすがゆへに、別して諸仏をとりわき信ぜねども、阿弥陀仏一仏を信じたてまつるうちに、一切の諸仏も菩薩もみなことぐ〳〵くこもれるがゆへに、（三―十）

阿弥陀仏と諸仏の関係は、①②では「本師本仏」とあるが、それが③では「本師師匠」といわれ、「師匠の仏」「弟子の諸仏」といわれるから、これらは師弟関係に擬した体系化ということになろう。しかし①には諸仏菩薩は弥陀如来の「分身」という言葉が介在しており、その限りでは単純な師弟関係ではないし、いわゆる本地垂迹関係でもない。「分身」関係は、儒教の理一分殊という思惟に近いのではなかろうか。すなわち、宇宙の究極原理である「理」は、万物に超越して外在するとともに、一転して万物に内在して万物を成り立たせる、という原理であるが、御文の諸仏菩薩弥陀分身説は、諸仏菩薩に超越して外在する阿弥陀仏と、その分肢としての諸仏菩薩という思惟であり、理一分殊説と構造的に同じものである。その「理」に相当し、原理であり諸の個物に内在するのは、諸仏菩薩と阿弥陀仏に共通する衆生済度の誓願であろう。諸仏菩薩も弥陀も、衆生救済を共通の願いとすることによって本仏・本師と分身・弟子という関係において体系化されるのである。

その分身関係を基盤に、④に見えるように諸仏は阿弥陀仏のうちに「こもれる」という、諸仏を阿弥陀仏に包摂する関係が成立する。このことは他にも用例が多い。

⑤一切の仏・菩薩ならびに諸神等をもわが信ぜぬばかりなり、あながちにこれをかろしむべからず。これまことに弥陀一仏の功徳のうちに、みな一切の諸神はこもれりとおもふべきものなり。(二―二)

⑥諸神・諸仏・菩薩をもをろそかにすべからず。これみな南無阿弥陀仏の六字のうちにこもれるがゆへなり。(二―六)

⑦南無阿弥陀仏といえる行体には、一切の諸神・諸仏・菩薩も、そのほか万善・万行も、こと〴〵くみなこもれるがゆへに、なにの不足ありてか、諸行・諸善にこゝろをとゞむべきや。すでに南無阿弥陀仏といへる名号は、万善・万行の惣体なれば、いよ〳〵たのもしきなり。(二―九)

⑧夫一切の神も仏と申も、いまこのうるところの他力の信心ひとつをとらしめんがための方便に、もろ〳〵の神もろ〳〵のほとけとあらはれたまふいはれなればなり。しかれば一切の仏・菩薩も、もとより弥陀如来の分身なれば、みなこと〴〵く一念南無阿弥陀仏と帰命したてまつるうちにみなこもれるがゆへに、をろかにおもふべからざるものなり。（二—十）

この「こもれる」関係の特徴は、分身論を前提にしながら、仏菩薩に加えて諸神をも包み込むところにある。それは、一つには阿弥陀仏が⑦「万善・万行の惣体」であるという阿弥陀仏最高神の論理によっているのであるが、さらには⑧のように分身でありながら神仏は方便として現れたという本地垂迹説に論理的根拠を求めている。このことは④に諸仏菩薩は神明の「本地」とあって、仏—神関係は本地垂迹関係であることが示されること、また、

⑨一切の神明とまうすは、本地は仏・菩薩の変化にてましませども、この界の衆生をみるに、仏・菩薩にはすこしちかづきにくゝおもふあひだ、神明の方便に、かりに神とあらはれて、（三—十）

というように、明確に本地垂迹説を示す記述があることにも裏づけられる。

また、いま一つ注意すべきは、神仏が阿弥陀仏のうちに「こもれる」という表現は、神仏を④「とりわき信ぜねども」、⑤「かろしむべからず」、⑥「をろそかにすべからず」という関係において特徴的に語られている。すなわち、弥陀一仏への一心一向の専修的信仰は、雑行余行として諸神仏の不拝を伴うが、この問題に対して御文では、信じないといって軽視し疎略にすべきではないという態度を強調し、その論理として本地垂迹的分身論を論拠にして阿弥陀仏による神仏包摂論を採用しているのである。

阿弥陀仏と神仏の関係が本地垂迹説を論拠とすることは、阿弥陀仏が諸神仏に超越した絶対神ないし最高神であることによっている。①②に「十方諸仏の」「三世十方の諸仏の」本師本仏とあることは、阿弥陀仏が全時空間の

すべての神仏に超越することを意味している。時間と空間の始まりからの仏であるというのが②「久遠実成の古仏」という表現であろう。

以上のように、御文の阿弥陀仏は、世界の始まりからの仏であり、根源の仏であり、諸仏菩薩はその分身であり、神々はその垂迹であって、分身、垂迹の仏神は本師阿弥陀仏の衆生済度の誓願を弟子として受け継ぎ、人々に伝える役割をもつものとして組織化・体系化されている。最高神の観念は、民衆救済の宗教として鎌倉新仏教が再構成されるとき、現実に人々が接触していた諸神仏を阿弥陀仏のもとに体系化するものとして機能したのである。

ここに蓮如の阿弥陀仏観念が、戦国期宗教化状況において表れた戦国期宗教思想史の最高神の観念と同一の思惟構造をもつものであることが窺われた。ごくあたりまえのことながら、蓮如思想も、大きな思想史の流れ、言い換えれば民衆の思想的要求から孤立したものではなく、その流れのうちにあって、親鸞の教理を宗教化する要求を踏まえて成立しているのである。ただしそれは、横川景三や吉田兼倶の最高神論のように思弁的哲学的様式においてではなく、救済論として展開されるから、救済の論理に目が向けられ、その思想的構造が見えにくいだけなのである。

第二編　御文の思想史

第三章　〈ありのまま・いま直ちに〉の救済

——一帖目の思想史——

本章は、論文「吉崎開創理念と文明五年九月御文群——『五帖御文』の思想序説——」（福間光超先生還暦記念『真宗論叢』、永田文昌堂、一九九三年）を改題し、大幅に修正増補したものである。大谷大学での講義や各地での講演のなかで、思い至った事柄を取り込み、本書のテーマに従って相当部分を書き改め、補った。ただし論点そのものは大幅に変更していない。さらには教学の思想史的考察の不十分さを痛感し、蓮如の二種深信を論じて補論とした。

第一節　五帖御文としての読解

戦国宗教思想史のなかに真宗を位置づけることは、蓮如の思想史を考えることにほかならないが、蓮如には、第二章で触れた『正信偈大意』以外に著述がないから、その思想を体系的に把握することは難しい。それにもかかわらず蓮如の思想が反復して語られるが、それは、その制作にかかるとされている御文二百五十二通（『真宗史料集成』第二巻による。うち、年紀のあるもの百八十四通）が存在することによっている。

しかるに御文とは、片仮名を用い口語体で書かれた消息形式の法語である。消息であるということは、特定の相手を対象に、特定の状況において発給されたということであり、したがって個々の御文は、体系的普遍的に思想を展開する著作などと同質の思想史料とみなしえない。このような御文を史料として蓮如の思想を捉えようとするなら、それを可能にするような御文把握の手続きが必要となる。

最初の御文は、『正信偈大意』が著された翌年の寛正二年（一四六一）、蓮如四十七歳に書かれた（遺文1、以下断らない限り『真宗史料集成』第二巻による）。最初の御文注釈書である恵空（東本願寺学寮初代講師）の『御文歓喜鈔』（宝永四年〈一七〇七〉奥書、明治三十三年、西村九郎右衛門刊本がある）には、

金森物語云、蓮如上人寛正二年始テ消息一通ヲ草書シ給ヒテ道西ニヨミキカシメタマフ、道西忝ク聴聞シテ愚ナル人モ明ニ領解スヘシ、忝キ金言也忝キ聖教也ト申上テ、即チ其ヲ頂戴ス、時ニ蓮如上人聖教トイヘハ恐レアリ、又法門アリケ也、消息法語ノ名モ作文唱ヘモキ、高シ、夕、在家男女ノ勧化ナレハ、フミト云ヘシト云々、（中略）道西ニ給ハリケル最初ノ御文金森ニハ是ヲ御文始メノ御文トイフ、本紙ハ、散失ス、今ノ所持ハ顕如上人ノ御筆御判也

とあるように、この御文は蓮如の信頼する弟子の近江金森の道西に与えられたと伝えられ、「御文始メノ御文」と呼ばれる御文である。その執筆の契機に関しては何も伝えられていないが、折から寛正の大飢饉の最中であり、むなしく死んでゆく人々を前にして立ちすくむ蓮如、その人々に対してなしうるのは弥陀の本願をわかりやすく伝えることでしかないと考えてのことであったというのが、五木寛之の『蓮如——我深き淵より——』（中央公論社、一九九五年）という戯曲における主張であった。しかしこれは五木の独創というよりは、すでに真継伸彦が『私の蓮如』（筑摩書房、一九八一年）で説いていることである。

それはともかく、こうして書かれ始めた御文は、それ以後連続的に発給されたのではなく、五年を経た文正元年（一四六六）に遺文2、さらに二年後の応仁二年（一四六八）に遺文3、というように、間をおいて書かれていたが、吉崎に移った文明三年（一四七一）から連続的に発給されてくる。御文と呼ばれるようになる法語消息は、蓮如の

吉崎居住とともに意味的に書かれ出すのであり、五帖八十通のうちの四十通がこの時代の年紀をもつことからすれば、五帖御文の半分がここで書かれている。そのことは、御文の発給が状況と密接に関連していることを示し、御文の思想を捉えるには、それらを状況のなかに据え付けて読む作業が不可欠となる。そのためにも、御文全体を状況との対応において時期区分しなければならない。御文による蓮如思想の研究には、御文の時期区分が第一の課題である。

次に、蓮如全遺文と五帖御文の関係が問題とされねばならない。周知のように、御文は五帖八十通に編集されて流布しているが、五帖目を除く四帖の各通は、発給年月日順に配列され、十五通前後で一帖になるように編集されている。それらは、何らかの基準によって選び出された御文であることを意味しているが、そのような選定を行い、編集したのはいったい誰なのかという問題がある。もし編者が蓮如自身であれば、五帖御文は蓮如によって編纂された著述であり、蓮如の思想を体系的に表現するものと捉えることが可能となる。それに対して、収録されなかった遺文は、蓮如によって著述から排除されたものとして、五帖内御文とは思想的比重を異にするものとして扱われねばならないことになろう。

五帖御文の編纂に関しては古来、実如収集、円如編纂と伝えられてきた。たとえば、前掲の恵空『御文歓喜鈔』は、

今此五帖一部ノ御文ハ蓮如上人ノ御消息也、彼滅後ニ此八十通ヲ拾ヒ集メテ五帖トシタマヘル事ハ実如上人也ト云説アレトモ、一家ノ伝ニヨルニ円如公ノ所編トカヤ依テ書記之年次ニ、一帖ニ帖ト次第ス、故ニ年月ノ知レサルヲ第五帖ニ集ム、此ノ円如公ハ実如ノ御子、号偏増院、御文ヲ集メ畢リテ即遷化シタマフ、依之集編ノ為メノ出世歟ト時ノ人申シキト也。

というように述べる。

この説は以来教団の定説となり、易行院法海（一七六八〜一八三四）『御文玄義』（文化八年〈一八一一〉、『真宗大系』三二）においては、右の恵空説が踏襲され、加えて、

実如上人ハ（中略）蓮如上人ヨリ御文弘通ノ遺命ヲ蒙ラセラレタコト故。御文御編集ノコトハ是ハ実如上人御心中ニアルベキコトナリ。依之初メ諸国ニ散在セル所ノ御文ヲ御集メナサレテ七帖トナサレテ。尚其上ヲバ御嫡男ノ円如上人ニ命ジ玉ヒテ校合セシメ玉ヒタモノナリ。夫故円如上人切磋琢磨シテ御校合ナサレ。百十一通ノ中ヨリ省略ナサレタノモアリ。又是ヨリ外ニ散在シテアリタノヲ加ヘ玉ヒ、遂ニ八十通五帖一部ト撰集シ玉ヒタモノトミヘル。

というように、円如が越後高田本誓寺にある百十一通の七帖御文を基本とし、散在分を加えて編纂したというように発展させられている。

しかしながら、この円如編纂説は特に根拠があっていわれていることではない。先の恵空説は元禄十一年（一六九八）の『叢林集』ですでに述べられていたが、そこでも明確な論拠を欠いている。京都四条金宝寺の縁起である『紫雲殿由縁記』（享保十一年〈一七二七〉以降成立、『真宗全書』七十所収）になると、まことに詳しくその事情が語られ、円如の命によって金宝寺舎弟観明僧都が加越から三河近江を巡って収録した百九十七通から作成されたとするが、これまた傍証を欠く。

近来では『真宗新辞典』（法藏館、一九八三年）は「円如の編と伝えるが、実如の手になったようで」と、円如編纂説に批判的であるが実如編纂説は否定されていない。このような状況において、蓮如編纂説を唱えたのが出雲路修である。東洋文庫345『御ふみ』（一九七八年）の「解説」で、円如編纂説を批判し、実如の手になるとするのが適当であるが、問題は蓮如自身が編纂にかかわっているか否かにあるといい、「蓮如自身によって原型的なもの——

あるいは、その単なる草稿集であったかもしれないが――が、まとめられ、実如によって補正され、今日見るような形態の『五帖御文』が成立した、と考えてよい」と、蓮如編纂説を打ち出した。その後、出雲路が新たに論文として「五帖御文の成立をめぐって」（『教化研究』一〇三、一九九〇年）を発表すると、にわかに注目を集め、真宗大谷派中央同朋会議においてこの論文が取り上げられ、出雲路報告を基にして議論が交わされた（『中央同朋会議報告』Ⅲ、一九九一年）が、ここではその説が特に批判されることはなかった。

出雲路説はおおよそ以下のようである。蓮如編纂ないし関与の根拠となるのは、

加賀ヨリ出口殿、山科殿マデノ御作ノ御文ノ一々ニ、美濃殿ニヨマセ、（『第八祖御物語空善聞書』第二九条、『真宗史料集成』第二巻）

賀州所々ヨリ越前ノ吉崎ノ御坊ニイタリ、又河内国ノ出口ヨリ城州山科御坊ニイタルマテ、所々ニテノ御作文ヲ悉ク慶聞坊ニヨマセラレ、（『蓮如上人御一期記』第七四条、同）

などの史料である。ともに加賀から山科本願寺に至るまでの御文を美濃殿、つまり慶聞坊竜玄という蓮如に若年から従った側近の弟子に読ませているというのであり、加えて『空善聞書』第四六条が五帖御文四帖目第八通の「疫癘の御文」に当たることから、その御文の書かれた延徳四年（一四九二）六月までの御文は、手元に草稿集があったと推定した。蓮如の手元に草稿集ないしは控えが存在したことはおおむね肯定されるが、その草稿集ないしは控えが五帖御文の原形であったかどうかは、論証されていない。

この出雲路説に対して小山正文は『実如判 五帖御文の研究 影印篇』（法藏館、一九九九年）の「解題」において、前記の史料から、御文の編纂が「蓮如在世中から自身の手によって、すでになされていたといえなくはない」と一応肯定しながら、「しかしその場合その素朴な疑問として、ではなぜ蓮如自筆の『五帖御文』とまではいかなくと

も、それを底本とした古写本が存しないのか」、またなぜこの記事のように拝読された御文を「五帖御文と断定した史料がないのか」、さらに「後世なぜ円如編纂説が出されるのか」などの疑問を列挙した。これらはもっともな疑問であるが、出雲路説は蓮如の手元の草稿集ないし控えが必ずしも五帖御文そのもの、あるいは原形というのではない。前記の史料からして加賀から山科までの御文の控えが蓮如の手元にあったことは確実で、それは現在確かめられている延徳四年までの遺文百四十通、とまではいかなくても、それに準ずる数であっただろう。それらから取捨選択がなされて五帖御文へと編纂されたのであるが、このような選択と編纂をなしたのが蓮如か否かが問題なのである。残された遺文全体から見る限り、取捨選択が自動的機械的に行われたとは到底考えられない。

二百五十余通を八十通に絞り込む取捨選択をなし五帖に編纂する行為は、明らかに一つの教義体系を形成する作業である。それをなしたのは誰かという問題は、きわめて大きいといわざるをえない。しかもそれが、現行のように逐次拝読されるということを想定したものであるなら――蓮如自身が拝読させていることが拝読という方式を生み出だしたのであろうから、蓮如自身が想定したこととも十分に予想しうる――、そのことによって特定の信仰にいざなわれるカリキュラムが組み込まれているはずである。むしろそのようなカリキュラムに従って取捨選択と編集が行われたとみるべきであろう。それなら、五帖を逐次拝読してゆくことによって、どのような信仰に導かれるのか、このことを明らかにすることが、五帖御文蓮如編纂説をとることにおいて問題となる。蓮如は人々をどのような信仰にいざなおうとしたか、という問題である。「今ワカ云ヘキコトハ金言」（『蓮如上人一語記』第一八一条、『真宗史料集成』第二巻）という蓮如であってみれば、五帖御文は如来の説法に比される聖典であり、そこに蓮如の全思想が、一定のカリキュラムのもとに配置されているはずである。このような観点から、本稿では五帖御文蓮如編纂説を継承したい。

蓮如編纂説を根拠づける一つの方途は、五帖の区切りがいかになされたかを検討することにある。取捨選択とともに、五帖への区分、とりわけ四帖目までの編年編集が四部に区切られたことに隠された意味があると考える。それは吉崎居住において問題となった一向一揆との関連である。一向一揆と直接関係する三帖目までを、一向一揆との関連で図式化すれば次頁年表のようになる。

この年表から、五帖御文の一・二・三帖という区切りが、一向一揆の段階とほとんど重なり合っていることが明らかに読み取れる。一帖目は、文明三年七月二十七日の吉崎開創直前の七月十五日に始まり、文明五年九月に終わる二年二カ月余の期間である。この一帖目の期間は、吉崎が開創され、人々が群集し、多屋が置かれて寺内町が生まれるという吉崎の繁昌が、加賀・越前で守護職をめぐって争う武士たちの注目を集め、生まれたばかりの吉崎の蓮如教団が、その戦乱の渦に巻き込まれる危険が訪れた、そういう時期である。詳しくは後に再論するが、一帖目期直後の文明五年十月と十一月には、多屋衆御文と十一カ条制法という重要な内容をもつ二通を含めて四通の遺文があるが、それは五帖御文からは除外される。そして十二月八日を第一通として、翌文明六年七月九日までの、七カ月間の御文が二帖目を構成する。その最後の十五通目が書かれた直後の七月二十六日に、一向一揆が蜂起したことからすれば、二帖目は吉崎の危機から一向一揆が蜂起する直前までの危機への対応の時期で、一向一揆直前期、と規定できる。三帖目は、第一通はまだ蜂起が見られなかった七月十四日付であるが、第二～四通が蜂起直後の八月に書かれ、十月十四日の一揆の勝利、翌七年三月の蜂起と敗退、同じく六月の再蜂起と敗退という一揆の展開を軸に、八月二十一日の吉崎退去に至る時期に第十通までが書かれている。三帖目はなお続くが、実質的には七月十五日の第十通をもって終わっているのであり、まさに一向一揆活動期に当たる。

三帖目までの区分が一向一揆への過程と対応しているのであれば、このような区分をなしえたのは、この状況の

御文一〜三帖目年表

吉崎開創期＝一帖目期	
文明3年7月15日	［第一通］
18日	［第二通］
27日	**吉崎開創**
8月	
9月	
10月	
11月	
12月18日	［第三通］
文明4年1月	**吉崎への群集禁止**
〜	
11月27日	［第四通］
文明5年1月	
2月8日	［第五通］
3月	
4月25日	［第六通］
5月	
6月	
7月	
8月8日	**吉崎近辺で大合戦**
12日	［第七通］
9月	**蓮如藤島へ移る**
	［第八通〜十五通］
10月3日	**吉崎帰住**
	多屋衆合戦決議
11月	**十一カ条制法**
一向一揆直前期＝二帖目期	
12月8日	［第一通］
12日	［第二通］
文明6年1月11日	［第三通］
2月15日	［第四通］
16日	［第五通］
17日	［第六通］
3月3日	［第七通］
17日	［第九通］
中旬	［第八通］
4月	
5月13日	［第十通］
20日	［第十一通］
6月12日	［第十二通］
7月3日	［第十三通］
5日	［第十四通］
9日	［第十五通］
一向一揆活動期＝三帖目期	
14日	［第一通］
26日	**一向一揆蜂起**
8月5日	［第二通］
6日	［第三通］
18日	［第四通］
9月6日	［第五通］
10月14日	**一向一揆・政親連合軍勝利**
20日	［第六通］
11月	
12月	
文明7年1月	
2月23日	［第七通］
25日	［第八通］
3月下旬	**一向一揆蜂起・敗退**
4月	
5月28日	［第九通］
6月	**一向一揆再蜂起・敗退**
7月15日	［第十通］
8月21日	**蓮如吉崎退去**
11月21日	［第十一通］
文明8年1月27日	［第十二通］
7月18日	［第十三通］

展開を体験したか、さもなければ、その状況を詳しく知りえた者でなければならない。編纂者の候補の一人である実如は、長禄二年（一四五八）生まれだから、吉崎居住期間の文明三〜七年（一四七一〜一四七五）には十四〜十八歳で、やや若いが、状況を体験しえた人物としてもよい。しかし体験ということからすれば、蓮如は一番の当事者である。蓮如ほど、状況を認識し、後に確認して、それを御文編纂の時期区分に使うにふさわしい人物はいない。このようなことが五帖御文蓮如編纂説の根拠になりうるだろう。

以上のような御文の五帖構成の認識に基づいて、以下の御文の検討は一帖目から順次に帖ごとにまとめて行う。そのことによって、帖ごとの特質を浮き彫りにし、それと状況との対応を考える。このような方法は、従来の御文研究への一定の批判をも意図している。現今の御文研究、特に歴史学のそれは、五帖御文に収録されなかった遺文を博捜収集し、全遺文を研究対象としようとするものである。この方法は稲葉昌丸『蓮如上人遺文』で確立され、『真宗史料集成』に受け継がれた。そこには史料の全面的収集が全体を明らかにするという実証主義の姿勢があるが、埋もれた史料、捨てられた史料をも、五帖御文として残された史料と同じ史料価値をもつとして並列的に扱うという、大きな問題性がある。また第二に、全遺文主義の前提には、個々の遺文を遺文の全体構造とそこでの位置を考えることなく、適宜に取り出して論ずるという、方法上の問題性がある。そこで何帖目第何通と示されても、それは史料番号の意味でしかない。

このような実証主義、全遺文主義に対して、五帖御文から蓮如思想を考えるという方法は、収録された遺文と非収録遺文を明確に区別し、類似のものであれば収録遺文により大きな意味合いをみてゆくことを意味する。少なくとも蓮如（あるいは編纂者）がそのような取捨選択を加えたということを明確にして読み込む必要があることを提示する。第二に当該御文の五帖御文の各帖内での位置を確認して、御文を読むことになる。このような方法に対して、御文は一通ずつ個別に発給されたものであり、独立して個別に読みうるという反論が予想される。史実の確認や個別的問題への蓮如の対応、というようなレベルの問題であるなら、御文を個別的に読むことは可能であろうが、少なくとも蓮如の思想や宗教的救済論を読み取るには、それでは不十分である。また史実的問題の場合においても、その御文が五帖の各帖のどの時期に属するかを踏まえて解釈されるなら、おのずからその読解は、各帖の思想的特質との関連によって読まれることになろう。

第二節　吉崎開創期の救済論

『五帖御文』の編纂者を蓮如自身と想定すると、その各帖はそれぞれ一つのまとまりをもったものとして構想されたと考えられるから、各帖ごとにその思想を考えることができる。各帖ごとのまとまりと、状況との関連性は、先に見たごとくである。

一帖目は吉崎開創とそれから約二カ年余の間の、いわば吉崎開創期の御文群である。その十五通は、発給年月日に注目すると、大きく二つのグループに分けられる。第一群は第一通から第四通までで、文明三年七月の二通と、それから半年を経た同年十二月の第三通、さらにほぼ一年を経た文明四年十一月の第四通、というように、半年ないし一年という時間的隔たりをもって発給された一群である。これに対して第五通以下は時期的に集中的に発給され、状況性がきわめて著しい一群で、そのなかでも特に文明五年九月に極度の集中性が認められる。

しかしそれらは、発給された全遺文のうちから選び出されたのであるから、全遺文の発給状況がどのようなものかを確かめたうえで位置づけを考えねばならない。全遺文と一帖目収録を対照すれば、次頁の表のようになる。

遺文と一帖目対照表（番号は真宗史料集成二「諸文集」、〈　〉は一帖目通数）

遺文	年月日	主要内容	
1	寛正2・3・—	ツミノ軽重ヲイハス……一念ノ信心……御恩報謝念仏	
2	文正1・—・—	出家発心……竜樹曇鸞……六字釈・光明摂取	
3	応仁2・4・中旬	出家発心……一念発起ノ信心……カモノハギノ……奉公シナガラ	
4	2・4・24	応仁2・4・22夜の夢（信心カホノ行者）	
5	—・—・—	同右	
6	2・10・中旬	十津川紀行	
7	—・—・—	「如来ノ御弟子カ我弟子カ之事」	
8	文明3・—・—	文明三炎天頃　賀州加卜郡五ケ庄での念仏往生問答	
9	3・7・15	我弟子問答、昔は念仏往生	〈1〉
10	（3・7・16）	（加州二俣ニテ）念仏往生問答	
11	3・7・18	出家発心の御文	〈2〉
12	3・9・18	心源、名を改めて蓮崇と名乗ること	
13	3・12・18	猟漁の御文	〈3〉
14	4・2・8	「一念多念事」「上尽一形下至一念事」「平生業成事」	
15	4・2・8	「善導云、諸衆生等久流生死……」	
16	4・2・8	「一向専修ノ名言ヲサキトシテ……」	
17	5・8・22	見玉尼往生（8月14日）	
18	5・8・28	亡母十三回忌	
19	4・11・27	平生業成問答	〈4〉
20	5・2・1	興ある坊主の口真似の信心	
21	5・2・8	吉崎参詣面々の心中心もとなく	
22	5・2・9	坊主分の不信心	〈5〉

表の遺文番号は発給年月日順であるが、それが一致しないものがある。文明五年の遺文17・18が文明四年に挿入されているのがそれであるが、おそらく、稲葉昌丸『蓮如上人遺文』が、高田本・名塩本にある文明五年の年記を、遺文17でいう見玉尼往生、18の亡母十三回忌が文明四年であることから、四年の誤りとしたことによっているようである。しかしながら、内容が文明四年のことであるという理由で、その年記を無造作に否定することはできまい。また、文明五年九月の遺文24が、同年八月の遺文25・26の前に置かれているのも、やはり稲葉が高田本に九月とあるのを他本によって五月と改めたことによっていると判断できる。そのことが以下の検討にかかわるわけではないが、一応留意しておきたい。

まず第一〜四通の第一群を検討する。こ

23	5・4・25	睡眠ニオカサレ……面々ノ心中……	〈6〉
24	5・9・ー	睡眠問答	
25	5・8・2	吉崎の様相のこと	
26	5・8・12	吉崎を訪ねた女人教化	〈7〉
27	5・9・ー	吉崎建立	〈8〉
28	5・9・ー	物忌みのこと	〈9〉
29	5・9・11	（多屋）内方教化	〈10〉
30	5・9・中旬	「人間ハタ、電光朝露……」	〈11〉
31	5・9・22	一向宗の名称問答（山中湯治の内）	
32	5・9・22	同右	〈15〉
33	5・9・下旬	超勝寺門徒仏法相違	〈12〉
34	5・9・下旬	十劫正覚批判（超勝寺ニテ）	〈13〉
35	5・9・下旬	諸法誹謗すべからず（超勝寺ニテ）	〈14〉
36	（5・9・下旬）	一向宗名称	
37	5・9・23	蓮崇御文写本端書	
38	5・10・3	人々の不信心……藤島まで上洛……帰住……	

の一群は、日付未詳ながら文明三年七月十五日付の遺文9と内容的に近似する遺文7に始まり、文明四年十一月二十七日の遺文19までの時期に書かれた十三通のうちから選ばれたものである。このうち遺文17・18を先述のように文明五年のものとして除外すれば、ほぼ一年半に及ぶ時期の十一通のうちから選ばれた四通である。一帖目に採られなかった七通は、遺文14〜16のような聖教の抜書き風のもの三通、また第一通（遺文9）と同内容の遺文7・8と10の三通、このほかには下間蓮崇にかかわる特殊遺文12がある。このようにみれば、御文として一般性をもたないものを除外し、同内容のものを整理したということで、機械的自動的に採録が決定されたようにみえなくもない。

しかしながら、それは五帖御文が吉崎から始められたという前提に立ってのことであり、吉崎以前が除外されていることを説明するものではない。そもそも最初に書かれた遺文1がなぜ除外されたのか、言い換えれば、最初の御文である遺文1が何故一帖目第一通とされなかったのか、という問題がある。

遺文1の内容を検討する。内容をいくつかの部分に仕分けして記号を付したが、その本文は次のようである。

当流上人ノ御勧化ノ信心ノ一途ハ、(A)ツミノ軽重ヲイハス、マタ妄念妄執ノコヽロノヤマヌナントイフ機ノアツカヒヲサシオキテ、(B)タヽ在家止住ノヤカラハ、一向ニモロ〳〵ノ雑行雑修ノワロキ執心ヲステヽ、(C)弥陀如来ノ悲願ニ帰シ、一心ニウタカヒナクタノムコヽロノ一念ヲコルトキ、(D)スミヤカニ弥陀如来光明ヲハナチテ、ソノヒトヲ摂取シタマフナリ。(E)コレスナハチ、仏ノカタヨリタスケマシマスコヽロナリ。マタコレ信心ヲ如来ヨリアタヘタマフトイフモコノコヽロナリ。(F)サレハコノウヘニハ、タトヒ名号ヲトナフルトモ、仏タスケタマヘトハオモフヘカラス。(G)タヽ弥陀ヲタノムコヽロノ一念ノ信心ニヨリテ、ヤスク御タスケアルコトノカタシケナサノアマリ、如来ノ御タスケアリタル御恩ヲ報シタテマツル念仏ナリトコヽロウヘキナリ。(H)コレマコトノ専修専念ノ行者ナリ。コレマタ当流ニタツルトコロノ一念発起平生業成トマウスモコノコヽロナリ。

アナカシコ〳〵。

これをまとめれば以下のようになろう。まず、(A)人間の罪悪、妄念妄執を問題とするような機の扱い否定がいわれるが、その一方で、そのような機に生ずる(B)雑行雑修は捨てよという。この両者は矛盾的であるが、それが可能になるのは、(C)弥陀の衆生済度の悲願によって機に疑いなくたのむ一念帰命が生ずるからであり、そこに(D)弥陀の光明による摂取不捨の救済に与ることができるという救済論となっている。つまり、(A)機の扱い否定と(B)雑行雑修否定の矛盾は、(C)弥陀の悲願を媒介に一念帰命に止揚され、妄念妄執とか雑行雑修への執心というようなあり方のままで、弥陀の悲願によって救済されるという、〈ありのまま〉での救済をいう救済論なのである。

それが(E)弥陀の方からの救済、弥陀回向の信心であるから、(F)念仏は救済請求ではなく、(G)報謝の念仏と心得るべきで、このような当流の救済は(H)一念発起平生業成である、と展開されている。(D)(E)のように、救済が弥陀からのものであることを知ることで、(G)念仏は報謝となるのであり、そのような救済は(H)一念発起平生業成、つまり一念の時に〈いま直ちに〉救済が成立しているのである。このような弥陀回向の信心によって〈ありのまま〉で、〈いま直ちに〉救われるという救済論がこの遺文に見られるのであり、のちに展開する蓮如救済論と根幹を同じくするものである。それがここでほぼ出揃っているのに、なぜかこれが第一通とはされなかった。

五帖御文収録の選択に関する史料はまったくない。史料によって、なぜ御文始めの御文が第一通とされなかったかを説明することは不可能である。内容的に検討するしかないが、問題があるとすれば、蓮如救済論の根幹となる信心正因が、ここでは強調されていないと読めるかもしれない。遺文1には「一心ニウタカヒナクタノムコ、ロノ一念」とか、「弥陀ヲタノムコ、ロノ一念ノ信心」とあるが、信心こそ本であるというような文言がない。しかし第一通となるものが、蓮如救済論を完全に表明するものでなければならぬわけではない。そのように、内容的にみて問題がないが、第一通とされなかったのであり、問題は内容ではない。

そこで次に、遺文2がなぜ五帖御文に収録されなかったのかを検討する。遺文2は以下のように展開される。最初に「出家発心ノカタチ」「捨家棄欲ノスカタ」は不要、つまり(A)機の扱い否定がいわれ、次に(H)「タ、一念発起平生業成」が説かれ、これを補足して「来迎ヲ期セス、臨終ヲマタス」という。そこから(B)雑行雑修が「ナケステ、」と否定され、(C)「一向一心ニ弥陀如来ノ不思議ノ願力ヲタノミタテマツル」がいわれる。このような展開は遺文1と同じで、弥陀の願力による〈ありのまま〉の救済論である。そこから、

(I)サレハコノクラキノ人ヲサシテ、竜樹菩薩ハ即時入必定トイヒ、曇鸞和尚ハ一念発起入正定之聚ト釈シタマヘリ。

と、〈ありのまま〉の救済を(I)入正定聚と規定して〈いま直ちに〉の救済へ転化するのも同様である。そこから次に、この救済論を論理化するものとして、

(J)コレニヨリテ南無阿弥陀仏トイヘル行体ハ、マツ南无ノ二字ハ帰命ナリ、帰命ノコヽロハ往生ノタメナレハ、マタコレ発願ナリ。サレハ南无トタノメハ、阿弥陀仏ノ御カタヨリ光明ヲハナチテ、行者ヲ摂取シマシマスカユヘニ、ワレラカ往生ハハヤ治定ナリトオモフヘキモノナリ。

と、(J)六字釈が展開される。

この後には(D)摂取不捨、(E)回向の信心、(G)報謝念仏、(F)救済請求念仏否定と続く。したがってこの遺文2も、六字釈を別にすれば遺文1と同内容、同構造であり、当時盛んであった(F)救済請求の念仏を否定しようとするところに眼目があるから、五帖御文に収録されても不思議ではない。そしてこれまたなぜ除外されたかを示す史料はない。

そこで、なぜ収録されなかったか、という問いに代えて、採録されて第一通とされた御文はどういうものかを問うことにしたい。蓮如は文明三年四月上旬、近江大津の南別所を出発して北陸に赴いた（一帖目第八通、以下一―八のように示す）。越前と加賀の国境吉崎に坊舎を開創するのが目的であり、七月二十七日にはそれが実現された。一帖目第一通とされた遺文9は、その直前の七月十五日の日付をもち、門徒は我弟子か否かをめぐる問答と念仏往生の可否の問答を内容とする。この我弟子問答とよく似た内容をもつ遺文7があり、これは日付を欠くものの、「加州片山里居住」と奥書にあり、遺文8の本文冒頭の「文明第三炎天之比ロ《ヒ》ニ、賀州加卜郡五ケ庄ノ内カトヨ、或片山辺ニ」という文言との関連性を思わせる。遺文8は念仏往生問答を内容とするが、遺文9に関連し、さらには同じ内容の遺文10の内容と関連する。そして遺文10が、端書に「(加州二俣ニテ)文明三　七月十六日」とあることから、類似し相互にかかわりあっている遺文7～10は、文明三年七月十五・十六日に加賀二俣の本泉寺で書かれたと判断されている。

本泉寺は、蓮如の叔父宣祐如乗の寺であり、当時は叔母勝如が住し、蓮如の第二子兼鎮蓮乗が入寺し、北国本願寺派の拠点となっていた。つまり遺文7~10は吉崎開創を間近に控えて、加賀の拠点の本泉寺で書かれ、我弟子問答や念仏往生問答という内容からして、まさに吉崎で教化活動を開始しようとする蓮如が、その基本理念、その救済論の根幹を宣言したものである、と考えられる。

その宣言の遺文9、すなわち一帖目第一通は、「或人イハク」として門徒を「我弟子トコ、ロヘオク」か「如来聖人ノ御弟子トマフス」かという問題から始められる。答えるに「親鸞ハ弟子一人モモタス」「ソノユヘハ、如来ノ教法ヲ十方衆生ニトキキカシムルトキハ、タ、如来ノ御代官ヲマフシツルハカリナリ。(中略)サレハトモ同行ナルヘキモノナリ、コレニヨリテ、聖人ハ御同朋御同行トコソカシツキテ」と、展開される。「弟子一人モ」は『歎異鈔』の文言であるが、『改邪鈔』にも引かれ、その第四章にこの文言とともに「トモ同行」の文言を、同十八章に「如来ノ代官」の文言をもっており、直接的典拠はここに求められよう。この文言をもって一―一は同朋教団の形成を目指したものと評価されることが多いが、「在々所々ニ小門徒」をもつ「手次ノ坊主」が門徒を「我弟子」と抱え込む状況にあって、これを否定し、門徒を本願寺のもとに一元的に掌握することを目指したのであり、金龍静がいうように、師弟関係における法義相続によっていくつかの門流として存在した親鸞流浄土真宗を、親鸞を宗祖とする真宗という「宗」として形成しようとした(『蓮如』、吉川弘文館、一九九七年)とみるべきであろう。その宣言によって遺文9が一―一とされたのである。逆にいえば、遺文1の御文始めの御文や遺文2はこのような「宗」形成の観点をもたないがゆえに一―一に採られなかったことになる。とすれば、吉崎開創は「宗」の形成を強く意識したものであったし、その方針のもとでの救済論が展開されたのである。

遺文7~10はこのような課題のもとで蓮如が試行錯誤した草稿であった。遺文7と9が我弟子問答という「宗」形成論、遺文8と10が念仏往生問答における救済論であり、それらのうちから、我弟子問答に関してよりベターなものとして遺文9が選び出された。それにはいま一つの念仏往生の問題も、問答体ではないけれども、含まれていた。

一―一はこの二つの課題を含むものであるが、救済論を中心に読むなら、むしろ後半部分が重要である。前半で大坊主分の我門徒観を批判した蓮如は、後半ではあるべき信心の姿を提示する。「ムカシハ雑行正行ノ分別モナク、念仏タニモ申セハ往生スルトハカリオモヒツルコ、ロナリ」と(F)往生請求の念仏否定がいわれ、そこから次には、「正雑ノ分別ヲキ、ワケ、一向一心ニナリテ信心決定ノウヘニ、仏恩報尽ノタメニ念仏マフス」と(C)一心一向の信心決定とそのうえでの(G)報謝の念仏がいわれるのである。すぐわかるように、ここには信心正因・称名報恩という蓮如教学の根幹が示されている。それは遺文1・2でも説かれていたことであるが、遺文9のように端的なものではなかったし、「宗」の形成という視点を伴っていなかった。このことを逆にいえば、信心正因・称名報恩を根幹に据えて「宗」を形成するということが、吉崎開創、そして御文による教化の目的であったといいえよう。

ここで、江戸宗学の雄、香月院深励（一七四九～一八一七）が、この御文がなぜ第一通とされたかを問題にしていること（『御文一帖目初通講義』『真宗大系』三二）を見ておくのも無駄ではあるまい。深励は、実如・円如による御文選集の立場であるが、御文始めの御文から六通も御文があるのに「何ノ訳アリテカコノ或人イハクノ御文ヲ巻頭ニ置キタマフヤ」という問いを設けて、第一に「親鸞メツラシキ法ヲモヒロメス」の文などを根拠に、御文は開山聖人の教化はみな如来の金言であると悟らしめんため、第二に、八十通の御文が破邪顕正の御教化であることを示すため、といい、そして第三に、

一念帰命ノ信心ヲ勧メテ。称ヘルニ違ヒハナイケレドモ。タヾ称ヘテハタスカラヌ。コノ信心ヲエテ嬉サノアマリニ。名号ヲ称ヘヨトアルガ御文ノ御教化ナリ。コレガ祖師ノ末燈鈔ヤ嘆《マヽ》異鈔ノ御教化カラ。蓮師ノ八十通

ノ御文ヘウツル次第ギャ。コノコトガ明カニ知レルガ此一通ノ御文ナリ。

としている。念仏による往生請求を否定し、信心正因を説いたのが第一通であるという理解は本稿の立場に通じている。

またいま一つ、誤りなく捉えねばならないのは、(F)往生請求の念仏を否定したけれども、往生を希求するという、人々が信仰的実践的に仏にかかわる契機、それは決して否定されていない、ということである。蓮如は、人々の往生希求という信仰的実践的契機が、往生を求める念仏として発露することを雑行として否定するが、それは往生を希求する信仰的実践的契機を否定したのではなく、(C)一念帰命の信心という正行に転換し、これに往生希求の願いを収斂しようとしているのである。人々が往生を希求しているという状況にあって、その信仰的実践的契機を尊重しながら、それを信心へと収斂すること、これこそ蓮如が御文で表明しようとした基本的救済論であり、延いては吉崎開創による民衆救済の理念であった。

ところがこの一―一は、その点でいまだ不十分であった。信心正因・称名報恩は説かれたが、遺文1・2のような、〈ありのまま〉〈いま直ちに〉の救済という救済の具体的あり方の論理が含まれていない。それを補うのが一―一の直後の七月十八日に書かれた遺文11（一―二）であった。そこではまず、

(A)アナカチニ出家発心ノカタチヲ本トセス、捨家棄欲ノスカタヲ標セス、(C)タ、一念帰命ノ他力ノ信心ヲ、決定セシムルトキハ、サラニ男女老少ヲヱラハサルモノナリ。

と、(C)一念帰命を他力の信心と押え、(A)姿形にとらわれない機の扱い否定によって〈ありのまま〉の救済論が展開され、続いて、

(I)コノ信ヲエタルクラヰヲ、経ニハ即得往生住不退転トトキ、釈ニハ一念発起入正定之聚トモイヘリ。コレス

ナハチ不来迎ノ談平生業成ノ義ナリ。

と、即得往生、(I)入正定聚、(H)平生業成と語を連ねて、〈いま直ちに〉の救済が説かれている。

このように一―二は、〈ありのまま〉で〈いま直ちに〉の救済が他力の信心である一念帰命によって成り立つという救済論を説くものなのである。一―二では、これに続けて親鸞の『和讃』「弥陀ノ報土ヲネカフヒト外儀ノスカタハコトナリト」を引用し、その後に、

(I)カタチハイカヤウナリトイフトモ、又ツミハ十悪五逆謗法闡提ノトモカラナレトモ、廻心懺悔シテ、(D)フカクカ、ルアサマシキ機ヲスクヒマシマス弥陀如来ノ本願ナリト信知シテ、(C)フタコ、ロナク如来ヲタノムコ、ロノ、ネテモサメテモ憶念ノ心ツネニシテワスレサルヲ、本願タノム決定心ヲヱタル信心ノ行人トハイフナリ。

というように展開される。「十悪五逆謗法闡提ノトモカラ」「アサマシキ機」とは、悪人凡夫の自覚、つまり機の深信であり、〈ありのまま〉の救済はここに立脚する。また「カ、ルアサマシキ機ヲスクヒマシマス弥陀如来ノ本願」とは、すべてをもらさず救うという本願、それへの信順、つまり法の深信を表し、そこから「フタコ、ロナク如来ヲタノム」(C)一念帰命が導かれている。これが〈いま直ちに〉の救済を導く。このようにみれば、一―二は信心正因の救済論の根拠を機法二種深信に置き、そこから〈ありのまま〉で〈いま直ちに〉の救済を説くものと捉えられる。そしてそれは、「一念帰命」「タノム」「一念発起」という言葉に示された、人々が救済を希求する信仰的実践的契機を前提とし、それをそのまま他力の信心、つまり弥陀から差し向けられた信心に収斂するものであった。

このようにみれば、一帖目第一通と第二通は、相互に補足しあい、称名念仏を救済請求から仏恩報謝へと止揚し、信心を救済の正因とし、それによる〈ありのまま〉で〈いま直ちに〉の救済論を形成していたのであり、吉崎での教化の理念となる救済論を宣言した御文として著され、選び出され、五帖御文の冒頭に収録されたということがで

きる。

なお一言すべきは、遺文8には、五帖目第十通に収められて御文の代表ともされる「聖人一流章」が、若干の文言の相違はあるが、ほとんどそのままの形で含まれていることである。「聖人一流章」そのものは年月日付をもたず、その成立時期は不明であるが、この遺文8に含まれる文章が原形であるとすれば、吉崎開創以前にすでに成立していたといわねばならない。すなわち信心正因・称名報恩は、(B)雑行棄捨・(C)一念帰命・(I)入正定聚＝〈ありのまま〉で〈いま直ちに〉の救済論を伴って、この時期以前にすでに成立していたことを認めることになろう。また逆に、この「聖人一流章」の原形が一帖目第一通に採られなかったことは、五帖目が年紀をもたない、その意味で時処を超えた普遍性をもつ御文が集められていることからすれば、四帖目までは、まして一帖目などは、きわめて状況性の強い御文が採録されていることになる。このとき、普遍性の五帖目と、状況性の一～四帖の微妙な差異なども問題として残るであろう。

第三節　救済論の修正補足としての第三・四通

一帖目第一・二通によって、吉崎に坊舎を構えて教化を進めるにあたっての救済論を構築した蓮如は、それから半年の間ほとんど遺文を残していない。すなわち一帖目第二通となった遺文11が文明三年七月十八日に書かれた後、文明三年中には九月十八日の遺文12、十二月十八日の遺文13（第三通）があるだけである。そのうちの遺文12は高野山へ登る事、和田新発意、蓮崇の事等に関する特異な消息で、仮名法語消息としての御文とは性格を異にするので、考察の対象から除外してよい。したがって、吉崎に坊舎を開いて以降の文明三年の後半には、遺文13、第三通に採られた「猟漁の御文」一通があるだけである。

またその翌年の文明四年には遺文14〜16・19(第四通)の四通があるが、二月八日付の遺文14〜16は『口伝鈔』や『改邪鈔』などの聖教からの抜き書きで、いわゆる仮名消息法語という意味での御文に相当するものではない。したがって文明四年の一年間には遺文19(第四通)があるだけである。吉崎を開創し、教化活動に乗り出したはずの蓮如は、一年半余の間に、教化を目的とする御文を遺文13・19(第三・四通)の二通しか著していないのである。吉崎開創が民衆教化を目指すものであり、その手段が御文発給であった、吉崎開創とともに御文による教化が始められた、という常識からすれば、大変奇妙なことである。常識に反して、吉崎開創から一年半に、その直前の第一・二通を含めて四通しか御文は書かれていない。

この事実を、整合的に理解する解釈はただ一つしかないだろう。すなわち第一・二通の救済論は、それだけで民衆教化に十分な内容をもち、その救済論を反復して説くことで教化がなされ、ようやく半年後、一年半後に遺文14・19の二通が補足的に説き出され、それが第三・四通として収録された、と解釈することである。もっと端的に言えば、開創後の一年半の間に遺文9・11(第一・二通)の救済論を補足するに遺文14・19(第三・四通)の二通のみで十分であったということである。そうであれば、この四通は蓮如の手元に控えが残されていなければならない。この四通がいずれも蓮崇書写本に残されているのは、そのことを証明している。蓮崇書写本の奥書が文明五年九月二十三日付遺文37であり、「ステニコノ一帖ノ料紙ヲコシラヘテ書写セシムルアヒタ、チカラナクマツユルシオクモノナリ」とあって、蓮崇が勝手に書写したものをやむをえず許可したというが、そのことは蓮崇が書写の対象とした元本が蓮如の手元に存在したことを示している。

さて、一帖目の第一群のうちの第三・四通は、第一・二通の救済論を補足するものと考えられるが、それはどのようなものであったのか。

第三通として採られた遺文13は、「猟漁の御文」として有名である。悪い心、妄念妄執をとどめるのではなく、「タ、アキナヒヲモシ、奉公ヲモセヨ、猟スナトリヲモセヨ、カ、ルアサマシキ罪業ニノミ朝夕マトヒヌル我等コトキノイタツラモノ」と、(A)機の扱い否定、〈ありのまま〉の救済に始まるが、その機の罪業性が、「カ、ルアサマシキ罪業」にまどう「我等コトキノイタツラモノ」と、機の深信に深められている。そのうえで、そのような機を「タスケン」と誓う弥陀の本願としての法の深信、この二種深信によって「一念ノ信」が規定され信心正因が論理化され、その帰結として称名報恩が説かれていると読むことができよう。

このような第三通の救済論の構造は、吉崎開創時の第一・二通を再展開したものであるが、五帖御文としてはここではじめて、「タスケマシマセトオモフコ、ロノ一念ノ信マコトナレハ」というように、「タスケマシマセ」という言葉が積極的肯定的な意味合いで用いられていることに注目しなければならない。「タスケマシマセ」は、遺文1の御文始めの御文で「タトヒ名号ヲトナフルトモ、仏タスケタマヘトハオモフヘカラス」というように見えており、「タスケタマヘ」は往生請求の念仏を指す言葉として否定されていた。この往生請求の念仏は、第一通では「タスケタマヘ」という言葉を用いずに「念仏タニモ申セハ往生スル」という「ムカシ」の信仰として否定されていた。ところが、第二通では「フタコ、ロナク如来ヲタノム」というように、「タスケマシマセ」とほぼ同義の「如来ヲタノム」が用いられることで復活したようにみえる。しかしそれは「アサマシキ機」がそれを救う如来の本願を信知し二心なく「タノム」という、機と法の二種深信として位置づけられることで祈願請求から区別されている。そしてこの第三通に至って、「アサマシキ罪業」の「我等コトキノイタツラモノ」という機を救う法として、二種深信を踏まえながら、「タスケタマヘ」と思う心の「一念ノ信」は「マコト」であり、「往生ハイマノ信力ニヨリテ御タスケ」と、往生は信心正因として定置されているのである。第三通はその意味で「タスケタマヘ」の成立を示す御文でもある。逆に、遺文1はそのような「タスケタマヘ」の成立がないゆえに、収録されなかったのである。

五帖目では、「タスケマシマセ」あるいは「タスケタマヘ」は、ほとんど各通に見られる重要タームである。代表的には五帖目第十三通で、「ソレ帰命トイフハ、スナハチタスケタマヘトマフスコ、ロナリ」というように、「タスケタマヘ」は蓮如救済論の根幹である「帰命」の概念に等置されている。かつて往生請求の念仏を表すタームとして否定された「タスケタマヘ」が、このように復活されたのは、人々が往生を希求して仏に向かう信仰的実践的契機が「タスケタマヘ」であるから、それを真っ向から否定するのではなく、「帰命」と規定することで方向づけを与え収斂しようとするのが蓮如教学なのである。その方向性を明確にしたのが第三通であった。その意味で、この御文は吉崎での救済論の修正補足なのである。

「タスケタマヘ」を「帰命」とし、救済論の根幹に据えると、〈ありのまま〉での救済とは形式論理的には矛盾に陥る。すなわち、第三通のように、わが心の悪きをも、妄念妄執をもとどめる必要なしという(A)機の扱い否定から〈ありのまま〉の救済が説かれるのであるが、それはすべてをまる肯定することとなって、信仰の様相としては受動的な様態となる。一方、「タスケタマヘ」を核に据えれば、あさましき罪業にまどういたずら者と自覚することであり、そこには、(A)機の扱い否定を否定するかかわり方がある。つまり、あさましき機の否定に立って帰命=「タスケタマヘ」が能動的に言い出される。〈ありのまま〉の救済=機の肯定と受動性、「タスケタマヘ」=機の否定と能動性、という矛盾である。

この矛盾に対応すべく展開されたのが二種深信で、なかんずく、機の深信が重要である。妄念妄執の心を否定することなく、〈ありのまま〉での救済がいわれながら、商い、奉公、猟、すなどりの人々が「イタツラモノ」と自覚する否定的な機の深信が求められ、その機の深信によってはじめて「タスケタマヘ」が成立し、それによって「イタツラモノヲタスケン」という「弥陀如来ノ本願」への信、つまり法の深信が成立する。こうして機・法の二種深信において「タスケタマヘ」が往生請求の念仏ではなくなるのである。このように、〈ありのまま〉の救済と「タスケタマヘ」は形式論理的には矛盾しながら、信仰的実践的には矛盾ではなくなる。

このような論理は、蓮如の側のことである。はたして人々はこのように蓮如の論理を受け止めたであろうか。あさましき・いたずら者という、人間の罪悪性の自覚を欠落させると、すべては機の扱い不用のレベルで受け止められ、機の深信抜きで、必ず救うという法の深信にすがり、〈ありのまま〉の救済として受け入れることになる。そこから一歩進めば、法の深信＝必ず救う本願＝本来救われているという信仰に陥る。そこに無帰命信心といわれる信仰形態が発生する。一方で機の深信に重点を置けば、救われざる者がひたすら本願にすがって「タスケタマヘ」と救済を請求することになり、念仏による往生請求という信仰が再生してくる。このように両様に誤って受け止められる危険性に、吉崎開創から半年を経て蓮如は気づいたのではなかろうか。救済論はこのようにして修正補足されることになった。

第四通も救済論の修正補足で、五つの問答で構成される。第一は一念発起平生業成と正定聚・即得往生住不退転のこと、第二は不来迎と正定聚のこと、第三は正定聚と滅度の一益二益のこと、第四は往生治定と信心のこと、第五は信後の念仏のこと、という諸問題が説かれている。その中心課題が正定聚と信心であることは容易に知られようが、それはこの御文が〈いま直ちに〉の救済の修正補足であることを意味している。第一の問答では、

平生ニ弥陀如来ノ本願ノ我等ヲタスケタマフコトハリヲキ、ヒラクコトハ、宿善ノ開発ニヨルカユヘナリ、ト

コ、ロエテノチハ、ワカチカラニテハナカリケリ。仏智他力ノサツケニヨリテ本願ノ由来ヲ存知スルモノナリ、トコ、ロウルカ、スナハチ平生業成ノ儀ナリ。サレハ、平生業成トイフハ、イマノコトハリヲキ、ヒラキテ、往生治定トオモヒサタムルクラヰヲ、一念発起住正定聚トモ平生業成トモ即得往生住不退転トモイフナリ。

と、如来の本願を聞き開くという法の深信によって、平生業成＝往生治定＝住正定聚＝即得往生住不退転という〈いま直ちに〉の救済が成立することを説いている。さらに第二問答で、

正定聚ニ住スルカユヘニカナラス滅度ニイタル、カルカユヘニ臨終マツコトナシ来迎タノムコトナシ、

と〈いま直ちに〉の救済は、死後の滅度をも保証すると説く。あるいは、第三問答で、正定聚は穢土の益、滅度は浄土の益と明確に言い切ることで、死後の往生を保証する。このように繰り返し浄土往生が説かれるのは、人々の希求するところが浄土往生にあることが前提となり、それを現世正定聚で集約し、その延長線上に浄土往生を位置づけようとしたことを示している。〈いま直ちに〉の救済は、往生は現世か来世かという問題を生み出していたのであり、その問題への対応が第四通であった。

また〈いま直ちに〉の救済は、第四問答のように往生治定なら「ナニトテワツラハシク信心ヲ具スヘキナント沙汰サフラフ」という問題、つまり弥陀の摂取不捨の誓願によって〈いま直ちに〉の救済が成立しているのなら、あらためて信心などは不要ではないかという疑問を生み出した。またさらには、〈いま直ちに〉の救済が成就しているなら、「信心治定シテノノチ」の念仏は往生を求める念仏か報謝の念仏か、「イマタソノコ、ロヲエス」といわれるような信後の念仏という問題が生まれたのである。つまるところ、〈いま直ちに〉の救済をいえば、信心・念仏不要の無帰命安心が登場するのである。

蓮如はこのような状況に直面したのである。そこから、この第四通のように当初の救済論の補強を試みなければ

ならなかったのであり、信による救済を力説して「一念ノ信心発得已後ノ念仏ヲハ、自身往生ノ業トハオモフヘカラス、タ、ヒトヘニ仏恩報謝ノタメ」と説かねばならなかった。

吉崎での一年半の活動において、難しい機の深信を抜きにして、ひたすら本願にすがる法の深信によって、〈ありのまま〉で〈いま直ちに〉救済されたという信仰をもつ人々に直面したのである。往生を求めての念仏を否定し、その信仰的実践的契機を帰命に収斂しようとして、念仏そのものが失われるという皮肉な危機に直面することになった。こうして蓮如は、かつて否定した「タスケタマヘ」を復活させるとともに、あさましき「イタツラモノ」として機の深信を説くことで、人々の信仰的実践的契機を否定することなく吸収止揚し、法の深信による正定聚不退を対置し、報謝の念仏へと収斂しようとしたのである。これが一帖目第一～四通の御文のもつ思想史的意味であった。

第四節　一帖目第二群――不信心への嘆き

吉崎開創から一年半を経て文明五年に入ると、にわかに御文の数が増えてくる。それらの遺文は多くが帖内に採録される。これ以降の御文はさらに二群に分けられ、九月に集中的に発給された御文を第三群とすれば、それ以前の遺文20～26は第二群と捉えられる。一帖目の第五・六・七通がここに含まれる。

文明五年正月から八月頃を回想して十月に書かれた遺文38は、第二群が書かれた背景をよく示すものである。すなわち、吉崎にとどまったのは名聞利養の望みではなく、ひとえに後生菩提のためであり、坊主衆が安心を取ることを念願としてきたが、

　　タ、越前加賀多屋坊主、当流ノ安心ヲモテ先トセラレス、未決定ニシテ不信ナル間、

という有様を嘆き、吉崎に居住する意欲を失ったと述べ、さらには、

　　当年正月時分ヨリアナカチニ思案ヲメクラス処ニ、牢人出帳（マヽ）ノ儀ニツイテソノヒマナク、或ハ要害、或ハ造作
　　ナントニ日ヲオクリ、

というように、吉崎が「牢人出帳（張）」に対して要害をめぐらすという状況になったと述べている。

この「牢人出帳（張）」とは、この年の夏から初秋にかけての、応仁文明の乱北陸版の戦乱である加賀・越前の守護職をめぐる富樫家の内紛や朝倉氏と甲斐党の抗争が吉崎周辺へ波及したことを指す。『蜷川親元日記』文明五年七月二十三日条に「加賀国勢、富樫次郎殿政親、居住同国山内ニ責入去九日」とあり、また『尋尊大僧正記』八月十五日条に「甲斐率人勢出帳〔張〕細呂宜郷等、八月八日大合戦、朝倉方手負及八百人、打死七十人、雖然甲斐方追帰于加賀国」（『加能史料』戦国Ⅰ、所収）とあって、加賀白山麓山内に立て籠った富樫政親に対して、北から加賀勢が攻め込み、退路を断つように甲斐勢が吉崎近辺の細呂宜郷に侵入して朝倉勢と大合戦があったのである。これが八月八日のことであるから、遺文38がいう「牢人出帳（張）」は文明五年正月のことではない。

そのような状況の内で、「秋モハヤサリヌル」頃に蓮如は、「先ツ暫時ト思テ藤嶋辺へ上洛セシムル処ニ」というように、吉崎を出て藤島超勝寺に至ったのである。これを蓮如が「上洛」と述べたのは、当時そのように企図したかどうかは別として、京都へ帰ろうとしたと意味づけているのである。蓮如が吉崎を出て超勝寺に入ったのは、遺文38のように多屋坊主衆の不信心を嘆き、また吉崎が戦乱にまきこまれる危険を回避しようとしてのことであった。遺文25は、吉崎の繁昌を述べ、それは念仏の勧めであって諸人の偏執を理なしというのがそれである。

またこの年九月に書かれた第八通（遺文27）もこのことに関連する御文で、

道俗男女群集セシムトイヘトモ、サラニナニヘントモナキ体ナルアヒタ、当年ヨリ諸人ノ出入ヲト、ムル

と、諸人の吉崎参詣禁止を打ち出したのである。そうであれば、蓮如が吉崎にとどまる必要はない。それから九月いっぱい蓮如は超勝寺にいる。

第五通（遺文21）はこのような吉崎をめぐる信心と戦乱の危機の始まりを背景に書かれたものである。そこには、

ソモ〳〵当年ヨリコトノホカ両三国《加州能登越中》ノアヒタヨリ道俗男女群ヲナシテ、コノ吉崎ノ山中ニ参詣ノ面々ノ心中ノトヲリ、イカ、トコ、ロモトナクサフラフ。（中略）コノ一流ノウチニオイテ、シカ〳〵トソノ信心ヲスカタヲモエタルヒトコレナシ。（中略）コノ雪ノウチニ参詣ノコ、ロサシハ、イカヤウニコ、ロエラレタル心中ソヤ。千万コ、ロモトナキ次第ナリ。（中略）コレヨリノチハ心中ニコ、ロヘオカル《オク》ヘキ次第ヲクハシク申スヘシ。ヨク〳〵ミ、ヲソハタテ、聴聞アルヘシ。

と、まことに強い調子で叱責している。その不信心の内容には触れられていないが、おそらくは先述したような、機の深信を欠いた無帰命安心、あるいは逆の念仏頼みの往生信仰と考えてよかろう。そのように叱責しておりながら、蓮如の説く当流信心はきわめて簡略である。

ソノユヘハ、他力ノ信心トイフコトヲシカト心中ニタクハヘサフラヒテ、ソノウヘニハ仏恩報謝ノタメニハ行住坐臥ニ念仏ヲマフスヘキハカリナリ。コノコ、ロエニテアルナラハ、コノタヒノ往生ハ一定ナリ。

信心の内容や救済の論理を展開することをやめてしまって、他力信心と報謝の念仏、往生一定をいうだけである。

これに続く第六通（遺文23）は、少し時間をおいて四月二十五日に書かれたが、そこでも蓮如の怒りは治まっていない。この頃は「コトノホカ睡眠ニオカサレテネムタク」、往生も近づいた徴かと述べながら、

ソレニツケテモ面々ノ心中モ、コトノホカ由断トモニテコソハサフラヘ。（中略）ヨロツニツケテ、ミナ〳〵

ノ心中コソ不足ニ存シサフラヘ。

と激しい怒りを表明している。この御文も、それ以上のことは述べられておらず、特にあるべき安心が説かれているわけではない。

この時期、つまり文明五年の春には、帖内の二通のほかに、二月一日の遺文20、二月九日の遺文22があるが、ともに坊主の不信心を嘆くことで一致している。遺文20は先の遺文8・10と類似した念仏往生問答である。そこでは坊主が蓮如の教えに従い、

モロ〳〵ノ雑行ヲステヽ、一向一心ニ弥陀ニ帰スルカ、スナハチ信心トコソ存シオキサフラヘ、

と述べたので、それならとその意味を重ねて問うと、この坊主は、

イマノ時分ミナ人々ノオナシクチニマフサレサフラフホトニ、サテマフシテサフラフ。ソノイハレヲハ存知セスサフラフ。

と、人々の口真似にすぎないと白状したというのである。蓮如の絶望を示すものであろう。遺文22も、もっと簡潔に多屋坊主の不信心を嘆き、「自信教人信」こそ務めと説くもので、同じく蓮如の絶望的な気持ちを示すだけである。これらが五帖御文に採られなかったのは、不信心への嘆きに終始して、積極的に信心のあり方が説かれていないことによろう。

蓮如の絶望はなおしばらく続いたのであろうが、ようやく八月頃から気を取り直し、九月には逆に激しい闘志を見せている。八月十二日付の遺文26（第七通）は、そうした転換点にある御文である。文明四年三月中頃に、「サモアリヌラントミヘツル女姓《マヽ》」が吉崎を訪れ蓮如の教化を請うという設定で、その女性に対して信心のいわれが説かれる。その内容は、十悪五逆、五障三従のあさましき身という機の深信、その機をたすけましますす如来という法

の深信、そこに弥陀をたのみ、たすけたまえの一念が起これば、弥陀は光明を放って摂取不捨と収めとる、このように心得るを信心といい、その上には仏恩報謝の念仏、というものである。機法二種深信とたすけたまえの帰命、摂取不捨、仏恩報謝と、きわめて簡潔に蓮如救済論が展開されている。その意味では、第二群の御文中では最も重要なものであろう。人々の不信心に絶望した蓮如がたすけたまえ＝帰命を媒介に信心正因を再構築する転換点となった御文である。

先に述べたように、この八月、越前守護職を争う甲斐党が細呂宜郷に進入して朝倉勢と大合戦となったのであり、蓮如が「牢人出帳（張）」と述べたのは、このことを指している。

吉崎ではこの状況に対して要害を構えて防衛に当たるという動きが見られた。加賀と越前の国境に一大勢力となった蓮如の吉崎の教団は、応仁文明の乱中の北陸において、両軍から注目され始めたのである。ここに、坊主の不信心という問題に加えて、世間との対応が新たな問題として浮上した。第七通は八月十二日の日付をもつが、この合戦が八月八日であったことを知れば、これが吉崎を信心の世界と位置づけることで、戦乱からの中立を宣言したものとみなすこともできよう。

第五節　文明五年九月御文群――世間の問題化

九月に、第八通から第十五通に至る九通の御文が集中的に書かれ、一帖目の第三群を形成しているのは、世間との対応という新たな課題との関連によっている。文明五年九月の一カ月に八通の御文、採録されなかったもの四通を含めれば十二通の制作というのは、文明四年までの散発的な御文制作に比すれば、その時期的集中性は異様とすら思われるものである。このような時期的に集中した御文は一連のものとして読まれねばならないだろうから、御文一帖目第八～十五通を文明五年九月御文群と名づけて一括して考えたい。

この時期に書かれながら収録されなかったのは遺文24・31・36・37の四通であるが、そのうちの遺文24は「京都ノ御一族」をかさに着る若衆の信心をたしなめる問答体の御文で、文意も通じがたく、一連の九月御文群とは性格を異にすることが、採録されなかった理由であろう。また遺文31・36は一向宗という名称にかかわる御文であるが、それは同内容の遺文32が第十五通として収録されたことから不採録の理由が明らかであり、残る遺文37は、先に触れた下間蓮崇書写御文に与えた端書であって、帖内に採録されるべきものではない。このように文明五年九月に作成された遺文は、特殊なもの四通を除いて、そのすべてが帖内に採録されていることを知る。

さて、その文明五年九月御文群は、全体を通しておおよそのところでいえば、信心が無常観や後生の一大事との関連で説かれ始めることによって、そのような信心と世間の関係が問題化されてきた、といえよう。

この九月御文群の最初に位置する第八通（遺文27）は、「ナニトナク風度シノヒイテ、」吉崎を開創したと述べたことで有名であるが、そこでは、先にも見たように、群集する人々の不信心を嘆いて吉崎への出入りをとどめ、加えて、

念仏ノ信心ヲ決定シテ、極楽ノ往生ヲトケントオモハサラン人々ハ、ナニシニコノ在所へ来集センコトカナフヘカラサルヨシノ成敗ヲクハエオハリヌ。コレヒトへニ名聞利養ヲ本トセス、タヽ後生菩提ヲコト、スルカユヘナリ。

と述べて、吉崎は信心を求める人々の世界であり、それは名聞利養を本とする世間とはかかわりのない世界であると宣言したのである。戦乱にまきこまれる危機を背景としての吉崎の中立宣言であり、信心世界の非世間性の宣言

であった。ここに語られる吉崎開創事情も、そのような九月御文群の性格を踏まえて読まれねばならないことを示している。

そこで次に、信心の世界の非世間性に基づき、門徒の世間的行為の原則を示したのが第九通（遺文28）である。「他門他宗ニ対シテハ、カリナク我家ノ義ヲ申シアラハセル」、つまり真宗の独自性を憚りなく表明して他宗を批判したゆえにいわれたことであると認め、これを「大ナルアヤマリナリ」と否定したのである。それは、

当流ノヲキテヲマホルトイフハ、我流ニツタフルトコロノ義ヲシカト内心ニタクハヘテ、外相ニソノイロヲアラハサヌヲ、ヨク物ニコヽロエタル人トハイフナリ。

と、信心は内心に蓄えるもので、世間的行為の根拠にしてはならないという原則によっている。のちに再々繰り返されることになる「ヲキテ」の原則が打ち出された。その具体例として物忌みの問題がここで取り上げられ、仏法のうえには物忌みはなさるべきではないことが『涅槃経』や『般舟経』を引いて述べられる。しかしそれは、

物忌トイフ事ハ、我流ニハ仏法ニツイテモノイマハヌ、トイヘル事ナリ。他宗ニモ公方ニモ対シテハ、ナトカモノヲイマサラムヤ。他宗他門ニムカヒテハモトヨリイムヘキ事勿論ナリ。

というように、仏法（真宗信心）の世界では物忌みは否定されるが、それを信心以外の世間で実践すべきではなく、他宗他門という真宗以外の宗教世界、さらには公方に代表される世俗権力に対して物忌みは行うべきである、というのである。信心を非世間性に定置すれば、非真宗的行為は世間的行為として是認されている。

信心世界の非世間性、逆にいえば世間の非信心性がいわれたことによって、第九通で世間的行為が信心とは別のこととして是認されたが、それは次の第十・十一通（遺文29・30）でひっくり返される。第十通は「多屋内方の御

文」ともいわれて、女人往生を説く御文として知られているが、それは、人の世の無常から後生の一大事を強調する御文でもある。多屋坊主の女房となった前世の宿縁を思い後生の一大事、信心決定を勧め、後半に至って、

マツ人間ハタ、ユメマホロシノアヒタノコトナリ。後生コソマコトニ永生ノ楽果ナリトオモヒトリテ、人間ハ五十年百年ノウチノタノシミナリ、後生コソ一大事ナリトオモヒテ、

というように人間の無常性から後生が説かれてくる。また次の第十一通は冒頭から、

ソレオモンミレハ、人間ハタ、電光朝露ノユメマホロシノアヒタノタノシミソカシ。タトヒマタ栄華栄耀ニフケリテオモフサマノコトナリトイフトモ、ソレハタ、五十年乃至百年ノウチノコトナリ。モシタ、イマモ无常ノカセキタリテサソヒナハ、イカナル病苦ニアヒテカムナシクナリナンヤ。マコトニ死セントキハカネテタノミオキツル妻子モ財宝モ、ワカ身ニハヒトツモアヒソフコトアルヘカラス。（中略）タ、フカクネカウヘキハ、後生ナリ。

というように、現世の無常性とそれを超えて願うべき後生が説き出される。このように第十・十一通と続けて無常と後生が説かれることによって、実は重大な転換が始まっているのである。すなわち第九通で、世間は信心以外の世界とされ、そこでの物忌みなどの行為が肯定されたが、ここで世間が無常として否定されると、信心外の世界である現世の世間を生きることも、その無常性を逃れて後生を求めることにほかならないから、これまた信心の問題であることを明らかにすることになる。そうなれば信心に立たない世間のこととしての物忌みを行うことも相対化されて、ほとんど無意味の行為となる。このように、無常観による世間否定は、非信心世界を相対化するきわめて重大な論理であり、信心の非世間性・中立性の宣言は、信心による世間・現世の相対化、さらには一歩進んで信心が非信心世界のすべてに優越することを宣言する意味をもつ。また現世・世間が相対化されれば、吉崎における民

衆教化の理念であり救済論であった〈ありのまま・いま直ちに〉救済という救済の現世性も相対化されてしまうという問題に直面する。言い換えれば、九月御文群を説き出すことで、蓮如は吉崎開創以来の救済論を大きく転換し始めたのである。

無常観や後生往生が蓮如教学の特質であるようにいわれるが、それは文明五年九月御文群で言われ出したことであり、信心の非世間性、ないしは信心の対世間優越性を確立しようとする目的のもとでの、きわめて戦略的言説であった。そうでありながら、それが〈ありのまま・いま直ちに〉救済という救済論の現世性を後退させるとともに、非信心的世間的現世的行為を相対化するという重大な意味をもつことになった。そしてそれは、九月御文群を超えて以下の御文全体にかかわり、それらを規定してゆく原理となったと考えられる。

さて、第十通では、後生の一大事に引き続いて、

モロ〳〵ノ雑行ヲコノムコ、ロヲステ、アルヒハマタモノ、イマハシクオモフコ、ロヲモステ、一心一向ニ弥陀ヲタノミタテマツリテ、

と、雑行を「ステ」、弥陀を「タノミ」という実践を求めている。その限りにおいて、受動的な〈ありのまま〉の救済よりは、能動的実践的な信心が求められているのであり、第三通で復活し、第七通で展開され、この第十通へ流れ込んだ「タスケタマヘ」=「弥陀ヲタノミ」の実践が、他宗他門に対して真宗の独自性を主張し、物忌みを否定するなど、〈ありのまま〉の救済を乗り越えようとしている動向に対するものであり、これを信心の世界に封じ込める試みであった。同じ御文で掟が説かれてくるのも、それである。すなわち、第十通は前記の文章に続けて、

一心一向ニ弥陀ヲタノミタテマツリテ、ソノホカ余ノ仏菩薩諸神等ニモコ、ロヲカケスシテ、タ、ヒトスチニ弥陀ニ帰シテ、

と、余仏菩薩を心に懸けないことを説き出すのである。第九通からの連続性において読めば、余仏菩薩を心に懸けるのは真宗信心の世界のことではなく、世間に属する他宗他門の事柄であるから、物忌み同様に心に懸けてもかまわないはずである。しかし第十・十一通において世間の相対性がいわれた以上、一心一向に弥陀をたのむ信心の前には、それらはまったく不用のこととなった。右の、余仏菩薩を心に懸けずはこのようにして説き出された。

ところが第十四通（遺文35）で、立山・白山・平泉寺・豊原寺などの名をあげて「誹謗スヘカラス」といい、その理由として「イツレモ仏説ナリ」としたことは、必ずしも右のような論理が貫徹されず、ブレが見られることを示すようである。諸宗を仏説として認めたことは、これらを第九通で世間としたことを転じて信心の世界に編入したことである。しかしそれは信心そのものではありえないから「ワカタノマヌハカリ」と規定せざるをえない。我たのむ信心の世界ではない諸山寺は、仏法であることで世間ではないが、信心のことではないという論理なのである。仏法世界を世間と区別し、信心の世界の内に是認せざるをえないところまで後退した、ともいいえよう。

次の第十二・十三通（遺文33・34）は、先に触れた第十四通とともに、当時蓮如が滞在していた超勝寺門徒のあり方を問題にした御文で、「仏法次第以外相違」や十劫正覚の信心を問題にしている。第十二通では毎月の会合が世間の名聞に堕していることを批判し、

セメテ念仏修行ノ人数ハカリ道場ニアツマリテ、ワカ信心ハ人ノ信心ハイカ、アルラントイフ信心沙汰ヲスヘキ用ノ会合ナルヲ、チカコロハ、ソノ信心トイフコトハ、カツテ是非ノ沙汰ニオヨハサルアヒタ、言語道断アサマシキ次第ナリ。

と戒めている。

こうしたところであらためて問題となったのが十劫正覚の信仰であった。第十三通では、近頃当方念仏者のなか

に、これこそ信心を得たる姿と称する人々があり、

十劫正覚ノハシメヨリワレラカ往生ハサタメタマヘル、弥陀ノ御恩ヲワスレヌカ信心ソ、

といっている、という。十劫の昔に法蔵菩薩は一切衆生が救われねば仏にならないと誓われたが、いま南無阿弥陀仏という仏となられた（成正覚）のだから、一切衆生はすでに救われている、という信仰である。したがってこの十劫正覚の信心は、信ずることも、たすけたまえとたのむことも不要ということになるから、別名を無帰命安心ともいう。先にも見たように、二種深信を伴わずに、救済の法にひたすら依拠すれば、〈ありのまま・いま直ちに〉救済という信仰はこのような無帰命安心を生み出す。ここで蓮如は、自ら蒔いた種子を刈るように、この御文で当流の真実信心を力説する。その信心は、

向後ニヲイテハ、マツ当流ノ真実信心トイフコトヲヨク〳〵存知スヘキナリ。ソノ信心トイフハ、大経ニハ三信トトキ観経ニハ三心トイヒ阿弥陀経ニハ一心トアラハセリ。三経トモニソノ名カハリタリトイヘトモ、ソノコ、ロハタ、他力ノ一心ヲアラハセルコ、ロナリ。（中略）一向ニ弥陀如来ヲタノミタテマツリテ、自余ノ一切ノ諸神諸仏等ニモコ、ロヲカケス一心ニモハラ弥陀ニ帰命セハ、如来ハ光明ヲモテ、ソノ身ヲ摂取シテステタマフヘカラス。

というように、ただ他力の一心に帰せられている。無帰命に対するのであるから一念帰命を強調するのは当然のことのようであるが、〈ありのまま・いま直ちに〉救済の教学が、無帰命安心を誘発したのであれば、〈ありのまま・いま直ちに〉よりは一心帰命に力点を置いた論理が構築されねばならなかった。そのことによって、往生の現世性は後退するが、往生を求める信仰的実践的契機を一心に集約することによって、信心の現世性は確保される。そのなかで、再び余神仏の問題が登場し、ここでも先の第十通と同じく一心帰命の帰結として心を懸けずと規定される。

こうして一帖目では信心の非世間性から世間に対する優越性へとの原則が貫かれるが、諸神仏は信心世界に属しながら、その信心の論理が一心帰命であることによって、心に懸ける必要のない存在として信心世界の傍流に置かれる存在であることが明確化された。

最後の第十五通（遺文32）では、今までの動向と無関係のように、突如として世間から「一向宗」と呼ばれるという名称の問題が取り上げられる。それに対するに、

> アナカチニ我流ヲ一向宗トナノルコトハ別シテ祖師モサタメラレス。オホヨソ阿弥陀仏ヲ一向ニタノムニヨリテ、ミナヒトノマウシナスユヘナリ。シカリトイヘトモ、経文ニ一向専念无量寿仏トトキタマフユヘニ、一向ニ无量寿仏ヲ念セヨトイヘルコヽロナルトキハ、一向宗トマフシタルモ子細ナシ。

と、祖師も定めてはいないと「一向宗」の名称をいったんは否定するが、それが弥陀を一向にたのむ姿をいうのであれば、そのように呼ばれることも「子細ナシ」と肯定する。ただし続いて、この宗は「浄土真宗」であり、「本宗ヨリマウサヌ」と付け加え、また雑行を許す浄土宗とは異なり、その信心は、

> ナニノワツラヒモナク弥陀如来ヲ一心ニタノミタテマツリテ、ソノ余ノ仏菩薩等ニモコヽロヲカケスシテ、一向ニフタコヽロナク弥陀ヲ信スルハカリナリ。

と、一心一向であると説いている。ここで「一向宗」という名称が取り上げられたのは、第十三通での無帰命安心批判を通じての一心一向や、第十四通での一心一向が諸神諸仏誹謗となりうることを戒めたのと同様に、一向宗という名称の問題を借りて一心一向を強調することにあった。

以上が文明五年九月御文群である。それは、前半において信心の非世間性が宣言され、次いで無常観を媒介に世間が相対化されることで信心の対世間優越性へ展開され、そのうちで論じられた世間的実践に関する掟も相対化さ

れた。また神仏の世界は、当初世間とみなされたが、やがて仏説として信心世界に包摂されながら、一念帰命の信心においては心に懸ける必要のない傍流に位置づけられた。

御文を状況に据え付けて一連のものとして読めば、このような解釈が可能になってくるが、それは現今の歴史学界で行われている、御文を個別的に読む読み方を批判するものである。一例として近時の神田千里の一向宗名称に関する見解（『一向一揆と真宗信仰』、吉川弘文館、一九九一年）を取り上げておく。神田は遺文36によって「蓮如が門徒に向かって「一向宗」と号する事を禁止した」という。一向宗呼称に関する遺文は、先に示した遺文32（第十五通）と、神田が依拠した遺文36、さらには遺文32の草稿と思われる遺文31の三通があり、そのうち遺文36のみが一向宗の呼称を「子細ナシ」とする文を欠いているのであるから、なぜ遺文36のみに依拠したのかを神田は明確にする必要があろうが、仮にそれらを同内容と考えるにしても、問題は、蓮如が一向宗呼称を禁止した理由である。

神田は一向宗と呼ばれる存在は「祈禱師、医師、山伏などの同類であり、「妖術師」とも呼ばれるような呪術者的存在」であったといい、当時の加賀門徒のかなりの部分がそのような一向宗であったという。ここに神田説の飛躍性があろう。少なくとも一向宗呼称に関した三通の遺文では、そのような存在を問題にしての発言とは受け止められない。また遺文全体を見渡しても、そのようなことを裏づけるものはない。ここで蓮如が問題としたのは、「阿弥陀仏ヲ一向ニタノム」姿を他宗の人が一向宗と呼称したことであった。神田がいうように呪術者的存在であったゆえではない。他地域での一向宗呼称の事例が呪術者を指したにしても、そのことと蓮如遺文でいわれている一向宗呼称はまったく別のことである。

十月三日に蓮如は超勝寺から吉崎に帰った。九月御文群は、吉崎へ向かって不信心への嘆きを表明することで、吉崎帰住の準備を整えた、とみることができる。

最後に、前章との関係において、一帖目における阿弥陀仏の性格をみておかねばならない。『正信偈大意』に見られたような最高神・唯一神としての性格がどのように示されているかという問題である。

結論的にいえば、一帖目の阿弥陀仏観念はきわめて簡潔・単純で、方便法身として、たすけたまえとたのむ衆生を必ず救済する仏である。その意味では衆生にとっては唯一最高の仏である。典型的なものをあげれば第三通の、

タ、アキナヒヲモシ、奉公ヲモセヨ、猟スナトリヲモセヨ、カ、ルアサマシキ罪業ニノミ朝夕マトヒヌル我等コトキノイタツラモノヲタスケン、トチカヒマシマス弥陀如来ノ本願ニテマシマスソ、トフカク信シテ、一心ニフタコ、ロナク弥陀一仏ノ悲願ニスカリテ、タスケマシマセトオモフコ、ロノ一念ノ信マコトナレハ、カナラス如来ノ御タスケニアツカルモノナリ。

といわれているような性格がそれである。すなわち、生業に追われる罪業の者にとって、そのようないたずら者を救済することを本願とする仏、その本願を信じすがれば必ず救う仏、これが阿弥陀仏であるから、罪悪のいたずら者にとっては他に比するものがない唯一の仏なのである。このことは第十通の、

ワカ身ハ女人ナレハ、ツミフカキ五障三従トテアサマシキ身ニテ、ステニ十方ノ如来モ、三世ノ諸仏ニモステラレタル女人ナリケルヲ、カタシケナクモ弥陀如来ヒトリカ、ル機ヲスクハントチカヒタマヒテ、

と、すべての如来諸仏に棄てられた女人を、唯一救済するのが阿弥陀仏というのは、女人にとって、つまりは罪業深重のいたずら者にとって、唯一の救済者なのである。あるいは十方三世の如来諸仏に勝る最高神格ということもできよう。余の諸仏菩薩諸神への不拝がいわれるのも、その背後にはかかる最高神格・唯一神の性格があるからである。したがって、そのような阿弥陀仏の光明は一切の衆生を包み込むであろうから、そのことにおいても最高神格ということができる。

おわりに

一帖目は、文明三年七月から五年九月までの遺文から選択されて、吉崎開創における民衆救済論、その修正補足、不信心への対処、世間と信心の関係論という構成をもっていた。救済論においては〈ありのまま・いま直ちに〉という救済のあり様を説くことから、たすけたまえとたのむ＝帰命という信仰実践を中心に据える方向への修正がなされ、信心世間関係論では信心を内心にとどめる非世間性から、その非世間性の優越性の主張へという展開である。この変化は、理念の修正なのか、それとも逆に方便から真実へという展開を意味するのかが、あらためて考えられねばならない。五帖目が成立年次を超えた普遍的な御文群で構成されていることからすれば、それを基本に考える必要があるが、五帖目の検討を行っていない今の段階では保留にせざるをえない。ただ先にも見たように、五帖御文全体の要とされる五帖目第十通の聖人一流章がすでに遺文8において成立し、それは信心正因・称名報恩の教学といわれるように、一心帰命を本すべき信心とし、それによって入正定聚という救済が約束される教学であるから、理念として説かれた〈ありのまま・いま直ちに〉の救済である入正定聚が、修正として展開された一心帰命によって根拠づけられるという論理構造で、真実と方便ではなく、相互に補完しあうことで一つの教学を表明するものであった。すなわち一帖目は、その全体において、教学として完結しているのである。

しかしながら、問題として残るのは、信心の非世間性である。帰命と入正定聚、そこにおける〈ありのまま〉の救済という教学の論理からは、信心はむしろ世間性において成り立つのであり、信心の非世間性はどのような教学的根拠をもつのかという問題が解決されていない。それが打ち出されてくるのは九月御文群からであるが、その最初である第九通を例にとれば、「他門他宗ニ対シテハ、カリナク我家ノ義ヲ申シアラハセル」ことが「大ナルアヤマリナリ」と断定され、また「当流ノヲキテ」であると規定されただけで、教学的論拠は一切提示されていない。このように、信心の非世間性は説明抜きに強調されており、九月御文群が状況的なものであることからしても、それはあくまで状況の論理でしかないように思われる。その状況とは、背後に軍事的政治的な動向があったにせよ、何よりも〈ありのまま・いま直ちに〉の救済が生み出した信心の状況、つまり一方に信心抜きの信仰である無帰命安心、一方に信心を誇示する世間的実践があった。こうした状況に対応したのが九月御文群であり、そこに論理抜きの、状況的な信心の非世間性の主張が登場したのである。そしてそれは、さらに飛躍して信心の優越性にまで展開される。

一帖目をこのように読んでいけば、このような一帖目を構成したのは蓮如その人であったと考えざるをえないのではなかろうか。信心の非世間性とは状況の論理であることが、おのずからわかるように構成されているのである。したがって、いささか飛躍するが、蓮如の教義と一向一揆の関係にも一つの見通しが得られる。論理を超えてでも信心の非世間性を説かなければ、信心に基づく世間的行為が起こされる可能性を秘めたのが蓮如の説いた信心であった。つまり一念帰命と正定聚の論理体系は、世間的実践を生み出すということである。

蓮如教学では一向一揆は起こりえない、その不信心や誤解が一向一揆を生み出したのだという考えは根強い。不信心や誤解が一帖目に表れた無帰命安心などを指すなら、極右的偏向であるその信心に対して、蓮如は一念帰命を説くことで、是正しようとしたのであるから、それは救済を希求する主体的実践を回復することであった。したがって、不信心や誤解が是正されれば、ますますそのような主体的実践的契機は強化され、それが世間的実践として溢れ出すことは必然的である。それを食い止めるのは、仏恩報謝の念仏に一切の実践を封じ込めることであった。

しかしながら、仏恩報謝は念仏のみに限定されるわけではない。神田千里が、本願寺の軍事動員が報恩謝徳の論理によっていると主張するのはきわめて示唆的である。一心帰命—入正定聚—報恩謝徳の念仏は、さらに溢れて世間的実践となることが予想され、それがさらに信心の優越性となれば、いわれるように蓮如教学は一向一揆と無縁ではない。

補論　機法二種深信論

機法二種深信は、御文一帖目の根幹にある救済論であるが、本章ではそれ自体を考察の対象とすることがなかった。たとえば、二種深信が最初に見える第二通においては、信心正因の根幹に二種深信の救済論があるといい、第三通でも二種深信によって一念の信が規定されると述べたが、二種深信そのものの教学的考察をなしていない。また、本章に続く第四章では、二帖目の救済論として光明摂取が特徴的に説かれることを論じながら、その根幹に二種深信があることに言及していない。このように、御文一・二帖目の救済論の根底に据えられている二種深信そのものに関して考察を欠いていることは、御文の思想史的検討においては看過しえないことであるとの反省から、御文一帖目と二帖目の二種深信論をあわせて考察して、補論としたい。

一　二種深信の典拠と展開

二種深信が御文に重要な位置を占めるものであることはすでに指摘されている。たとえば稲葉秀賢『蓮如上人の教学』（文栄堂、一九七二年）では、御文には、二種深信の語が用いられているわけではないが、「二種深信に依って一念帰命の他力信仰の内面的構造を示さんとした善導の精神は、常に純一に伝統せられ、二種深信を以って一念帰命の信仰内容を説き示したところに『御文』の特徴がある」と述べられている。一念帰命の内面的構造としての二種深信というのであるから、それは蓮如教学の内面構造を示すものと捉えられているのである。

二種深信は、『教行信証』信巻に引かれる善導『散善義』の次の文によっている。
「ふたつには深心」。「深心」といふは、すなはちこれ深信の心なり。また二種あり。ひとつには、決定してふかく「自身は現にこれ罪悪生死の凡夫、曠劫よりこのかた、つねに没し、つねに流転して、出離の縁あることなし」と信ず。ふたつには、決定してふかく「かの阿弥陀仏の四十八願は、衆生を摂受して、うたがひなくおもんばかりなく、かの願力に乗じて、さだめて往生をう」と信ず。（金子大栄編『原典校注真宗聖典』法藏館、一九六〇年、以下の親鸞関係の引用も同）

この文はまた『愚禿鈔』にも引かれ、そこでは続いて「いまこの深信は、他力至極の金剛心、一乗無上の真実信海なり」と述べられていて、親鸞の信心において至極無上の真実とされている。そこでの第一の深信は「罪悪生死の凡夫」「つねに没し、つねに流転して、出離の縁あることなし」などと表現されるように、人間の根源的罪悪性と、そのゆえに三界に流転して出離の縁なきという、救われざる者＝非救済性の自覚である。第二の深信は、根源的罪悪性ゆえに救われざる者である人間を救済せずばおかずという本願の認識である。第一が機の深信、第二が法の深信、合わせて機法二種深信と呼ばれる。『歎異抄』第一章の「罪悪深重煩悩熾盛の衆生をたすけんがための願」、後序の「弥陀の五劫思惟の願をよくよく案ずればひとへに親鸞一人がためなりけり。されば、そくばくの業をもちける身にてありけるを、たすけんとおぼしめしたちける本願」というのが二種深信を表す言葉であることも窺いえよう。

これら親鸞の言葉では、機の深信は罪悪・煩悩・宿業というような、人間の罪悪性・非救済性の確認を意味している。親鸞以外では、たとえば隆寛著とされる『後世物語聞書』では、『散善義』の文を引いたあとに「わがこころのわろきにつけても、弥陀の大悲のちかひこそ、あはれにめでたくたのもしけれ」というような、蓮如の御文の表現に近似した、やわらかな言葉となっているが、これらもまた人間の罪悪性・非救済性という意味範疇の内にある。

しかし蓮如の二種深信、特に、機の深信は、罪悪性・非救済性だけではない。たとえば第二通で「ツミハ十悪五逆謗法闡提ノトモカラナレトモ、廻心懺悔シテ、フカクカ、ルアサマシキ機ヲスクヒマシマス弥陀如来ノ本願」という二種深信の文では、十悪五逆謗法闡提というように罪悪性において機の深信がいわれるが、それが回心懺悔によって「アサマシキ機」と深信されるとき、その「アサマシキ」は、罪悪性であるよりは、なさけない、なげかわしい、みじめな、というような、悲歎すべき無情性（真実心を欠く状態）とでもいうしかないような内容となる。第三通では、商い、奉公、猟漁など「カ、ルアサマシキ罪業ニノミ朝夕マトヒヌル我等コトキノイタツラモノ」という「アサマシキ」も、「イタツラモノ」と言い換えられることで、人間の無用性・無為性や空虚性を伴ってくる。つまり蓮如の機の深信における人間＝機は、「アサマシキ」「イタツラモノ」として、無情・無用・無為・空虚などを属性とするものに転換されている。

ここで、機法二種深信といわれる内の〈機〉とは、そもそもがどのような概念なのかを確かめておきたい。『真宗新辞典』（法藏館、一九八三年）では「縁に遇えば発動する可能性をもつもの」とあり、『岩波仏教辞典』（一九八九年）「機縁」の項では「〈機〉は弩（いしゆみ）の矢を発するばねじかけのことで、転じて、物事のきっかけ、あるいは物事のからくりの意。仏の教えを聞いて道にめざめるのは、その人の心の中に仏の教えに反応する〈機〉が備わっているからであり」とある。〈機〉は、からくり・仕掛けであるが、それ自体では働くことなく、仏法という縁によって働き出す可能性をもつ。仕掛け・からくりであるから、〈機〉はそれ自体としては「アサマシキ」とか「イタツラモノ」といわれるような罪悪性や非救済性を備えているのではない。それを稼動させる機縁としての仏法に遇わない以上、仕掛け・からくりは何の働きもなくむなしく存在するだけである。そのようなあり方が「アサマシキ」「イタツラモノ」と表現されるのである。

〈機〉の概念をこのように踏まえて、あらためて第三通における商い、奉公、猟漁という生業と「アサマシキ罪業」の関係を考えれば、それは生業としての職業各々の罪業性をいうのではない。この言葉に引き続いて「アサマシキ罪業ニノミ朝夕マトヒヌルワレラコトキノイタツラモノ」というのは、「あさましくも、なりわいに従事することで罪業を犯しながら、それに懸かり果てて往生を願わないわれらは、いたづらもの」という意味であるから、いのちを繋ぐ生業の罪悪性に日常的に埋没し、〈機〉を働かせ、人と生れた本来の目的である仏法との出会いを望まないことが「イタツラモノ」であり「アサマシキ」なのである。そのままでは仏法に出会おうとしない点で、〈機〉の無情性は根源的に罪悪性となるが、それが「アサマシキ」という悲歎すべき無情性、空虚性として表現されるのは、〈機〉を生業に埋没する存在、つまりは日々のなりわいに明け暮れる者、という一点において、蓮如が人々を捉えていることを示している。

生業との関係でよく引かれるのは、「侍能工商之事」（遺文245）と題する次のような遺文である。

侍能工商之事

一奉公宮仕ヲシ、弓箭ヲ帯シテ、主命ノタメニ身命ヲモオシマス。

一又耕作ニ身ヲマカセ、スキクワヲヒサケテ、大地ヲホリウコカシテ、身ニチカラヲイレテ、ホリツクリヲ本トシテ身命ヲツク。

一或ハ芸能ヲタシナミテ、人ヲタラシ、狂言綺語ヲ本トシテ、浮世ヲワタルタクヒノミナリ。

一朝夕ハ商ニ心ヲカケ、或ハ難海ノ波ノ上ニウカヒ、オソロシキ難破ニアヘル事ヲカヘリミス。カヽル身ナレトモ、弥陀如来ノ本願ノ不思議ハ、諸仏ノ本願ニスクレテ、我ラマヨヒノ凡夫ヲタスケントイフ大願ヲヲコシテ、三世十方ノ諸仏ニステラレタル悪人女人ヲスクヒマシマスハ、タ、阿弥陀如来ハカリナリ。コレヲタフトキ事トモオモハスシテ、朝夕ハ悪業煩悩ニノミマトハレテ、一スチニ弥陀ヲタノム心ナキハ、アサマシキ事ニハアラスヤ。フカクツ、シムヘシ。アナカシコ〳〵。

主命に身命をかける奉公人、耕作に身を任せる農民、狂言綺語で世を渡る芸能者、難海に浮かぶ商人、そのような生業に従事する者は「朝夕ハ悪業煩悩ニノミマトハレテ、一スチニ弥陀ヲタノム心ノナキ」ことによって「アサマシキ事」といわれるのである。生業そのものに尊卑があるのではなく、生業に埋没することで、自分の心に内在する〈機〉を働かす仏法に出会っていけないことが「アサマシキ」なのである。端的にいえば、生業という日常性へ埋没して往生を求めない者、何故に生きるかを、いずこへ往こうとしているのかを問おうとしない者、それが「アサマシキ」者といわれる存在である。内に救済への可能性を秘めながら、それに気づかない者、それが〈あさましき〉であるといってもよい。このようなおのれのあり方に気づくのが機の深信であり、「アサマシキ」者の自覚とは、往生を求めないおのれと気づくこと、救われざる者と悲歎することである。

二　機の深信と「われら」

〈機〉を罪悪性において深信すれば、そこには苦悩が生まれる。それはすぐれて個的である。これに対して〈機〉をあさましさ、悲歎すべき無情性、無為性、空虚性と深信すれば、そこには悲がある。悲は、一人の個から生まれ出るものではなく、人と人との関係のなかで生れる。つまり「アサマシキ」は常に他者との関係において生まれる深信である。そのように考えれば、第三通で「我等コトキノイタツラモノ」というように、「我等」が「イタツラモノ」と並列されていることが注目される。一帖目では、「われら」の用例は必ずしも多くないが、「平生ニ弥陀如来ノ本願ノ我等ヲタスケタマフコトハリヲキ、ヒラク」（第四通）、「ワレラモコノ罪業深重ノアサマシキ女人ノ身ヲモチテ」「ワレラカ根機ニカナヒタル弥陀如来ノ本願」（第七通）、「カヤウニ弥陀如来ノワレラコトキノモノヲ、スクハント」「弥陀如来ノワレラヲタスケタマフ御恩」（第十通）、「ワレラカ往生スヘキ他力ノ信心」「ワレラカ一念ノ信心決定シタルスカタ」（第十三通）というように、弥陀如来の本願の対機として「われら」が用いられている。

弥陀の対機である「アサマシキ」＝〈機〉＝「われら」は、第三通や侍能工商の御文のように、宮仕＝奉公、猟師漁夫、商人、農民、さらには女人、というように、社会の基底にうごめく人々が念頭におかれているが、そのような人々を「われら」とする視点は親鸞に求めることができよう。『唯信鈔文意』の「具縛の凡愚、屠沽の下類」とは「よろづの煩悩にしばられたるわれら」であり、「屠はよろづのいきたるものをころしほふるものなり。これはれうしといふものなり。沽はよろづのものをうりかうものなり、これはあき人なり。これらを下類といふなり。……れうし・あき人、さまざまのものは、みな、いし・かわら・つぶてのごとくなるわれらなり」や、『歎異抄』第十三章の「うみかはに、あみをひき、つりをして、世をわたるものも、野やまに、ししをかり、鳥をとりて、いのちをつぐともがらも、あきなひをもし、田畠をつくりてすぐる人」などが、蓮如の念頭にあったのであろう。

このように見れば、蓮如の「アサマシキ」＝〈機〉＝〈われら〉は、私と他者を、当該時代においては蓮如と農工商・職能人や女性を、〈われら〉という共同性において構成する概念であることが判明する。その「われら」を蓮如は、〈機〉の可能性を発動させようと仏法をたのむことがないという意味で「アサマシキ」＝〈機〉と呼んで、その生き様に悲歎せざるをえなかったのである。こうして、善導・親鸞に系譜する二種深信は、機の深信における人間の根源的罪悪性というような哲学的思弁的な概念から、人々の日常的な生き様そのものに転換されることで、現実的・具体的な万人の救済原理となつた。

蓮如の同朋精神としてよく引用される一帖目第一通に見える「御同朋・御同行」という言葉も、このような「われら」である。たとえば池田勇諦は、大坊主分の同朋精神の喪失に心を致した蓮如が、宗祖の同朋精神に回帰することが真宗再興の道と確信し、「教法の私有化を意味する〝教えるもの〟と〝教えられるもの〟という、〝対する関係〟への深い懺悔」に基づいて、「本来的に共にある関係として出会っていく」（傍点池田）ことを目指したものしてこの言葉を捉えている（『信心の再興　蓮如『御文』の本義』、樹心社、二〇〇二年）。「御同朋」が「共にある関係」として、私と他者が教法を共有することで成り立つのなら、それは〈われら〉という関係であり、同時に「アサマシキ」=〈機〉という概念に繫がるものである。言い換えれば、「御同朋」は、「共にある関係」であり、「われら」であり、「アサマシキ」という機の深信、その機を救わねば止まないという法の深信とあいまって成り立つのである。

「御同朋」という言葉は、御文では一帖目第一通にしか姿を見せないので、御文の指標とはいわれても、全体に通底するものとはみなされてこなかったが、しかし、〈われら〉=〈あさましき〉=〈機〉が多用されることからいえば、「御同朋」は姿を変え全体の根底に存在し続けるのであり、「共にある関係」としての「御同朋」は〈われら〉となったと見ることができる。機法二種深信は、このような「御同朋」=〈われら〉という教法を共有する人と人との関係、つまりは教団を構成する一人ひとりの信心のありようを示すものである

しかしそれは教団を構成する人々にとどまらない。ただ生業にのみ惑う者が〈あさましき〉であるから、それは基本的にすべての人々であり、十方衆生であり、つまりは〈われら〉である。〈われら〉は、教法を共有しながら

気づかないことにおいて、「御同朋」の可能性を秘めながら、いまだ「御同朋」ではない。「御同朋」は、二種深信によって生まれてくるのであるから、生まれながらにして「御同朋」であるのではなく、教法を聞信し二種深信を獲得したとき、「御同朋」になるのである。

三　二帖目の二種深信

二帖目の救済論も基本的にはこの二種深信であり、それが光明摂取と結び付けて説かれている。次章で問題化しえていないので、あらかじめの見通しとして、若干の事柄を補足しておきたい。

二帖目では、典型的には第一通にはじまり、第八・九・十三・十四・十五通に機法二種深信が見られるが、その他の第二・四・七通などにも不完全な形ながらそれが見られて、全体を通底する基調となつている。

典型的な第一通を見れば、「女人の身は、十方三世の諸仏にもすてられたる身」であり、在家の身は「今生にのミふけりて」「三途八難にしつまん事をは、つゆちりほとも心にかけすして、いたつらにあかしくらすハ、これつねの人のならひなり。あさましといふもおろかなり」とか、「我身ハわろきいたつらものなりとおもひつめて」というように、一帖目で説かれたと同様に、諸仏の救済対象から排除された非救済性、それを何とも思わないあさましさ、無情性、無為性、空虚性において機の深信がいわれる。そのような機に対して、「阿弥陀如来なれハこそかたしけなくもたすけまし〳〵候へ」「か丶る我らことときのあさましき女人のためにおこし給へる本願」と、非救済・無情の〈機〉こそ救済の対象という法への深信が説かれる。そしてさらに一歩踏み出して、二種深信に立脚しての「一心一向に弥陀一仏の悲願に帰してふかくたのミたてまつり」という弥陀一仏への一心一向の帰命が強調される。「帰命」＝「ふかくたのミたてまつり」という蓮如教学の根幹をなす信の相は、このように二種深信から導かれるのである。この帰命によって「他力の信心をゑ」「正定聚に住す」と往生決定がいわれる。弥陀一仏への専修性がこのように説かれれば、「もろ〳〵の雑行を修する心」や「諸神諸仏に追従まふす心」は、専修性に反するものとして棄てられる。雑行神仏頼みは不要となるが、これまた専修性を導いた二種深信に根源的に由来している。またその一方で、非救済性を本質とする〈機〉には弥陀一仏への専修的帰命は備わっていないから、「信する心も念する心も弥陀如来の御方便よりおこさしむるもの」と、他力の信心、弥陀回向の信心が説かれることになる。このような弥陀回向の信心という論理は、非救済性の〈機〉と全救済の法という、それ自体矛盾的関係の二種深信が、その矛盾を自己突破する論理なのである。

このように二帖目第一通で二種深信は完結した姿を見せるのであるが、そこから念頭に浮かんでくるのは『歎異抄』第一章である。「弥陀の誓願不思議にたすけられまいらせて往生をばとぐるなりと信じて」は回向の信心である。「念仏まふさんとおもひたつこころのおこるとき」は回向の信心による帰命であり、「すなはち摂取不捨の利益にあづけしめたまふ」は往生決定、「老少善悪の人をゑらばれず」と「そのゆへは、罪悪深重煩悩熾盛の衆生をたすけんがための願にてましいます」は機法二種深信である。かくして「しかれば本願を信ぜんには、他の善も要にあらず、念仏にまさるへき善なきがゆへに」は、雑行神仏頼みの不要をいうものである。『歎異抄』の信の構造と御文のそれとの共通性を見ることができよう。

御文二帖目は、二種深信から弥陀一仏帰命の専修性を引き出して強調し、そのような専修念仏の行者を弥陀の光明が包摂するという救済論を展開する。弥陀回向の帰命の専修性という〈機〉のあり方に対応して、法の全救済性は光明という姿をとる。『正信偈』の始めの部分や『浄土和讃』の冒頭には光明があふれかえっていること、それに関する蓮如の解釈をすでに第二章で『正信偈大意』の検討において指摘しておいた。形も名もない弥陀の本体である法身が、衆生済度の働きとして南無阿弥陀仏という名号と、南無不可思議光・尽十方無碍光という姿を取った方便法身、それが光明であれば、法の深信は光明への全包摂として示されるのである。そのような弥陀は宇宙の全空間・全時間に遍在し、万物に内在してすべてを包摂する。光明摂取もまた二種深信を根底においている。そこには神仏頼みや雑行は一切不要となる。

第四章　信心と掟

――二帖目の思想史――

本章は、論文「信心と掟――お文二帖目の思想史――」（大谷大学真宗総合研究所編『蓮如の世界』、文栄堂書店、一九九八年）を、大幅に修正増補したものである。大谷大学での講義および各地での講演などによって、新たに気がついた事柄などを取り込んだ結果である。また、著書としての整合性を考慮して、用語の統一を行い、前後の各章との関係を指示する文を補っている。ただし論点の大幅な変更はない。

第一節　文明五年十・十一月の遺文

御文一帖目は文明五年（一四七三）九月で終わっているが、二帖目第一通は十二月八日付を第一通としていて、一～二帖目の間に十・十一月と二カ月の空白がある。その間に遺文がないわけではなく、十月には遺文38が三日に、39が日付不明で存在し、十一月には日付不明の遺文40（十一ヵ条制法）のほか、41・42が二十一日の報恩講の初日に発給されている（本書一〇〇頁「遺文と二帖目対照表」参照）。つまり十・十一月には五通の遺文があるが、それが二帖目には収録されない。なぜなのか、ということを、二帖目に入るに先立って検討しておかねばならない。

文明五年秋に吉崎を出て藤島超勝寺に至った蓮如は、十月三日吉崎に帰った。遺文38はその日に書かれたもので、吉崎帰住の理由を述べたものである。ただ人々の信心決定を願いとして開いた吉崎、しかるに人々は不信心、さらには牢人出張によって吉崎が要害を構えるという状況となって、これを嘆いて超勝寺に移ったが、人々の求めに応じて帰ったというのである。いわゆる法語消息ではないから五帖御文には採られなかったのであろう。

次の遺文39は、多屋衆の御文と呼ばれる問題の文章である。御文は消息体の仮名法語であるが、この遺文は漢文で書かれていることからして御文と呼ぶことに問題がある。しかも発給者は「多屋衆」とあって蓮如ではない。そのためこれは蓮如遺文ではないともいわれたが、本文の主語が明らかに蓮如自身であることは、この遺文の筆者が蓮如であることを示している。たとえば冒頭の「於二此ノ当山一居住之根源者」という「居住」の主語は蓮如以外にはありえない。また「愚身更ニ於二テ所領所帯一ニ且テ不レ作二其ノ望一」の「愚身」も蓮如にほかならない。そのように蓮如が主語となっている文章に多屋衆という署名が付せられているのは、この遺文の末尾に「諸人一同ニ令二ル(評《治》)定一之衆議而已」とあるように、この遺文に記された内容が多屋衆一同の衆議に基づいており、蓮如はそれを文章化し承認したという関係から、多屋衆の名前が使われたと判断される。

より重要なのは、多屋衆の決議内容として本文末尾に記された「然ル上者、為ニメ二仏法一ノ不レ可レ惜二シム一命一ヲ可二キ合戦一ス」という文言である。多屋衆は吉崎への軍事的脅威に対して、仏法擁護の名のもとに命を惜しまず合戦すべしと決議したのであり、蓮如もまたそれに賛同したことを示している。もう少し詳細に内容を検討しよう。吉崎に坊舎を構えた根源の理由は、越前加州越中の土民百姓たちが罪業によって地獄へ落ちるのを悲しみ、本願をたのんで往生するように願うことのみであった。ところが近頃「牢人出帳（張）」によって、さまざまな言いがかりをつけられ迷惑している。吉崎に要害を構えたのは心静かに念仏するためであり、一切の鬼神や盗賊の用心のためであった。それでも無理の言いがかりが加えられるならば、念仏申して順次に往生を遂げるだけである。非分の死も前業と思い定めるだけである。このように蓮如は、吉崎留錫はひとえに民衆救済と念仏修行のためであるといい、要害は用心のためにすぎないという。ところがそれに続く文章では突然に飛躍して、仏法のために不可惜一命の合戦という結論を述べる。吉崎開創の根本理由や要害化理由と合戦是認が論理的に結びついておらず、主戦派の多屋衆に押し切られた感が無きにしもあらずである。

けれどもそれほど問題は単純ではない。柳宗悦が発見したので「柳本」といわれる御文集の第五通、遺文193がこの問題を考えるに重要な意味をもっている。その冒頭に「加賀国之守護方早速ニ如此没落」とあるのは、これから一年後の文明六年（一四七四）十月に加賀守護富樫幸千代が政親と一向一揆連合軍に敗退したことを指すから、その直後に書かれたもので、そこでは守護の没落はさらにもって人間の所為ではなく、仏法王法のしからしむる処である、当然のことであるという認識を示している。守護方が高田門徒と同心して「法敵」となり、門徒殺害放火などの悪行に及んだので、「加州一国之土一揆」となった。それは「百性《（マヽ）》分ノ身」として本意ではなく、前代未聞のことであるが、守護方が「仏法ニ敵ヲナシ」て後生のための念仏修行を罪咎に沈めたのだから、百姓たちは「無力如此ノムホン」に及んだのであり、「是誠ニ道理至極ナリ」と蓮如はいう。この「柳本」第五通で蓮如は仏法のための百姓の謀反を道理として承認したことが知られるのである。これを一向一揆の勝利を受動的に追認したにすぎないと判断しても、一揆がまだ現実のものとなっていない文明五年十月の多屋衆御文も、その決議の是認という受動的性格として、両者に通底するものを感ずる。つまり蓮如は、積極的に自律的に一揆是認をいわなかったとしても、他律的に、あるいは受動的消極的には一揆是認を言葉にしていたのである。

さて、このようにして一揆是認論、仏法のための合戦肯定論を含んだこの遺文39が二帖目に入れられなかったのは、法語消息ではないという意味で当然であったとしよう。そしてこのことによって、蓮如がこの段階で消極的であれ一揆是認論をとっていたことは抹消された。「柳本」第五通もまた五帖御文には収録されなかったから、蓮如と一揆のかかわりに関する遺文はすべて隠されたのである。その決定者は、のちに一向一揆の渦中にあった実如や円如と考えることも可能であるが、「柳本」第五通を除く以後の御文で一揆に一切言及しなかった蓮如自身であるほうがふさわしい。蓮如は一揆とのかかわりを自ら消去したのである。

続く遺文40は十一カ条制法と呼ばれるものである。「於真宗行者中可停止子細事」という事書に続いて十一カ条の禁止条項が連ねられている。いくつかの群に分けられるが、その第一群は他宗との関係規定で、第一条の諸神仏菩薩軽視、第二条の諸法諸宗誹謗、第三条の我宗の振舞をもっての他宗非難が、それぞれ禁じられる。第二群は教団内部規制で、第五条の相承なき名言によっての仏法賛嘆の禁止で、誤った真宗の主張を禁ずるもの、第七条および第八条の、無智や未安心の者が法義を賛嘆することを禁じたものである。第三群は権力との関係条項で、第四条は物忌に関しては仏法では不要ながら、他宗と公方に対しては行えという一帖目第九通と共通する規定、第六条は「於念仏者国可専守護地頭、不可軽」という、世俗権力の不可軽条項である。のちにこの条項は五帖御文に何度か見えるが、その一番の始まりがここにある。

なぜこの時期に守護地頭不可軽条項が書かれたのか、という問題があろう。時期的に、十月に仏法のための合戦是認が決議された直後であり、あたかもその合戦決議を反古にするかのような守護地頭不可軽が言われ出したのはなぜなのか。両者を整合的に理解すれば、守護地頭の不可軽と、仏法を妨げる者への合戦とは別のことであると解釈することである。言い換えれば、守護地頭は仏法を守護こそすれ妨げる者ではないから不可軽とされるのであり、合戦の相手となるのは仏法を妨げる者であって、それが守護地頭であるなら、仏法を妨げる者として守護地頭とみなさないという論理である。この論理は以後の守護地頭不可軽条項にも継承されるであろうから、きわめて重要な論理として注目しておかねばならない。文明五年十一月にこのような守護地頭不可軽条項をもった掟を蓮如が発布したことは、越前の朝倉氏、加賀の富樫幸千代という守護、ならびにこれに対抗する越前甲斐党、加賀の富樫政親らは、守護地頭としては尊重すべきであるが、それらが吉崎に敵対するなら、もはや守護地頭とは認めず、仏敵として一命に懸けても抵抗する、という宣言であった。

十一カ条はなお続くが、第九〜十一条は会合での魚鳥・酒・博奕禁止の倫理条項で、今は特に問題としない。ただ最後に、この制法に背く者は「堅衆中可退出者也」と、衆中追放がいわれていることに注意したい。多屋衆の決議も「衆議」とあるから、明言はされていないが違反者は衆中を追放されるのであり、ここに吉崎多屋衆が、そのような中世社会に特有の「衆」結合を構成し、「衆議」による自検断権を行使していたこと、蓮如もまたその一員であったことを記憶にとどめておきたい。

五帖御文に採録されなかった遺文は十・十一月では他に41・42の報恩講の御文、十二月初めの43・44の多屋内方への御文があるが、後者は同様な遺文45が二帖目第一通となっているから採録されなかったのは問題ないとして、前者は、吉崎に居住してこのたび三度目の報恩講を迎えたことを不思議と喜び、それにつけて多屋衆の不信心を嘆いていて、採録されるに十分な内容であるが、多屋衆を対象としているという点で、多屋衆御文、十一カ条制法と共通した吉崎の内部文書である（本文一〇九頁参照）ことによって採録されなかったと考えられる。吉崎多屋衆宛の内部文書は二帖目に採られなかったということになろう。その観点から遺文41・42を再検討すれば、両通ともに「加賀越前ノ多屋ノ坊主達ノ沙汰トシテ」報恩講が勤められたとあるから、やはりこれらも多屋宛の内部文書とみることができる。

第二節　光明摂取の救済論

前章で見たように、御文一帖目は、第一通から第四通で吉崎開創にあたっての民衆救済の原理が宣言・補強され、第五通から第七通では不信心を嘆き、第八通を媒介として転換し、以降の文明五年九月御文群において信心と世間が問題化される、という構造をもっていた。一帖目の救済論および信心と世間関係論が二帖目ではどうなるかが問題である。時期的には、二帖目は文明五年十二月から翌六年七月までで、七月二十六日に一向一揆が蜂起することからすれば、一向一揆直前期であり、一向一揆蜂起へと状況が動いている期間である。状況は信心と世間関係論に強く反映されてくるが、救済論もまたその影響を受けて、一帖目から新たな段階へと展開することが考えられる。まずは救済論から検討する。

一帖目の救済論は、機の扱いを否定しながら機の深信へと展開されて〈ありのまま〉の救済、そのような機を必ず救う本願という法の深信に立ち、弥陀回向のたすけたまえと帰命することで正定聚不退の位に定まるという〈いま直ちに〉の救済、を説くものであった。ところがこの救済論が、機の深信抜きに受容されると、人間の側から仏に向かう能動性が一切不要となる信心不要論、念仏不要論、いわゆる無帰命安心が台頭することになる。蓮如が嘆いた不信心はこのようにして蓮如救済論から必然的に生み出される偏向であった。こうして文明五年九月御文群が著され、そこでは一念帰命が強調されることで仏へ向かう実践的能動性が強化されたのであるが、そのことは逆に、一心一向の専修性によって余の神仏を軽視し誹謗する排他性を生み出す。

このように〈ありのまま〉の救済から一心一向の帰命へという展開が生み出した偏向、すなわち、一方での無帰命と他方での専修排他という両極端の信仰様相への対応、としての〈ありのまま〉の救済と帰命の強調、このような展開に、構造的に対応しようとしたのが文明五年十二月以降の御文、すなわち二帖目であった。二帖目の御文群は基本的には帰命の救済論への対応という意味をもっていると思われる。

さて、二帖目を通読すると、強く印象に残るのは光明による摂取、ないしは摂取の光明が非常に多く説かれていることである。煩雑ながら列挙すれば以下のようである。

第二通　一心一向ニ信楽シテ二コ、ロノナキモノヲ、弥陀ハカナラス遍照ノ光明ヲモテソノ人ヲ摂取シテステタマハサルモノナリ。

第四通　一心一向ニ弥陀一仏ニ帰命スル衆生ヲハ、イカニツミフカクトモ、仏ノ大慈大悲ヲモテ、スクハントチカヒタマヒテ、大光明ヲハナチテ、ソノ光明ノウチニオサメトリマシマスユヘニ、コノコ、ロヲ経ニハ、光明遍照十方世界念仏衆生摂取不捨トトキ給ヘリ。（中略）イカニ地獄ヘオチントオモフトモ、弥陀如来ノ摂取ノ光明ニオサメトラレマヒラセタラン身ハ、ワカハカラヒニテ、地獄ヘモオチスシテ、

第七通　弥陀如来ヲ一心一向ニタノミ奉ル理リハカリナリ。カヤウニ信スル衆生ヲ、光明ノナカニ摂取シテステタマハスシテ、

第八通　弥陀如来ヲ一心一向ニタノミ奉テ、モロ〳〵ノ雑行ヲステヽ、専修専念ナレハ、カナラス遍照ノ光明ノナカニオサメトラレマイラスルナリ。

第十通　タ、阿弥陀如来ヲ一心一向ニタノミタテマツリテ、（中略）仏心ト凡心ト一体ニナルトイヘルハコノコ、ロナリ。依」之弥陀如来ノ遍照ノ光明ノナカニオサメトラレマヒラセテ、一期ノアヒタハコノ光明ノウチニスム身ナリトオモフヘシ。

第十三通　コノ阿弥陀ホトケノ御袖ニヒシトスカリマイラスルオモヒヲナシテ、後生ヲタスケタマヘトタノミマフセハ、コノ阿弥陀如来ハフカクヨロコヒマシ〳〵テ、ソノ御身ヨリ八万四千ノオホキナル光明ヲハナチテ、ソノ光明ノナカニソノ人ヲ、オサメイレテヲキタマフヘシ。サレハ、コノコ、ロヲ経ニハマサニ光明遍照十方世界念仏衆生摂取不捨トハトカレタリトコ、ロウヘシ。サテハ我身ノホトケニナランスルコトハ、ナニノワツラヒモナシ。アラ殊勝ノ超世ノ本願ヤ、アリカタノ弥陀如来ノ光明ヤ、コノ光明ノ縁ニアヒタテマツラスハ、（中略）。シカルニ、コノ光明ノ縁ニモヨホサレテ、宿善ノ機アリテ、他力ノ信心トイフコトヲハイマステニエタリ。

第十四通　タ、一スチニ阿弥陀如来ヲ一心一向ニタノミタテマツリテ、タスケタマヘトオモフコ、ロノ一念ヲコルトキ、カナラス弥陀如来ノ摂取ノ光明ヲハナチテ、ソノ身ノ娑婆ニアランホトハ、コノ光明ノナカニオサメヲキマシマスナリ。コレスナハチ、ワレラカ往生ノサタマリタルスカタナリ。

第十五通　阿弥陀仏トイフハ、カクノコトクタノミ奉ル衆生ヲ、アハレミマシ〳〵テ無始曠劫ヨリコノカタノオソロシキツミトカノ身ナレトモ弥陀如来ノ光明ノ縁ニアフニヨリテ、コト〳〵ク無明業障ノフカキツミトカタチマチニ消滅スルニヨリテ、ステニ正定聚ノカスニ住ス。

このように八通に光明摂取が説かれる。他帖と比較すれば、一帖目に三通（四・七・十三）、三帖目に五通（一・二・四・五・八）、四帖目に二通（一・六）、五帖目に四通（六・十二・十五・二十二）となって、数的には断然多い。その「摂取ノ光明」は、一心一向にたすけたまえとたのむ者を救うというように、一心一向とセットになって説かれているところに特徴がある。先行する一帖目では、第四通が「真実信心ノ行者ハ、一念発起スルトコロニテヤカテ摂取不捨ノ光益ニアツカルトキハ、来迎マテモナキナリ、（中略）摂取不捨ノユヘニ正定聚ニ住ス」というように、一念発起から不来迎・正定聚を導く媒介項として「摂取不捨ノ光益」がいわれている。それが次第に、たすけたまえの一念が起こるとき、「八万四千ノ光明ヲハナチテ、ソノ身ヲ摂取」（二帖目第七通）と、二帖目のそれに近い表現となる。一帖目第十三通でも一心に弥陀に帰命せば「如来ハ光明ヲモテ、ソノ身ヲ摂取」と、これも二帖目に近い。以下の三・四・五帖目でも一心一向から光明摂取が説き出される。

光明摂取を導くのが一心一向であるが、それが何の前提もなく説かれると、自力の救済希求になりかねない。二帖目第一通では、光明摂取がいわれていないが、一心一向を説明して「この信する心も念する心も弥陀如来の御方便よりおこさしむるものなりとおもふへし」と、他力性がいわれている。ところが右に見たような、光明摂取と対になった一心一向では、このような他力性の説明がまったくない。たとえば袖すがりの一心一向をいう第十三通では「ツミフカキアサマシキモノナリ、トオモヒトリテ、カヽル機マテモタスケタマヘルホトケハ、阿弥陀如来ハカリナリトシリテ、ナニノヤウモナク一スチニ」と、罪人を助ける弥陀と知って一心一向、というだけである。光明摂取を伴わないで一心一向をいう御文でも第九通に「一心一向ニワレヲタノマン衆生ヲハ、イカナルツミフカキ機ナリトモ、スクヒタマハントイヘル大願ナリ」というように、本願から一心一向を説明しているが、先の第一通のような、直接的な他力性は説かれていない。したがって一心一向は、二帖目で見る限り、人々が仏に救済を希求する自力性と誤解されてもやむをえないような性格をもっているのである。

このように、一心一向に弥陀をたのむ人々を光明のうちに摂取するという救済論が二帖目の根幹をなしている。それは、「光明ニオサメトリ」とか「光明ノウチニスム身」、というように、光明が衆生を包摂するのであり、仏心と凡心と一体（第十通）とされるように、それによって弥陀との一体感を表明するものであった。それはまた「ワレラカ往生ノ決定スルスカタ」（第八通）というように、入正定聚、即得往生、〈いま直ちに〉の救済をいうものな

遺文と二帖目の対照表（〈　〉は二帖目通数）

遺文	年月日	主要内容
38	文明5・10・3	吉崎帰住
39	10・―	多屋衆御文
40	11・―	十一カ条制法
41	11・21	当山で三カ度の報恩講、この七日に信不信の次第分別（行徳寺真本）
42	11・21	（本文41に同、西光寺真本）
43	12・8	多屋内方の信心決定、女人・在家のための本願、弥陀の方便よりの信心、正定聚・等正覚、報謝念仏、**当流の掟**（行徳寺真本）
44	12・8	（本文43に同、東本願寺真本）
45	12・8	（本文43に同、専光寺真本）〈1〉
46	12・12	信心を先、弥陀一仏をたのみ余神仏を心に懸けず、一心一向で**光明摂取**、**当流の掟**、他宗他人に沙汰すべからず、牛盗人といわるとも〈2〉
47	―・―	信心をもって本、近頃法流相承なき了簡あさまし、南無阿弥陀仏を正行、六字釈、**光明に摂取**、上尽一形下至一念（行徳寺真本）
48	12・12	（47に同、本善寺真本）
49	―・―	（47に同、正福寺真本）
50	文明6・6・21	（48に類似、三河慶真所望、光慶寺真本）
51	文明5・12・13	老少不定、今生は御主一人、不思議の縁で当山に二、三年、諸仏の悲願にもれた女人、一心一向に弥陀一仏、忠臣二君につかえざれ、弥陀一仏に一切の神仏、報謝念仏
52	5・12・中旬	文明四年初夏下旬の或俗人法師の吉崎讃嘆と帰参

のである。そのことは第一通の一心一向の説明の後に、信心の人は「正定聚に住すとも、滅度にいたるとも、等正覚にいたるとも、弥勒にひとしとも申なり」と、現世において仏菩薩に等しい地位に定まることが強調されていることにも知られよう。

一帖目の救済論が、機の扱いを否定し〈ありのまま〉で、帰命＝たのむところに〈いま直ちに〉救済というように、帰命という能動的実践的契機を強調するものであったが、ここではそのたのむという実践的契機が、その結果として弥陀に包み込まれるという感性的な一体感が強調されている。換言すれば、一帖目の救済論が帰命という専修性にあったのに対して、二帖目ではその専修性を包み込む光明の包摂性が説かれる。一点に収斂す

53	12・19	荻生・福田の秘事、ただ一念信心決定、一心一向で**光明に摂取**、報謝念仏、(附)、他宗他門誹謗の禁、諸神仏は信ぜぬばかり、おろかにすべからず、弥陀一仏にこもれり
54	12・23	老少不定、娑婆を厭い安養世界を願え、多屋衆松永慶順・福田乗念の往生
55	12・—	諸山寺の吉崎沙汰、諸宗をはばからず、守護へ訴訟、文明四年正月より**諸人群集禁止**、その成敗にかかわらず諸人出入り、そのままに打ち置く、帰洛の思いで藤島辺へ上洛、多屋衆抑留によって当年中は居住
56	文明6・1・11	**三カ条篇目**(諸法諸宗誹謗の禁、諸神仏かろしむべからず、信心をとりて報土往生とぐべし)〈3〉
57	1・20	群集禁止承引なし、他宗より偏執、見参対面して信なき者は五輪卒都婆を拝むべし、(附)、「秋去り」の詠歌と解説
58	—・—	あさましき機をたすける本願、一心一向にたのんで往生、余神仏に心を懸けず、報謝念仏、(附)、57の詠歌以下と同文
59	2・15	弥陀の本願の分別を自問、一心一向、**大光明に摂取**、報謝念仏〈4〉
60	2・16	当山念仏者の風情は数珠ももたず、ひとまねばかり、油断なく信心決定せよ〈5〉
61	2・17	他宗他人に信心沙汰すべからず、守護地頭に疎略なく、諸神仏おろそかにすべからず、外に王法を表に、内心に他力信心、**当流に定める掟**(名塩本)〈6〉
62	2・17	(61に同、高田本)
63	3・3	人界は浮生、後生は永生の楽果、老少不定、すみやかに浄土往生を、弥陀を一心一向にたのめば**光明摂取**、

る専修性と、すべてを包み込む包摂性という、一見対立的な両者が並存するが、専修性は人々の側に求められるのに対して、包摂性は仏に属する、という人と仏の二元構造によるものであり、それを統合するのが光明摂取なのである。

そのような包摂性は第一編で見たような弥陀の最高神的唯一神的性格の表れともいいえよう。それでは、なぜ二帖目にそのような包摂性が説かれるのか。このことは二帖目の一向一揆直前期という時期性の問題から考えられなければならない。信心と世間関係論を考察したうえで再考したい。

なお、二帖目の時期（十月・十一月を含む）には、収録されなかった遺文が、遺文38などを含めて二十二通ある。言い換えれば全三十七通のうちから十五通が

		心得安の信心、行きやすくして人なし、報謝念仏〈7〉
64	3・中旬	五障三従の女人を救う阿弥陀仏、一心一向にたのみ遍照**光明に摂取**、称名報恩〈8〉
65	3・17	一心一向というは二仏をならべず、忠臣・貞女は二夫二君なし、弥陀は本師本仏、万善万行こもる、一念帰命で仏心凡心一体〈9〉
66	4・8	吉崎開創次第、今年三月二十八日火災、火宅の思い、願うべきは浄土、還来穢国度人天（真宗寺本は「九月日」付）
67	5・13	他力信心の趣、一心一向にたのめば仏凡一体、遍照**光明に摂取**、称名報恩、一切の神仏は仏の方便・分身、守護地頭疎略あるべからず、王法仏法を守る人〈10〉
68	5・17	十劫正覚の異義と他力信心、善知識たのみと五重の義の善知識、〈11〉
69	6・12	人間五十年と四王天の一日一夜、いたずらに明かす人々、今日信心決定して浄土往生を願え〈12〉
70	6・19	他力信心で往生、大経の三心、信心の体、六字釈、報謝念仏
71	6・25	三河の浄光、真慶の名前の経文にある奇特、弥陀の真身は光明
72	7・3	一宗の姿をあらわにしない**掟**、牛盗人といわるとも、阿弥陀仏のお袖すがりの思い、八万四千の**光明に摂取**、弥陀よりの信心、報謝の念仏〈13〉
73	7・5	越前秘事法門は外道、当流は他力信心、一心一向にたのめば**摂取の光明**におさめとる、仏恩報謝〈14〉
74	7・9	浄土宗誹謗禁止、あさましき機をたすける本願、六字釈、**光明の縁**によって正定聚、報謝の念仏〈15〉

選ばれ、二十二通が除外された。一心一向と光明摂取が二帖目の救済論の特徴であることを確かめるためにも、不採録の二十二通がどのようなものか一応検討を加えておく必要がある。

遺文38から45に関しては第一節で見たごとくである。次の遺文46が第二通とされた後、遺文47から50の四通はほぼ同文で、親鸞聖人門下に名を掛ける輩のうちの相承なき信心を戒め、真実信心として五種正行中の称名を正行とすることを善導の六字釈を引いて解き明かし、そのうちに光明摂取がいわれ、その後の念仏が報謝であることを上尽一形下至一念によって釈するものである。このように充実した内容をもつ四通が採録されなかった理由は、この四通が共に「当国加州両国ノアヒタニオイテ」「聖教ヲヨミテ人ヲ勧化スル」者に対して発給されていることが手がかりとなる。坊主分が人々を勧化するテキストであり、そのようなものは除外されたのであろう。

内容から判断すれば、これらでは二帖目の基調となった光明摂取が、一心一向からではなく六字釈から導かれていることが特徴的であるから、ここに帖外とされた理由を求めることができそうである。六字釈は、二帖目の時期では、この時期の終わりに近い文明六年六月十九日の遺文70と、最後の七月九日付で第十五通に採られた遺文74の二通であって、六字釈は二帖目の時期の終わりから三帖目期に特徴的に展開されるものであり、その意味で初期の六字釈は二帖目からはずされた、と判断される。六字釈がもつ意味に関しては三帖目で検討したい（次章参照）。

次の遺文51から54の四通は、いささか特殊なものである。遺文51は、今生の「御主」の御恩、今生後生ともに吉崎にあってたすかる恩を説き、弥陀一仏への帰命を忠臣貞女にたとえる内容で、ことに女人の救済をいい、末尾の「コレノ内人ノ事ナリ」というのは、多屋内方のことと思われるから、吉崎一山の内部の文書と判断される。その意味で特殊とされた。また遺文52は、ある俗人法師が吉崎に帰依した話、53は荻生・福田の秘事に対する教戒、54は、松永慶順・福田乗念の往生にちなむという点で、特殊である。そのことが不採録の理由であろう。それに次ぐ文明五年十二月の遺文55から翌六年正月の58までの四通は相互に関連し、そのうちの56が三カ条の篇目と呼ばれる掟として第三通に採録され、残りの三通はいずれも吉崎への群集禁止を含むもので、これまた掟的な意味合いをもっている。この四通は遺文56で代表された。これ以後の不採録は、遺文61が第六通となった王法為本の遺文62と同内容、66は吉崎火災にかかわるもの、70は先に見た六字釈、71は三河浄光・真慶の名前にかかわる特殊なもの、というように採録されなかった理由がそれぞれ明白である。このようにみれば、採録されなかった遺文はほとんどが特殊なものであり、そのほかは六字釈にかかわるものであることが明らかとなった。つまり、二帖目は、この時期の遺文から特殊なものと、六字釈を除外し、その結果、一心一向と光明摂取を中心とした救済論が残り、これが二帖目の特徴となったのである。

第三節　掟三条項の成立と信心

二帖目のもう一つの特徴は、掟の強調である。二帖目全体を見渡せば、掟条項やその関係の文言を含むものは、第一・二・三・六・十・十三・十五の七通に及ぶ。それを検討する前に、一帖目に見える掟についてまず見ておく必要がある。

一帖目第九通では、

当流ノヲキテヲマホルトイフハ、我流ニツタフルトコロノ義ヲシカト内心ニタクハヘテ、外相ニソノイロヲアラハサヌヲ、ヨク物ニコ、ロエタル人トハイフナリ。

というように、「ヲキテ」として(A)信心内心とその反面として信心を外相に表さないこと（以下、信心内心不表外相とする）が説かれていた。また掟という言葉はないけれども、第十・十三・十五通で(B)神仏関係が禁止の様式で説かれる。すなわち、

一心一向ニ弥陀ヲタノミタテマツリテ、ソノホカ余ノ仏菩薩諸神等ニモコ、ロヲカケスシテ、（第十通）

一向ニ弥陀如来ヲタノミタテマツリテ、自余ノ一切ノ諸神諸仏等ニモコ、ロヲカケス、（第十三通）

弥陀如来ヲ一心ニタノミタテマツリテ、ソノ余ノ仏菩薩等ニモコ、ロヲカケスシテ、（第十五通）

と、弥陀以外の神仏に「コ、ロヲカケス」と説かれ、その理由は、「一心一向ニ弥陀ヲタノミ」に求められている。

一心一向を人々の弥陀一仏への専修性とすれば、諸神仏に心を懸けずとは、諸神仏無視という態度である。無視であれば、諸神仏をわざわざ誹謗する必要もなくなる。一帖目第十四通で、

諸法ヲ誹謗スヘカラス。（中略）ソノイハレハ（中略）竜樹菩薩ノ智論ニフカクコレヲイマシメラレタリ。（中略）イツレモ仏説ナリ。アヤマリテ謗スルコトナカレ。ソレミナ一宗々々ノコトナレハ、ワカタノマヌハカリニテコソアルヘケレ。

と諸法不誹謗がいわれるのがそれである。諸宗はいずれも仏説であるという理由であるが、それでも宗によって異なるのであり、真宗では一仏への専修性が諸法に対する「ワカタノマヌハカリ」を導き出すことになる。神仏諸法に「コ、ロヲカケス」「タノマヌ」のは、「一心一向ニ弥陀ヲタノム」という専修性に理由づけられて、諸他の神仏無視、したがって不誹謗、という掟を生み出しているのである。Ⓑ神仏無視に関する限り信心と掟は内的に連関している。このことは、Ⓐ信心内心外相不表の掟によって、信心はそれを表面に表さないと規定されていることと関連しよう。つまり「一心一向ニ弥陀ヲタノム」という信心は内心のことであり、内心において心に懸けず、たのまない余の神仏を、わざわざ誹謗するという姿に表すことがない、という論理となろう。Ⓐ信心内心不表外相がⒷ神仏無視（内心）不誹謗（外相）というように、信心のあり方が外相の姿である掟と密接に関連していた。ⒶがⒷを根拠づけている。

しかし注意を要するのは、Ⓐ信心内心不表外相は、それ自体がなぜそうでなければならないのかという、掟を成り立たせる根本的理由が信心との関連において説かれていない、つまりⒶ信心内心そのものの根拠が不明ということである。Ⓐの根拠が不明であれば、ⒶがⒷを根拠づけるという掟そのものが、信心的に根拠不明という重大な問題に直面する。

それでは、このような一帖目の掟は二帖目ではどのように展開されるのか。まず第三通までを考える。

第一通　当流のおきてをよく〳〵まもらせ給ふへし。そのゆわれハ、あひかまへていまのことく(A)信心のとをりを心へ給ハヽ、身中にふかくおさめおきて、他宗他人に対してそのふるまひをミせすして、又信心のやうをもかたるへからす。(B)一切の諸神なんとをもわか信せぬまてなり。おろかにすへからす。

第二通　(A)他宗他人ニ対シテコノ信心ノヤウヲ沙汰スヘカラス。(B)又自余ノ一切ノ仏菩薩ナラヒニ諸神等ヲモ、ワカ信セヌハカリナリ。アナカチニコレヲカロシムヘカラス。コレマコトニ弥陀一仏ノ功徳ノウチニコモレリトオモフヘキモノナリ。惣シテ一切ノ諸法ニオイテソシリヲナスヘカラス。コレヲモテ当流ノオキテヲヨクマモレル人トナツクヘシ。サレハ聖人ノイハク、タトヒ牛ヌス人トハイハルトモ、モシハ後世者、モシハ善人、モシハ仏法者トミユルヤウニフルマフヘカラストコソオホセラレタリ。

第三通　(B)諸法諸宗トモニコレヲ誹謗スヘカラス。
(B)諸神諸仏菩薩ヲカロシムヘカラス。
信心ヲトリテ報土往生ヲトクヘキ事。
右斯三ケ条ノムネヲマモリテ、(A)フカク心底ニタクハヱテ、コレヲ本トセサラン人々ニオイテハ、此当山へ出入ヲ停止スヘキモノナリ。（中略）
一(B)神明ト申ハ、（中略）仏法ニス、メイレシメンタメノ方便ニ、神トハアラハレ（中略）、往生スヘキ身トナリナハ、一切ノ神明ハ、カヘリテワカ本懐トオホシメシテヨロコヒタマヒテ、念仏ノ行者ヲマモリ守護シタマフヘキアヒタ、トリワケ神ヲアカメネトモ、タ、弥陀一仏ヲタノムウチニ、ミナ一切ノ神ハコトコトクコモレルカユヘニ、別シテタノマサレトモ信スルイハレノアルカユヘナリ。

一(B)当流ノナカニオイテ、諸法諸宗ヲ誹謗スルコトシカルヘカラス。イツレモ釈迦一代ノ説教ナレハ、（中略）在家止住ノ身ハ聖道諸宗ノ教ニオヨハネハ、ソレヲ我タノマス信セヌハカリナリ。

一(B)諸仏菩薩ト申ハ、ソレ弥陀如来ノ分身ナリ《レ》ハ、十方諸仏ノタメニハ、本師本仏ナルカユヘニ、阿弥陀一仏ニ帰シタテマツレハ、スナハチ諸仏菩薩ニ帰スルイハレアルカユヘニ、阿弥陀一体ノウチニ諸仏菩薩ハミナコト〱クコモレルナリ。

一開山親鸞聖人ノス、メマシマストコロノ弥陀如来ノ他力真実信心トイフハ、（中略）他力ヨリサツケラル、トコロノ、仏智ノ不思議ナリトコ、ロヱテ、（中略）(A)外相ニオイテ、当流念仏者ノスカタヲ、他人ニ対シテアラハスヘカラス。

当流の掟は二種類あって、(A)信心内心不表外相と(B)諸神仏諸宗不信不軽視不誹謗、であるといわれる。(A)に関しては、やはりその理由が何も語られていない。ただし第三通の一つ書き第四に、他力真実信心は他力より授けられた仏智不思議であると述べられ、これを受けて(A)信心内心不表外相が説かれていて、信心が他力仏智であると理由づけられているように読みとれる。しかし、そのことが信心を外に表さない理由にはならないだろう。(B)に関しては、一帖目のように一心一向に弥陀をたのむという信心の専修性に理由が求められるのではなく、第二通では弥陀一仏の功徳に「コモレリ」、第三通では神は仏法を勧める「方便」であり、弥陀一仏に「コモレリ」「分身」、諸宗は「釈迦一代ノ教説」というように説かれているから、弥陀の神仏包摂性においていわれていることが判明する。人々が弥陀一仏への専修性の信心を決定すれば、弥陀が諸神仏を包摂しているがゆえに、人々が諸神仏を拝することは不用になり、無視してかまわなくなるが、弥陀の方便・分身であることによって、軽視したり誹謗したりすべきではない、という論理なのである。したがって、(B)に関しては明らかに一帖目と異なる論理で根拠づけがなされている。

このように(B)神仏関係論の掟はその理由が信心から説明されているが、(A)信心内心不表外相は、なぜそうなのかが信心との関係で説かれていない。二帖目の救済論が一心一向による光明摂取であること、つまり人々の専修性と弥陀の包摂性という論理構造をもつことを前提にしても、そのような専修性の信心を外に表さないという論理は出てこない。つまり信心と掟の内的関連が見えないのである。ただ一つ重要なのは、第二通の親鸞の言葉としての「タトヒ牛ヌス人トハイハルトモ」の文言であるが、後に検討したい。

このように(A)信心内心不表外相は根拠不明という点で一帖目の延長線上にあり、(B)神仏不信不誹謗は弥陀の包摂性に根拠を求めることで一帖目と異なっている、という様相で二帖目三通までの掟がある。ところが第六通に至って新たな展開が見られる。

第六通　(A)信心ノトヲリヲモテ、心底ニオサメオキテ他宗他人ニ対シテ沙汰スヘカラス。マタ路地大道ワレ〳〵ノ在所ナントニテモ、アラハニヒトヲモハ、カラス、コレヲ讃嘆スヘカラス。ツキニハ(C)守護地頭方ニムキテモ、ワレハ信心ヲエタリトイヒテ、疎略ノ儀ナク、イヨ〳〵公事ヲマタクスヘシ。マタ(B)諸神諸仏菩薩ヲモオロソカニスヘカラス。コレミナ南无阿弥陀仏ノ六字ノウチニコモレルカユヘナリ。(D)コトニホカニハ王法ヲモテオモテトシ、(A)内心ニハ他力ノ信心ヲフカクタクハヘテ、(D)世間ノ仁義ヲモテ本トスヘシ。

ここではじめて(C)守護地頭不疎略条項が姿を見せ、また(D)「王法」という言葉が登場し、それを表とすることが求められた。(D)王法為表は(A)信心内心不表外相と同列に置かれているから、(A)信心内心不表外相の理由が(D)王法為表にあると読むことができる。しかしなぜそうなのか。「王法」を守りそれを表面に立てることで信心が内心となるのであれば、「王法」と信心とは相容れないものの意味になる。仮に「王法」を世間の宗教・道徳通念や国家の法などとすれば、つまり前者が神仏であり、後者が守護地頭であるが、信心はそれら神仏・守護地頭と相反するものということになる。そうであれば、Ⓓ王法為表は、一帖目以来説かれてきたⒷ神仏不信不誹謗を基本としながら、この第六通ではじめて説かれたⒸ守護地頭不疎略を受けて、その両者を含み、包み込む言葉として登場した、と考えられる（ただし「王法」に関しては、第七章で別の解釈をとっているが、ここでは通念のままとしておく）。

「王法」が守護地頭を包括する言葉であるとしても、Ⓒ守護地頭不疎略の理由も、ここでは何も述べられていないから、王法を尊重することを当然とする通念にその理由が求められていることになろう。それなら、Ⓒ守護地頭条項がここではじめて説かれた意味が問題である。第六通は文明六年二月十七日に書かれた二通（遺文61・62）のうちの一通であって、両者は書き出し文言が異なるだけで、本文は同文である。この日付に特別な意味があるのかどうか、つまりこの日の前後に、Ⓒ守護地頭条項を追加しなければならない状況があったのかどうかは、現在の史料から見る限り判然としない（慧忍『御文来意抄』には、二月十六日は前住存如の逮夜で、参詣も多いから仏法王法を安んずることを諸人に聞かせんために執筆されたとするが、根拠不明）。

第六通の出された背景は不明である。それは差し置いても、三カ月前の十一月に十一カ条制法が出され、そこにⒸ守護地頭不疎略が含まれていたこととの関係が問題である。稲葉昌丸は、この制法は名塩本に収録されている。「名塩本御文四冊は一具のものとして本寺（山科本願寺）において編集せられた原本を写して多屋に備えつけたものと推定せられる」としているが、この意見からすれば、十一カ条制法は山科本願寺に先立って吉崎坊の多屋に掲げられたものであるとも考えられる。前述したように吉崎多屋衆の「衆議」によって定められたことも、この制法が内部的なものであったことを示している。このように十一月に吉崎の多屋に掲げられた制法にいわれたⒸ守護地頭不疎略が、三カ月を経て翌年の二月に発給された御文に取り込まれたことになる。言い換えれば、吉崎寺内のいわば内部的制法であった(C)守護地頭不疎略が、全門末、あるいは教団全体のものとして発布された、ということである。

こうして(A)信心内心不表外相、(B)神仏不信不誹謗、(C)守護地頭不疎略の三カ条を内容とする掟が成立し、それを全体的に包括的に表現するものとして(D)王法為表がいわれたのである。二帖目第六通は掟の成立を告げるものとして重要であり、以来現今に至るまで「掟の御文」と称される。

二帖目では、その後に掟はどのように展開されるのか。第六通の次に掟が見えるのは第九通で、(B)神仏不信不誹謗が、神仏は阿弥陀仏のうちに皆こもれるゆえにとして説かれるだけで、特に問題となることはない。

次は第十通で、ここでは第六通の掟のうちの後の二カ条が再度パラフレーズされている。すなわち、神仏は信心を取らせる方便として現れた弥陀の分身であるから「帰命シタテマツルウチニミナコモレルカユヘニ、ヲロカニオモフヘカラサルモノナリ」と包摂の論理で説かれ、次に「国ニアラハ守護方トコロニアラハ地頭方」を疎略にすべからず、公事をもっぱらにせよ、と(C)守護地頭不疎略を説き、最後にこれを(D)「仏法王法ヲムネトマモレルヒトトナツクヘキ」という。守護地頭不疎略はやはり王法と密接な関係にある。

第十三通では、第十通に欠けていた(A)信心内心条項を補うように、当流の掟は「一宗ノスカタヲアラハニ人ノ目ニミエヌヤウニ」振舞うのが本意といい、それを聖人の「牛ヲヌスミタルヒトトハイハルトモ」という言葉で理由づけている。このように二帖目後半は第六通をパラフレーズするもので、新たな展開はない。第六通の意義がいかに重要かがあらためて確認されよう。二帖目だけではなく、御文五帖全体の「掟」が第六通に確立した姿を見せているのである。

さて、掟三カ条と、それが掟としてあることの理由がどのように述べられているかを探ってきたが、あらためて信心と掟の内的関連性という観点で考えてみたい。

第一通においては、(A)信心内心不表外相・(B)神仏不信不誹謗（不疎略）が述べられた後に、

信心のかたもそのふるまひもよき人をハ、聖人もよく心へたる信心の行者なりとおほせられたり。

と述べることで、(A)(B)条項が掟であるのは聖人の仰せによることに理由が求められている。第二通で「牛ヌス人」の言葉が引かれているのも、同様に宗祖の言葉に掟の根拠を求めるあり方である。

それを転換して、信心との内的関連を問題にすることが、第二通から始まってくる。(A)信心内心条項は取り立てての説明がないので、ここでの検討は除外し、(B)(C)に集中して検討する。まず(B)神仏条項から。

第一通では「信せぬまてなり。おろかにすへからす」とあるだけであったが、第二通では、

弥陀如来一仏ヲフカクタノミタテマツリテ、自余ノ諸善万行ニコ、ロヲカケス、又諸神諸菩薩ニオイテ今生ノイノリヲノミナセルコ、ロヲウシナヒ、

と、弥陀一仏をたのむ専修性において余の神仏不信が成り立っている。第九通で、

ソモ〳〵阿弥陀如来ヲタノミタテマツルニツイテ、自余ノ万行万善ヲハステニ雑行トナツケテキラヘル、（中略）一心一向トイフハ、阿弥陀仏ニヲヒテ二仏ヲナラヘサルコ、ロナリ。

というのもそれである。一心一向という信心の専修性が神仏不信を導いている。

一方で、神仏不誹謗が説かれる。不信と不誹謗は、形式的に並べれば矛盾的であるが、不信は内心であり、不誹謗は外相であるから、内心に不信であることを外相に表さないことが不誹謗となって、矛盾ではない。その不誹謗の理由が弥陀への神仏包摂論であり分身論である。第二通では一心一向の信心の専修性からの神仏不信と並んで、

自余ノ一切ノ仏菩薩ナラヒニ諸神等ヲモ、ワカ信セヌハカリナリ。アナカチニコレヲカロシムヘカラス。コレマコトニ弥陀一仏ノ功徳ノウチニコモレリトオモフヘキモノナリ。惣シテ一切ノ諸法ニオヒテソシリヲナスヘカラス。

と、神仏不信、不軽視、不誹謗を弥陀の神仏包摂性からいう。人々の弥陀への専修性と、弥陀の包摂性が、不信と不誹謗を矛盾なく並立させている。

第三通では、第一項で諸宗諸法への不誹謗と、第二項で神仏不軽視がいわれて、それは不信心の衆生救済のために「カリニ神明トアラハレ」たという神仏の方便性、「弥陀一仏ヲタノムウチニ、ミナ一切ノ神ハコトコトクコモレル」という弥陀の神仏包摂性、あるいは「弥陀如来ノミナ分身」という分身性などによって説明されている。神仏の方便性は逆にいえば神仏の弥陀分身性であるから、ここでの神仏不誹謗・不軽視の論理は、ほとんど弥陀の包摂性に尽きている。第六通でも「コレミナ南無阿弥陀仏ノ六字ノウチニコモレル」、第九通でも同じく「南無阿弥陀仏トイヘル行体ニハ、一切ノ諸神諸仏菩薩モ（中略）コモレル」、第十通にも同じように見えていて、すべて弥陀の包摂性が神仏不信不誹謗の根拠となっている。

救済論が、人々の一心一向という専修性と弥陀の光明摂取という包摂性の統一であったように、掟もまた人々の信心の一心一向の専修性と弥陀の神仏包摂性によって構成されている。これはいったい何を意味するのかを考えねばならないが、先を急がず節を改めて(C)守護地頭条項を検討したい。

第四節　守護地頭不疎略と信心内心不表外相の条項

五帖御文での(C)守護地頭不疎略条項の初見は第六通（遺文62）であるが、守護地頭に対して「信心ヲエタリトイヒテ、疎略ノ儀ナク、イヨ〱公事ヲマタクスヘシ」というだけであり、第十通（遺文67）でも「ワレハ仏法ヲアカメ、信心ヲエタル身ナリトイヒテ、疎略ノ儀ユメ〱アルヘカラス」と、疎略にしてはならない理由はやはり示されていない。

理由が説明されないということは、それが当然とされていたということである。しかしそうであれば、守護地頭不疎略を掟としてわざわざ提示する必要はない。掟として提示されること自体が、服従せず疎略にするという現実があったことを前提としている。それではなぜ、真宗門徒において守護地頭への不服従・疎略が生ずるのかを考えれば、信心のあり方そのものに理由を求めざるをえない。信心が専修性と包摂性の二面をもつとき、専修性は弥陀以外の権威を認めない方向に働き、守護地頭への不服従や疎略が生ずる可能性をもつが、一方の弥陀の包摂性はこれとは逆に働き、守護地頭を疎略にする人々を包み込むから、信心の人々が守護地頭を疎略にしても救済に漏れる畏れはなくなり、信心の人の守護地頭疎略が必然的に生み出される。そしてそのことは、信心の理論では否定しえないのである。加えて、守護地頭は世俗的権威であることによって弥陀の包摂性の外部にあり、信心の論理では守護地頭への対応そのものが規定しえないのである。

こうして、守護地頭の問題を信心の理論で根拠づけることができず、状況的にも思想的にも吉崎は危機を迎えることになった。十月には多屋衆が仏法のための合戦を決議したから、十一月には十一カ条制法を発して守護地頭不疎略を掲げることで、仏法のための合戦は吉崎の集団の自検断権の発動であって、守護地頭の秩序を侵すものではないと宣言しなければならなかった。このような一連の動向は、状況の打開を目指すものであっても、信心と世俗権力の問題の思想的解決には何らの意味をももつものではなかった。文明六年二月に二帖目第六通が著され、守護地頭に疎略の儀なくと説き、それを「コトニホカニハ王法ヲモテオモテトシ」と意味づけがなされたのは、このような背景においてである。仏法を資けるものとしての王法、という古来の観念に基づき、守護地頭は仏法の外護者である、その限りで疎略にせず軽視せずと意味づけられたのであった。

しかしこのことは、弥陀の包摂性で守護地頭を包み込めないゆえに、守護地頭という世俗権威の領域を信心の世界から除外することを意味した。江戸の学匠香月院深励の講義では、第三通の三カ条の掟が「神明三ケ条」であり守護地頭条項が含まれていないことを問題にし、「内典仏法ノ中デ制掟ヲ立テタルモノ。外典ニ渡ラズニ王法ニカケズ仏法ノ中ニ制掟ヲタテタルノガ此ノ三ケ条」（『御文二帖目第三通講義』『真宗大系』三三）といい、守護地頭の掟は仏法の領域外であると理解している。このようにみれば、つまるところ信心の論理からは世俗権威は意味づけることができず、外護者として信心の領域外へ排除せざるをえなかったのである。

次に、(C)守護地頭条項との関連で(A)信心内心不表外相条項を検討しよう。世俗権威のような、信心の世界に包含できないものを排除し、信心を非世間性において規定する論理は、掟の三条項の基底に横たわる論理となっている。けれども信心が世間性をもたない、つまりは信心によって娑婆を生きてはならないという論理は、いかに考えても信心の論理そのものからは導き出せないはずである。それどころか逆に、信心がそのまま世渡りの論理になると説かれている御文もある。たとえば一帖目第三通（遺文13）の「猟漁の御文」では、あさましき世間の生業に生きる人々はそのままで信心を得て救われるというから、生業・世間がそのまま信心の営みとなるのである。

このように考えると、信心と世間の関係を示すものとして第二通の「タトヒ牛ヌス人トハイハルトモ」後世者・善人・仏法者と見られるな、という有名な言葉の引用（第十三通にも）があらためて問題になってくる。この言葉を「猟漁の御文」から解すれば、商人・奉公人・猟漁師の生業が「カ、ルアサマシキ罪業」といわれることは、彼らが「牛ヌス人」と呼ばれることに他ならない。それがそのままで救われるのであり、特別に仏法者振りを表す必要はないのである。信心の猟漁の人々こそ信心内心不表外相の人々であった。また、当面の第三通や、「牛ヌス人」の言葉を収める第二通に引きつければ、神仏や守護地頭を疎略にする姿が、「牛ヌス人」なのであり、それらは仏法者振る姿よりもよしとされるのである。

「猟漁の御文」が、『歎異抄』第十三の「うみかわにあみをひき、つりをして世をわたるものも、野やまにししをかり、鳥をとりていのちをつなぐともがらも、あきなひをもし、田畠をつくりてすぐる人も」を踏まえているのであれば、田畠を作る農民が除外されていることに問題があるかもしれない。しかし、第三章の「補論」でも検討したように、「侍能工商之事」と題される遺文245が、「奉公宮仕」「弓箭ヲ帯」する者、「芸能」者、商人と並んで「耕作ニ身ヲマカセ」る者を取り上げ、それらを「我ラマヨヒノ凡夫」「諸仏ニステラレタル女人悪人」であり、「弥陀ヲタノム心ナキハ、アサマシキ事」というのを見れば、蓮如においては士農工商という生業は一列にあさましき罪業の者とみなされていたことが知られる。「猟漁の御文」が農民を除外したのは、殺生や虚偽に生きる侍奉公人や猟・漁・商の人々を、あさましい罪業の人を代表する生業として取り上げたと考えておきたい。つまり罪業の生業に農民もまた含まれているのである。

再度香月院深励の講義に聞けば、「牛盗人ト云フハ、牛ヲヌスマヌヲ牛ヲ盗ンダト云ウテ無実ノ悪名ヲ付ケラレタリト云フコト」とあって、「牛盗人」=神仏・守護地頭疎略は「無実ノ悪名」であるといわれている。猟漁という生業、延いてはあらゆる生業に従事することが仏法者振りを表さないという意味で「牛盗人」の姿なのであり、「無実ノ悪名」なのである。それがそのままで弥陀の光明の摂取に与るから、そのとき、神仏・守護地頭疎略は救済の障りにはならない。その意味でも「無実ノ悪名」なのである。さらにこのことを一歩進んで解すれば、信心内心不表外相の生き方は常に「牛盗人」という無実の悪名を被ることを覚悟しなければならない、という意味を内包している。文明五～六年の吉崎門徒は、この掟に従えば従うほど神仏を無視する者、守護地頭への反逆者の悪名をうけ、反社会的行為者とされることを覚悟しなければならないのである。それは現実に守護地頭を軽んじたかどうかに関係なく、真宗門徒であればそのようにみなされるということであり、また事実、真宗門徒はそのようにみなされたのである。それでも信心は内心に隠されねばならないのである。信心内心不表外相の掟は、このような厳しい緊張を門徒たちに強いることになったと考えられる。

また、第六通は先にも触れたように「コトニホカニハ王法ヲモテオモテトシ、内心ニハ他力ノ信心ヲフカクタクハヘテ、世間ノ仁義ヲモテ本トスヘシ」という文言をもっている。ここでいわれる「王法」という言葉そのものは王法仏法相資相依論に依拠しているだろうが、人々は自分たちの間で作りあげた「大法」と呼ばれる独自で自律的な、守護地頭の関与しえないような在地の秩序を意味することとして受け止めたと考えられる（第七章参照）。このような在地の「王法」の世界は、まさに「牛盗人」といわれるようなあり方を示すものであろう。守護地頭を疎略にせず、世間の仁義を本としたにしても、それにもかかわらず門徒たちは門徒であるゆえに「牛盗人」としか見られないのである。

むすびにかえて

弥陀の光明に包摂され救済された人々の報謝の実践はただ念仏だけであるというのが、二帖目に限らず御文全体を貫く論理であることは、いまさらいうまでもないことである。しかるに近来、この報謝の実践について神田千里は次のようにいう。「報恩謝徳の論理が本願寺教団で果たした役割はかなり大きいと考えられる。第一に（中略）本願寺への報謝という現世的行為が「信心」の具体的表現とされたことである。したがって報謝の念仏と本願寺への志納金、役勤仕が信仰表現の主要な行為となる。（中略）本願寺を守るための、命と引き換えの軍役もまた親鸞への報謝、否最高の報恩謝徳となる。こうなれば報恩謝徳の論理が、本願寺が門徒の一揆、即ち一向一揆を発動するための論理となるのは見易い道理といえよう」。つまり報恩謝徳という論理は、報謝は念仏のみではなく、本願寺に対する志納金・役勤仕などのすべてを報謝と意味づける、というのである。

神田説はさらに広く解されよう。弥陀の光明に摂取され救済を約束された人々は、世間における一切の行為をもまた報謝行と意味づけたであろう。そのようなとき、弥陀一仏への一心一向の専修性に立脚すれば、在地の諸神仏のみならず共同体内部の非門徒に対しても排除的となる。そこには諸神仏と非門徒の海のなかに孤立する門徒の姿しか見えてこず、非門徒との連合体である一向一揆は生まれない。けれども人々のそのような専修性の一方に弥陀の光明の包摂性を置けば、諸神諸仏はそのなかに包摂されるし、非門徒もまた弥陀によって包み込まれてゆく。こうして在地には、専修的・神仏不拝的実践にもかかわらず真宗門徒を中核とする諸神仏・非門徒の連合体が形成され、そこではあらゆる実践を報恩謝徳と意味づける秩序体系が生み出される。仏法領（第七章参照）といわれたものは、人々のこのような共同体であったろう。あるいはこれを一向一揆と呼んでも差し支えない。こうして守護地頭の秩序とはまったく別に、「公界」的な秩序あるいは法体系が在地に形成されると、守護地頭の在地支配はこのような仏法領秩序ないしは一向一揆秩序に依存せずには成り立たないから、守護地頭はこの秩序に敵対するか、参入するかの選択を迫られる。前者を選んだ守護地頭は、一向一揆から仏敵と呼ばれることを覚悟しなければならない。一向一揆側からすれば、そのような守護地頭は、もはや守護でも地頭でもなく、単なる仏敵にしかすぎないのである。したがって仏法のための合戦は、仏敵退治ではあっても守護地頭への反抗ではありえない。守護地頭を尊重しながら、仏敵退治の一向一揆が闘われることになる。

このようにして、すべての行為を報謝の実践とするとき、信心の専修性と弥陀の包摂性は、論理よりは在地の現実において、包摂性として統合されていく。御文の掟三カ条のうち、諸神諸仏不軽視は地域の連合体形成の論理となったし、信心内心不表外相はそうした連合体を維持してゆくことに役立った。守護地頭不疎略は、その連合体の自律的自検断の行為である合戦を、仏敵退治として正当化し、意義づけた。大方の理解に反して、御文の掟は門徒の社会的実践の制約となったのではなく、それらを意味づけ、正当化したと考えられる。

以上は、文明五年末から六年前半の、一向一揆直前の状況での、遺文に表れた蓮如の思想である。それらから選ばれて二帖目として編纂されたときには、長享の大一揆という仏法のための合戦によって仏敵は打倒され、加賀に「百姓の持ちたる国」が生まれていた。こうしたときに、掟として、論理を超えて、信心の非世間性が「御文」として主張されると、門徒たちが作り上げた加賀の秩序を、世俗的領ではないが仏法領であり、本願寺領国ではないが「百姓の持ちたる国」であると、宣言する意味をもつことになる。そのことで「牛盗人」と悪名されたあり方をせざるをえない門徒たちは、信心の世界で正当化されたのであった。こうして二帖目は、加賀一向一揆に対して、本願寺はその非世間的な信心の世界での指導者ではあるが、「百姓の持ちたる国」という実効支配の側面に関しては関知しないといい、それによって本願寺による実質的加賀支配の事実を隠蔽するイデオロギーとなったのである。

第五章　一向一揆と六字釈
——三帖目の思想史——

本章は論文「御文三帖目の思想史——一向一揆と六字釈——」（千葉乗隆博士傘寿記念論集『日本の歴史と真宗』、自照社出版、二〇〇一年）を改題した。関連の章との整合をはかり、一貫性をもつように、文言を修正し部分的に追加補正の文を加えた。なおかつ、本章の内容に則して言及せざるをえない問題に直面し、これを補論とした。

はじめに

本章は、蓮如教学を思想史的に捉える目的のもとに、五帖御文を一帖ずつ解明する試みの一環である。周知のように、五帖御文は、無年紀の御文で構成される五帖目以外は、発給年月日順に編集されているから、各帖は御文を一定の時期で区切る意味をもっている。同時期に発給されながら五帖御文に収録されなかった遺文があるから、それらを組み込むことによって、帖ごとの御文の研究は、一定時期ごとに蓮如の教学・思想を捉えること、したがって状況との対応における蓮如教学の展開を捉えることを可能にする。

一帖目は文明三年（一四七一）七月十五日に始まり文明五年（一四七三）九月下旬に終わるが、これに先行する寛正二年（一四六一）三月のいわゆる御文始めの御文など、この期間に発給されたが収録されていない遺文を含めて一帖目の思想と考える。それは吉崎開創に始まり、加賀越前の武士の騒乱によって吉崎に危機が迫るまでの時期である。いわば吉崎開創期である。二帖目は、文明五年十二月八日に始まるが、それ以前の十〜十一月に発給されながら採録されなかった五通の遺文をこれに含めると、二帖目は五年十月に始まり、第十五通の文明六年（一四七四）七月九日までの期間となる。その直後の七月二十六日に一向一揆が勃発しているから、一向一揆直前期の思想を示すものである。これらに関しては、すでに第三・四章で述べた。

その各時期の思想を、救済論と信心世間関係論に分けてまとめておく。救済の論理は以下のように理解される。一帖目では、救済請求の念仏を否定して信心正因を打ち出し、機の扱いを否定して〈ありのまま〉で入正定聚と定まり〈いま直ちに〉救われるという救済理念が最初に成立するが、やがて機法一種深信論を根底とする帰命＝たのむの信心を中心とする方向へと修正される。そうした教学の成立と展開は、救済を希求する人々の信仰的実践的契機（能動性）を否定することなく、これを他力信心に収斂することを目指したものであった。このような教学の展開は、人々の信心のあり方への対応を中心とするものではあっても、世間的状況的対応がいまだ本格的課題となっていないことを示している。しかるに二帖目では、吉崎をめぐる緊張が一向一揆へ向かうという状況において救済論の展開がある。それは、摂取の光明が全期間にわたって強調される感性的救済論の方向にある。論理としては帰命＝たのむを媒介とする機法一種深信論なのであるが、それ以上に、帖外とされた多屋衆の御文に見られるような、仏法のための合戦もやむなしとして一揆へ向かう人々を、弥陀の光明のうちに包摂する救済論なのである。このような救済論が、状況の変化とともに、三帖目ではどのように再展開されるかが、本章で明らかにすべき課題となる。

救済論以上に、状況は信心と世間の関係論により強く反映される。一帖目では、吉崎をめぐる緊張関係の出現を背景に、後半の文明五年九月御文群において信心の非世間性が掟として説かれた。けれどもそこでは信心と掟を繋ぐ論理的回路がいまだ不明確であったから、二帖目においては最初から掟を問題化し、その論理化が試みられる展開となる。神仏不軽視という条項は、弥陀一仏への専修性と矛盾的であるが、人々の信心における専修性は、弥陀はすべての神仏を包摂し、その摂取の光明は専修の人々を包むという弥陀の側の包摂性のうちに位置づけられた。一方、守護地頭という世俗権威は、信心世界で位置づけることができず、ゆえに信心の非世間性において、守護地頭尊重が、さらには信心内心、王法為本が説かれてくるのである。それらは、一向一揆直前期の状況の論理であった。このような信心と世間の関係論が三帖目においてどのように展開されるかという問題も本章の課題である。

第一節　一向一揆との関係

三帖目を教学的および信心世間関係論の側面から検討するにあたって、三帖目とその期間に含まれる遺文の一覧表（次頁）を示しておく。併せて一向一揆の状況を付した。

御文三帖目は、文明六年七月十四日付を第一通とし、文明八年（一四七六）七月十八日付の第十三通に終わる。文明六年七月二十六日に、加賀の守護職をめぐる富樫幸千代と政親との戦いに、真宗門徒が一揆を起こして参加する十二日前が第一通で、その戦いが政親・一向一揆の勝利に終わる十月十四日は第五通と第六通の間にあり、次いで政親に対する一向一揆が蜂起する文明七年（一四七五）三月下旬をはさんで第八通と第九通があり、その敗退後再び一向一揆が蜂起する文明七年六月は第九・十通の間にあって、その後の八月二十一日に蓮如は吉崎を退去する。このように三帖目十三通の内九通ないし十通までが一向一揆の蜂起と絡んだ時期に書かれたものである。残る三通

遺文と三帖目対照表（〈　〉は三帖目通数）

遺文	年月日	主要内容（報謝の念仏は略）
75	文明6・7・14	一向にたのむばかり、光明と摂取、六字は往生の姿〈1〉
	7・26	**富樫幸千代に対する一向一揆蜂起**
76	8・5	末代に諸宗不適、末代衆生のために本願成就、**六字釈**、口称念仏往生の否定〈2〉
77	8・6	河尻性光門徒の不信心、信心決定で往生、口称念仏往生の否定〈3〉
78	8・10	此方同行坊主の不信心、口称念仏往生の否定、**六字釈**、一切の功徳・諸仏神も六字にこもる—軽しむべからず
79	8・18	無常・本願にあう、口称念仏往生の否定、六字は救いの姿、一心一向に光明へ摂取、余仏不要〈4〉
80	9・6	超世の大願、口称念仏往生の否定、一心一向にたのむ、**六字釈**〈5〉
	10・14	**一向一揆、富樫幸千代に勝利**
81	10・20	**六字釈**、発願回向、願成就文（聞其名号信心歓喜）釈、和讃正信偈引文〈6〉
82	11・21	吉崎の四年、御正忌にあう、すみやかに信心とれ
83	11・25	「コノ御正忌」（五—11）
84	文明7・2・23	信心為本、**六字釈**、機法一体、彼此三業不相捨離〈7〉
85	2・25	当国他国安心相違、十劫正覚、**善導六字釈**（発願回向）、平生業成〈8〉
86	3・2	「聖人御勧化ノオモムキハ」（五—10）
	3・下旬	**一向一揆蜂起、富樫政親に敗退**

は、吉崎退去後に蓮如が河内出口坊に居住した期間のもので、三帖目はこれを含むが、中核部分は文明一向一揆活動期の思想としてよい。

また三帖目に採られなかったものも含めたこの期間の全遺文は、75から95までの二十一通であり、このうちから十三通が採られ、八通が除外されているという関係にある。全遺文を対象に時期区分すれば、文明六年一揆の前に一通（75＝第一通）、その戦いの最中の八月から十月に五通（76＝第二通から80＝第五通）、この一揆が勝利した後、次の文明七年三月一揆までの間に六通（81＝第六通から86、このうちに第七・八通目）、さらに次の文明七年六月一揆までに四通（87から90＝第九通）が書かれ、全遺文二十一通のうち十五通が文明六・七年の一向一揆の期

87	4・28	北国逗留の由来、大津辺の信心正体なし、聖人の御罰の姿、**善導六字釈**、回向成就、一念発起平生業成、当流は仏法領	
88	5・7	吉崎居住の根元、武士の雑説と発向、多屋衆の沙汰、十の篇目（諸神仏菩薩不軽視・外王法内信心・守護地頭如在不可・当流安心・仏恩報謝念仏・信心と勧化・坊主と勧化・私名目禁止・しげからんこと禁止・当宗姿の禁）、忌不浄―当宗の掟	
89	5・20	無常、六十一歳述懐、善導日没偈	
90	5・28	聖人御命日―出仕報謝、自信教人信	〈9〉
	6・—	**一向一揆蜂起、富樫政親に敗退**	
91	7・15	六条篇目（神社不軽視・諸仏菩薩不軽視・諸宗諸法不誹謗・守護地頭不疎略・仏法正義に趣くべし・信心内心）	〈10〉
	8・21	**蓮如吉崎退去**	
92	11・21	聖人御正忌、開山掟、**牛盗人と呼ばるとも**―王法為表信心内心、背反の人々、改悔懺悔して正義へ	〈11〉
93	文明8・1・27	不正義の仏法者、宿善無宿善の機の沙汰、大経善導引文釈、王法為本、安心内心	〈12〉
94	6・2	親と同年の述懐	
95	7・18	王法為本、諸神仏不軽視、守護地頭不疎略、内心に一心一向	〈13〉

間中に書かれているのである。

けれども、これらのうちで一揆に言及したものはまったく見出せない。吉崎にあった蓮如が一揆のことを知らなかった、あるいは問題にせず、意識化していないとみることは、およそ考えられないことであり、逆にこの問題の対応に苦慮していたはずである。したがって、一見、一向一揆とまったく関係がないように書かれているこれらの遺文から、蓮如の一向一揆への対応を読み取らねばならないのである。それが御文三帖目を論ずるときの大きな課題となる。

まず、一向一揆そのものに関してではないが、それに関連する武士の吉崎発向に言及した文言がある遺文88を検討しておきたい。文明三年から吉崎に居住したのは「モハラ仏法興行ノタメ」「報恩謝徳ノコヽロサシ」を本とするもので、人々に「本願他力ノ安心ヲヲシヘテ、真実報土ノ往生」を遂げさせるためであると、吉崎居住を宗教的目的以

外にないと述べた蓮如は、続いて、

コノ四五年ノアヒタハ、当国乱世ノアツカヒトイヒ、ツキニハ加州一国ノ武士等ニヲイテ、ヤ、モスレハ雑説ヲ当山ニマフシカクルアヒタ、

と、吉崎への武士の圧迫を語る。文明五年段階の越前・加賀における守護職をめぐる騒乱の吉崎への波及のことを指す。次いで、

ナニノ科ニヨリテカ、加州一国ノ武士等无理ニ当山ヲ発向スヘキヨシノ沙汰ニオヨハンヤ。ソレサラニイハレナキアヒタ、多屋衆一同ニアヒサ、エヘキヨシノ結構ノミニテ、此三四ヶ年ノ日月ヲオクリシハカリナリ。コレサラニ仏法ノ本意ニアラス。コレニヨリテ、当山退屈ノオモヒ日夜ニス、ム。所詮自今已後ニヲイテハ、コ、ロシツカニ念仏修行セント欲スル心中ハカリナリ。

という。これは、文明五年十月のいわゆる多屋衆の御文（遺文39）において、武士たちの吉崎への圧迫に対して仏法のために一命を惜しまず合戦すべしと決議されたことを指し、それによって吉崎の安全が保たれたが、それは念仏修行の仏法の本意に反するというのである。かつての多屋衆の決議の是認からその否認という転換がある。この遺文88は文明七年五月に書かれたものであるから、それまでの文明六年一揆や七年三月の政親に対抗する一向一揆を是認したことからの転換である。言い換えれば七年五月までは多屋衆の決議に連なる一向一揆是認の態度であったのである。

このことを傍証するのが遺文193である。この御文は柳宗悦発見の御文集に収録されているもので、無年紀であるが、冒頭に加賀国守護（富樫幸千代）の没落が記されていることから、そのことがあった文明六年十月十四日以降間もなく書かれた御文と判断される。その御文には、

> 夫加賀国之守護方早速ニ如此没落セシムル事、更以非人間之所為、是併仏法王法之所令作也。（中略）今度加州一国之土一揆トナル。同行中ニ於テ各々心行ウヘキオモムキハ、既百性（マヽ）分ノ身トシテ守護地頭方ヲ令対治事、本意ニアラサル前代未聞之次第也。然トモ、仏法ニ敵ヲナシ、又土民百性（マヽ）之身ナレハ、有限年貢所当等ヲキントウニ沙汰セシムルヒマニハ、後生ノ為ニ令念仏修行ヲ一端憐愍コソナクトモ、結句罪咎ニシツメ、アマサヘチウハツニ行フヘキ有其結構之間、無力如此ノムホンヲ山内方ト令同心全之処也。是誠ニ道理至極ナリ。

とあって、百姓身分が守護地頭を退治した今度の「加州一国之土一揆」は、念仏修行の百姓を誅罰しようとする仏敵に対してやむをえず立ち上がった「ムホン」であるが、「是誠ニ道理至極」であると述べられている。文明六年末の段階ではより積極的に一向一揆が承認されていたことが知られる。またここでは、守護方の没落は人間の所為にあらずして仏法王法のなさしむるところと述べているのは、この一向一揆は人為を超えて仏法王法が世間に働いた結果であるという意味であり、このような認識が蓮如をして道理至極といわしめたのであろう。

　このように、遺文88や193においては、文明六・七年一揆がやむをえない「ムホン」として是認されていたことが判明するが、遺文88は、さらに続けて十カ条の篇目を掲げて、そのうちで、

　一　外ニハ王法ヲモハラニシ、内ニハ仏法ヲ本トスヘキアヒタノ事。

　一　国ニアリテハ守護地頭方ニヲイテサラニ如在アルヘカラサルヨシノ事。

と述べていて、一向一揆是認を転換したことから王法と守護地頭の問題が浮上してきたことを示している。王法に関しては後に再論するとして、守護地頭尊重条項の背後には、すでに第四章で述べたごとく、守護地頭という在地権力者は仏法尊重擁護を果たすことで守護地頭であるのであり、たとえ守護地頭という地位にあっても、その本来性を失い、吉崎を圧迫する「一国ノ武士」となるならば、それは守護地頭ではもはやなく、単なる仏敵にすぎない

という認識があった。つまり多屋衆御文の仏法のための合戦や柳本御文の「ムホン」はそのような仏法擁護の使命を失った守護地頭に対するものであったが、それを否認した以上、守護地頭に対する態度も転換され、従来のようなあり方をすべきではないと、消極的な尊重へ転じたのである。

三帖目の御文の背後には、以上のような仏敵としての武士に対する一向一揆の是認と、それからの転換がある。これを基本として三帖目は読まれねばならないのである。

第二節　六字釈の救済論

一揆行為を是認した蓮如は、一揆する人々に向かって何を説いたのだろうか。三帖目を一覧するとき、二帖目の摂取の光明に代わって、それまでほとんど見出せなかった六字釈が中心的に展開されていることを知る。第二・四・五・六・七・八通目の六通、および採録されなかった遺文78・87を含めて合計八通には、共通して六字釈が展開されている。これが御文三帖目の前半をなす文明七年五月までの、まさに一向一揆活動期の、著しい特色であるから、このことが一揆といかなる関係にあるかを問う必要があろう。

六字釈は、吉崎以前の遺文2（文正元年〈一四六六〉）に「南无ノ二字ハ帰命ナリ、（中略）マタコレ発願ナリ」というように姿を見せているから、蓮如は早くから六字釈の展開を試みていたのである。しかし三帖目以前では明瞭な形をとっていない。一帖目では第十五通（遺文32）に、

南无阿弥陀仏ノ六字ノ名号ヲ无名无実ニキクニアラス。善知識ニアヒテソノヲシヘヲウケテ、コノ南无阿弥陀仏ノ名号ヲ南无トタノメハ、カナラス阿弥陀仏ノタスケタマフトイフ道理ナリ。コレヲ経ニ信心歓喜トトカレ

タリ。コレニヨリテ南无阿弥陀仏ノ体ハ、ワレラヲタスケタマヘルスカタソト、コ、ロウヘキナリ。

というように一カ所説かれているだけである（他に、第七通がこれに準ずる）。また二帖目では第十三・十四通にそれに近い表現が見られ、第十五通（遺文74）では、

南無阿弥陀仏ノ六ノ字ヲコ、ロヱワケタルカスナハチ他力信心ノ体ナリ。マタ南無阿弥陀仏トイフハ、イカナルコ、ロソトイヘハ、南無トイフ二字ハ、スナハチ極楽ヱ往生セントネカヒテ弥陀ヲフカクタノミ奉ルコ、ロナリ。サテ阿弥陀仏トイフハ、カクノコトクタノミ奉ル衆生ヲ、アハレミマシ〳〵テ無始曠劫ヨリコノカタノオソロシキツミトカノ身ナレトモ弥陀如来ノ光明ノ縁ニアフニヨリテ、（中略）サレハ阿弥陀トイフ三字ヲハ、オサメタスケスクフトヨメルイハレアルカユヘナリ。

というように、六字釈の形態をとるようになってきている。なお、二帖目に採られなかった遺文47～50の四通には、善導の六字釈が引用され、それに説明を加えており、本格的な六字釈となっている。しかし、前章で見たように、この四通は共通して「聖教ヲヨミテ人ヲ勧化スル」坊主分に宛てられたものであったから、蓮如はすでに六字釈の教学を準備しておりながら、それを人々に向かって説くことを控えていたとみなければならない。

このように一・二帖目では六字釈は萌芽的に説かれただけであったが、三帖目に至って救済論の中心に据えられる。それを単純に蓮如思想の教学的展開とみるだけではすまないだろう。教学的にみた場合でも、一心一向から摂取の光明へという救済論がなぜに六字釈に発展させられねばならなかったのかということが問われねばならない。

それでは、三帖目の六字釈はどのようなものか。まず第二通（遺文76）では、

コノ南無阿弥陀仏ノ六字ノコ、ロヲヨクシリタルカスナハチ、他力信心ノスカタナリ。コノイハレヲヨク〳〵コ、ロウヘシ。マツ南無トイフ二字ハ、イカナルコ、ロソトイフニ、ヤウモナク、弥陀ヲ一心一向ニタノミタ

テマツリテ、後生タスケタマヘトフタコ、ロナク信シマヒラスルカタヲサシテ、南无トハマフスコ、ロナリ。サテ阿弥陀仏ノ四ノ字ハ、イカナルコ、ロソトイフニ、イマノコトクニ弥陀ヲ一心ニタノミマヒラセテ、ウタカヒノコ、ロナキ衆生ヲハ、光明ヲハナチテ、ソノヒカリノウチニオサメヲキマシ〳〵テ、地獄ヘモオトシタマハスシテ、一期ノイノチツキヌレハ、カノ極楽浄土ヘオクリタマヘルコ、ロヲ、阿弥陀仏トハマフシタテマツルナリ。（中略）「ヨク南无阿弥陀仏ノ六ノ字ノコ、ロヲシリワケタルカ、スナハチ他力信心ヲエタル念仏行者ノ体トハイフナリ。（中略）アナカシコ〳〵。」（「　」は名塩本）

というように説かれている。南無の二字は、一心一向に後生たすけたまえと信ずることである。阿弥陀仏の四字は、南無の衆生を光明に摂取して後生は極楽へ送る心であり、このように六字の心を心得るのが他力信心の念仏行者であるというのである。三帖目の六字釈は基本的に、〈南無＝帰命＝たすけたまえとたのむ〉機を、〈阿弥陀仏＝南無の衆生を光明に摂取〉する法というものであり、それにさまざまなバリエーションがあるだけである。第四通目（遺文79）は、六字はたのむ衆生を救う姿、というだけで、明確な六字釈となっていないが、第五通目（遺文80）では、南無を帰命と言い換えて展開するとともに、六字を「ワレラヲ阿弥陀仏ノタスケタマヘル支証ノタメニ、御名ヲコノ南无阿弥陀仏ノ六字ニアラハシタマヘル」と六字の意義を強調する言葉が加わる。第六通（遺文81）では「南无トイフ二字ハ帰命ト発願廻向トノ二ツノコ、ロナリ。マタ南无トイフハ、願ナリ。阿弥陀仏トイフハ行ナリ」と善導の六字釈に依拠した言葉を加えることで弥陀からの回向を重視して六字釈を述べる。第七通（遺文84）に至っては、六字釈に基づいて「機法一体ノ南无阿弥陀仏」「衆生ノ三業ト、弥陀ノ三業ト一体」の「彼此三業不相捨離」を付加して、衆生と弥陀の一体の救済を強調する。第八通（遺文85）では善導の六字釈を引き、発願回向と願成就が強調される。三帖目の六字釈はおおよそのところ以上のようなものである。

三帖目における六字釈の意義を考えるには、蓮如の六字釈の独自性を見ておく必要がある。いうまでもなく六字釈は善導の『玄義分』に見えるのであるが、親鸞は『教行信証』行巻で、

言南無者、即是帰命、亦是発願回向之義、言阿弥陀仏者、即是其行、以斯義故、必得往生

とこれを引文し釈を加えているが、その釈は『尊号真像銘文』で再展開されている。

言南無者トイフハ、スナワチ帰命トマフスミコトハ也。帰命ハスナワチ釈迦・弥陀ノ二尊ノ勅命ニシタカヒテ、メシニカナフトマフスコトハナリ。コノユヘニ即是帰命トノタマヘリ。亦是発廻向之義トイフハ、二尊ノメシニシタカフテ安楽浄土ニムマレムトネカフコ、ロナリト、ノタマヘル也。言阿弥陀仏者トマフスハ、即是其行トナリ。即是其行ハコレスハワチ法蔵菩薩ノ選択本願也トシルヘシトナリ、安養浄土ノ正定ノ業因ナリト、ノタマヘルコ、ロ也。以斯義故トイフハ、正定ノ因ナル、コノ義ヲモテノユヘニトイヘル御コ、ロ也。必ハカナラストイフ、得ハエシムトイフ。往生トイフハ、浄土ニムマルトイフ也。カナラストイフハ、自然ニ往生ヲエシムト也。自然トイフハ、ハシメテハカラハサルコ、ロナリ。（『真宗史料集成』第一巻）

この釈では、南無の二字はすなわち帰命であり、釈尊が浄土を願えと勧め弥陀が必ず迎えんと誓った二尊の勅命に順うことであるから、帰命は随順の意となる。またその南無＝帰命が発願回向とされるのは、衆生の浄土を願う心が二尊の発遣と召還に随順して起こるからである。阿弥陀仏の四字は、そのような衆生を必ず迎え取るという本願であり、それが浄土往生の因なのである。釈の大意をこのように解すれば、親鸞における六字釈の意義は、衆生の往生が二尊の勅命に随順することに求められているところにある。

蓮如の六字釈の独自性はもはや明らかである。阿弥陀仏の四字よりも、〈南無＝帰命＝たすけたまえとたのむ〉とするところに蓮如の釈の独自性がある。蓮如の〈たのむ〉が衆生の祈願請求の自力信仰か、他力回向の信を踏ま

えた信順かという論争が行われたことがあったが、ここではその問題に立ち入るつもりはない。ただ蓮如の〈南無＝帰命＝たすけたまえとたのむ〉が弥陀回向の信に立脚したものであることは疑いえないと考える。たとえば、三帖目第八通（遺文85）で善導の六字釈から南無＝帰命＝発願回向の文を引用して、

其意イカンソナレハ、阿弥陀如来ノ因中ニ於テ、我等凡夫ノ往生ノ行ヲサタメ給フトキ、凡夫ノナス所ノ廻向ハ、自力ナルカユヘニ成就シカタキニヨリテ、阿弥陀如来ノ凡夫ノタメニ御身労アリテ、此廻向ヲ我等ニアタヘンカタメニ廻向成就シ給ヒテ一念南无ト帰命スルトコロニテ、此廻向ヲ我等凡夫ニアタヘマシマスナリ。（中略）此イハレアルカユヘニ、南無ノ二字ハ帰命ノコ、ロナリ。又発願廻向ノコ、ロナリ。

というように、凡夫の南無＝帰命をどこまでも如来の回向において捉えるのであるから、いかに凡夫が自力的にたすけたまえと祈願請求したにしても、それ自体が如来の回向の信に基づくものなのである。

ところで、六字釈における蓮如の独自性は、真宗教学研究では、親鸞と蓮如の問題意識と理解の重点の相違と説明されている。それを踏まえて石田慶和は、蓮如は帰命において「仏と衆生の呼応関係が成立すると考えられた」からという（「蓮如上人の「六字釈」の思想的意味」、浄土真宗教学研究所編『蓮如上人研究教義篇Ⅱ』永田文昌堂、一九九八年）。これに従えば、南無＝帰命＝回向論を前提に、自力偏向の誤解を恐れずに、蓮如は〈南無＝帰命〉を〈たすけたまえ〉と言い換え、衆生が仏へ向かう姿勢を六字釈の中核に置き、それに応答する仏の救済を「阿弥陀仏」と説くという応答関係を構築したのである。それは人々の救済を求める能動性を〈たすけたまえ〉と表現したものであり、それが如来回向の信によって成り立っていることを強調することで、人々の能動性に救済保証を与えるものであった。さらにいえば、三帖目における六字釈は、一揆状況のうちで説かれることで、一揆せざるをえない業縁と、その業縁の人々の行為が弥陀回向の帰命によって救済のうちに置かれていることを保証するという、

人々と仏の呼応関係として機能している。第五通（遺文80）に見える六字釈の後に付せられた「ワレラヲ阿弥陀仏ノタスケタマヘル支証」という「支証」は、このような救済の確証を意味していよう。また第七通（遺文84）が「衆生ノ三業ト、弥陀ノ三業ト一体」というのも、一揆する業縁が弥陀の業縁であることを意味してくる。

日本史研究において、一揆という行為は中世の人々の「自力救済」であったと規定されている。この場合の「自力」は宗教的な意味合いでいわれるのではない。権力や支配者側からの救済ではなく、人々が自分たちの力によって、自分たちの生活や秩序を守ることをアナロジカルに表現したものである。一向一揆が、まずもって「一揆」であることにおいてはまさしく自力の世界であるが、その自力世界の「一揆」を「一向一揆」たらしめているのが六字釈である。自力の「一揆」はそのままでは修羅の世界であるが、「一揆」の人々が、〈南無＝帰命＝たすけたまえ〉〈阿弥陀仏＝南無の衆生を光明に摂取〉との信心を弥陀から回向されて救済を確信したとき、自力の「一揆」は弥陀回向の一揆として「一向一揆」に昇華されるのである。そこでは自力の一揆は否定されねばならない。蓮如は単純に仏敵退治として一向一揆を是認しただけではなく、一揆の渦中で、一揆の人々の救済を確かめる教学を模索していたのであり、そこで否定さるべき自力的一揆とは往生請求の念仏にほかならない。先に六字釈の用例として示した第二通（遺文76）は、六字釈に続けて、

サレハ、世間ニヒトノコ、ロウルハ、クチニ南无阿弥陀仏トトナヘテタスカランスルヤウニ、ミナヒトオモヘリ。ソレハナヲオホツカナシ。

と述べているように、蓮如は六字釈を説くとき、併せて往生請求の念仏を否定することを忘れなかった。このほかの六字釈を説く遺文78・79（第四通）・80（第五通）・83でも、同様に往生請求の念仏が否定されている。また六字釈を説きながら往生請求の念仏否定を伴わない遺文81（第六通）・85（第八通）・87では、弥陀からの回向論が付随

されることで〈たすけたまえ〉を他力と意味づけることを忘れない。〈たすけたまえ〉と弥陀をたのみながら一揆する人々の信心は、自力でなく弥陀回向の他力の信心なのであり、そのことによって一揆そのものが他力に転化されるのである。

また別の側面からいえば、一揆という行為は自力救済を求める人々の能動性の表出である。蓮如は、御文を説き始めた最初から人々の能動性に着目し、それを否定するのではなくそれを前提とし、信心に収斂して、往生浄土への能動性に転換することを課題としてきたのである。吉崎への武力圧迫が強まると人々は仏法のために一命を惜しまず合戦することを決議し、蓮如はこれを「ムホン」であるが人々に道理があると承認した。けれども、三帖目の時期に発給された遺文88でこれを「仏法ノ本意ニアラス」と否認した。すでに蜂起して守護富樫幸千代を追い落としたものの、一転して仏法に敵対した富樫政親に対して蜂起し敗退したという、危機的状況においての、一揆否認への転換である。しかし否認するだけでは十分ではない。蓮如はそうした「ムホン」は、弥陀回向の信に基づく限り信心の行為であることを六字釈において表明したのである。三帖目をもう一度振り返れば、そこには救済対象となる機のあり方として、「十悪五逆謗法闡提ノトモカラ」(遺文75＝第一通)、「末代造悪不善十悪五逆ノ機」「造悪不善ノ衆生」(遺文76＝第二通)、「在家无智ノモノモ、マタ十悪五逆ノヤカラ」(遺文77＝第三通)、「造悪不善ノ我等」(遺文78)、「イタリテツミフカキ衆生ト五障三従ノ女人」(遺文80＝第五通)、「十悪五逆ノ愚人五障三従ノ女人」(遺文84＝第七通)などなど、激しい言葉が連ねられているのに気づくが、それは、一揆する人々にほかならない。ただしそれは一揆の人々を突き放す言葉ではなく、その自力救済の能動性が、社会的には「ムホン」であり、「牛盗人」であるとともに、仏法的にも悪とみなされることを表明し、そのうえで、それにもかかわらず弥陀回向の信によって救済が成就されることを説き、信心を勧めるのである。このような蓮如の意図を人々がどのように受け止めたかを示す直接の史料はない。けれども、三帖目の半ばから、蓮如が盛んに人々の不信心を嘆き、時には「耳ヲソハタテ、、コレヲキ、テ」（遺文77＝第三通）とか「アサマシ〳〵」（遺文87）ときつく叱責していることからすれば、蓮如の深意が汲み取られず、信を取ることなく一揆に狂奔する人々が多かったことが想像される。「一揆」から「一向一揆」への道は容易ではなかった。

第三節　王法為本と仏法領・牛盗人

王法為本は、こうした一向一揆の敗退の状況において言われ出すことに注目しなければならない。三帖目以前では、文明六年二月十七日の二帖目第六通（遺文62）がはじめてで「王法ヲモテオモテトシ、内心ニハ他力ノ信心」とあり、次いで六年五月十三日の二帖目第十通で「仏法王法ヲムネトマモレルヒト」とあった。前章ではこれらの一向一揆直前期の王法為本は、守護地頭不疎略と同様な意味で用いられていると考えた。こうした前史をもって、三帖目の時期では遺文88の十カ条の篇目第二条に「外ニハ王法ヲモハラニシ、内ニハ仏法ヲ本トスヘキ」といわれるのである。その遺文88の文明七年五月という時点は、同年三月に一揆が敗退し、越中に亡命した指導者たちが再起を模索している時点である。蓮如は一向一揆敗退という現実において、その直後の四月二十八日付の大津幸子房の正体なきありさまを批判した遺文87で、

ソレ当流トイフハ、仏法領ナリ。仏法力ヲモテ、ホシキマ、ニ、世間ヲ本トシテ、仏法ノカタハ、キハメテ疎略ナルコト、モテノホカ、アサマシキ次第ナリ。

と、「仏法領」なる概念（第七章参照）を打ち出すことで、方向転換を図っている。つまり一揆という結合から、信

心に基づく人々の集まりとしての「仏法領」の構築への転換が促されていると理解したい。その後に発給された遺文88での「王法」は「仏法領」概念を踏まえたものとなっている。第四章で言及し、また第七章で詳述するように、「王法」とは、人々が自分たちの間で作り上げた「大法」などの独自で自律的な、守護地頭の関与しえないような在地の秩序を意味するから、その秩序である王法が信心の人々の集団である「仏法領」によって確立され維持されていくことが王法を守ることであり、本とすることなのである。

王法為本は、文明六年二月の一向一揆に向かう時期に言われ出したが、実際に一向一揆が蜂起し、戦いが続いていた文明六年の七月から七年三月までの時期、つまり御文三帖目の半ばまでの時期にはまったく言及されなかった。王法為本が、国家・権力者あるいは支配者の公の法に順うことであり、一揆行為を制止するものなら、一向一揆が守護方と戦ったこの時期にこそいわれねばならなかったはずである。事実はこれとまったく正反対に、一揆蜂起の時期にはいわれず、その始まる前、および敗退後の危機的状況においてのみ、いわれているのである。王法為本が、一揆や闘争の制止であったとしても、それは在地で作り上げられた独自の秩序を維持し強化することが一揆を抑止する根本であるといっていることにならないだろうか。また仮に、蓮如が制止の意味で述べたにしても、在地の人々は在地秩序の「仏法領」による強化と受け止めたのである。

三帖目における王法為本を含む掟は、吉崎退去後の遺文の中心となっている。先に述べた遺文88で十カ条篇目が書かれたのが七年五月であるが、その後、退去前の七月に遺文91（第十通）での六カ条、さらにはそれを受けるように、河内出口に居を定めた十一月には報恩講に当たっての遺文92（第十一通）が掟の遵守を説き、「牛盗人」の文言を示し、翌八年正月の遺文93（第十二通）は掟に背くことを戒めて王法為本をいい、七月の遺文95（第十三通）は再度王法為本を掲げ、諸神仏不軽視・守護地頭不疎略を説く。このように、加賀での一揆蜂起が敗退に終わった時期に、集中的に王法為本を含む掟が説かれているのである。再度の一揆蜂起を制止するというより、在地の「仏法領」の構築を説くものと考えるべきであろう。遺文92（第十一通）に、「牛盗人」の文言があるが、前章で問題としたように、信心内心不表外相という生き方は常に「牛盗人」という無実の悪名を被ることを覚悟しなければならないのである。独自に在地の秩序を王法として構築すれば、守護地頭ないしは荘園領主側から見れば、それは横領であり年貢所当の納付不履行であって、領主権の侵害であったから、「牛盗人」なのである。その人々が、信心による「仏法領」を結んでいるのであるから、信心を説く本願寺・蓮如こそ「牛盗人」の張本人となる。

掟の他の部分では諸神仏菩薩の不軽視が中心となる。二帖目では神仏不信と不軽視という二律背反的文言が見られたこと、それは、人々の側の専修性と弥陀の側の包摂性として理解できることを前章で明らかにし、「はじめに」でも触れておいた。しかし三帖目では、神仏不軽視・尊重へ転換されてしまっている。また掟でいま一つの中心となっている守護地頭不疎略は、二帖目と同様にその理由の説明がないことから、前章で考えたように、それは信心の論理に包摂しえないゆえに、その領域を信心の世界から追放し、仏法の領域外に置いたのであり、三帖目においてもそのように了解して問題はない。

このようにみるなら、三帖目後半は掟という形で世間的規範を平板に羅列した感が強い。一向一揆という緊迫した状況から離れたことが大きな理由となっていよう。ただ「牛盗人」の問題が依然として残っていた。

最後に考えるべきは、蓮如遺文と五帖御文の関連の問題である。一・二帖目では、帖内に採られなかった遺文が相当数に上り、遺文の思想と帖内御文の思想の差異、また延いては採録基準が問題となった。三帖目においてもこうしたことが問題にならないというわけではない。不採録の第一は遺文78で、内容からするとその前の第三通となった遺文77と類似しており、内容の重複が不採録の理由かと判断される。遺文87は大津幸子房の問題という個別的な宛所をもつ御文であり、かつ内容的にその前の第八通として採られた遺文85に類似するので、同様な理由からの不採録と思われる。しかしながらそれによって「仏法領」という重要な概念が五帖御文に見られなくなったことの意味は大きい。また遺文88は先述したように、先年の吉崎をめぐる緊張関係を述べ、多屋衆の吉崎防衛に言及することが不採録の理由になったように思われる。そのことによって五帖御文から一向一揆の痕跡を払拭する結果となった。残る五つの遺文のうち、遺文83は五帖目第十一通に採られ、遺文86は五帖目第十通の聖人一流章にきわめて近い。残る遺文82・89・94は蓮如の個人的述懐的な内容である点で不採録とされたかと思われる。以上のようにみれば、三帖目に採録されなかったもののうち遺文87と88が重要な意味をもっており、これを組み込むことによって、この時期の御文の思想が新しい意味合いで浮かび上がってきた。

そこから三帖目の構成を見れば、一向一揆の蜂起、敗退と蓮如の吉崎退去という状況を一つの時期として一帖を構成するもので、一揆との関係を抜きにしては読めない帖であることが明らかとなった。けれども、一揆を示唆するような文言をもつ御文の採録が避けられていることから、三帖目として五帖御文に組み込まれた段階で、そうした状況性がすべて抹消され、普遍性において読まれるようになると、その意味するところは、まったく異なるものとなった。六字釈は蓮如教学の発展や深化において読まれ、王法為本は普遍的な社会規範となってしまう。五帖御文は、状況を抜きにして御文を聖教化する目的において世に出たものであろうが、そのことと編纂者の問題は必ずしもイコールではない。蓮如以外に編者を考えるならば、この時期の状況に通じており、しかもその状況性を三帖目から排除すれば、三帖目がどのような意味合いをもってくるかを十分に熟知していた人物を想定しなければならない。

補論　山折哲雄『悪と往生』との関連から

一　懺悔救済条件論

本章では、一揆せざるをえない業縁の人々の救済を保証する論理として御文三帖目の六字釈を理解した。そうであれば、一揆のみならず、一切の反社会的行為つまり悪業を犯した悪人でも、六字釈の論理によって無条件に救済されることになる。もっと端的にいえば、蓮如の、真宗の、救済論は、悪人の無条件救済論ということになる。たまたま、山折哲雄『悪と往生』（中公新書、二〇〇〇年）を読む機会があったが、そこで山折哲雄は、親鸞の悪人救済論は条件が必要と主張しており、蓮如もまたそうであったとの記述に出会った。本章との関連から、この機会に一言しておきたい。

この書は、「『歎異抄』と親鸞のあいだには絶対の距離がある」ことを明らかにすることを目指し、その論点の第一に悪と救済の問題を取り上げる。第一章「悪と罪」では、その観点から『歎異抄』の悪は「悪人正機論、善悪＝宿業論、生殺与奪の倫理観、の三種」であるのに対して、『教行信証』には『歎異抄』に見出せない究極的な悪の問題が提起されている、という。『歎異抄』の三種の悪のうち第一・二は説明不要であろうが、第三の「生殺与奪の倫理観」というのは第十三条後半に見える「生き物を殺さずしては一日も生きえない人間の生活感覚に根ざす自己認識」といわれるものである。それに対して『教行信証』の主題は、王舎城の悲劇の主人公アジャセのような

「父殺しの罪を犯した悪人ははたして宗教的に救われるのか」という問いにある。「すでに殺人を実現してしまっていた人間の悪の問題」（傍点は山折）であり、殺人の可能性にとどまる『歎異抄』の悪とは決定的に異なる。第十八願に付せられた「唯除五逆誹謗正法」という規定によって、五逆の一である父殺しを犯したアジャセは救済から除外されることになるが、それにもかかわらずアジャセは救われたのであり、「父殺しが救われるためには、「善知識」と「懺悔」の二条件が決定的に必要である」、と『教行信証』は語っている、という。

このような善知識と懺悔を欠いた『歎異抄』の「「悪人正機」論が、じつは歯止めのきかない悪人肯定論へと逸脱していく可能性」にたじろいだ蓮如は、この書に禁書のレッテルを貼った。蓮如の身辺には「仏法（宗教）の名における殺し合いがはじまっていた」から、「一向一揆に馳せ参ずる何万という門徒、何十万という一向宗徒の生命を守るため」にそれが必要であった。その一方で御文には、全体を貫く「十悪五逆の者、誹謗正法の者は、廻心懺悔すべし。されば、弥陀如来によって救われよう」という「通奏低音」がつらぬいている、と。

このように、一向一揆の人々の救済には、善知識と懺悔が条件とされると山折哲雄はいうのである。『歎異抄』と親鸞の差異という山折の主題にかかわることは今は置くが、悪人救済に善知識と懺悔が条件であるという主張は、それ自体重要な問題であるし、六字釈が、一揆する人々、社会的に悪人とされた人々の無条件救済保証の論理であるとした本章の考察と真っ向から対立する。一向一揆の人々に蓮如は救済の条件として懺悔を求めたのであろうか。そうだとするなら、懺悔できなかった（しなかった）人々はどうなるのか。救済から見放されたのであろうか。

二　山折説の論拠の検討

まず山折説の論拠を確かめることから始めたい。ところが山折説の論拠は、新書版の書という性格からか、きわめて曖昧である。五逆と誹謗正法の罪を犯した者は救済から除外されるのかという「問いと四つに取りくんだ葛藤のあとが『教行信証』という作品を生んだ。その最終の解答が、本書の末尾に登場する」とあるから、『教行信証』末尾の化身土巻にその論拠の文があることになる。化身土巻を検すれば、善知識や懺悔に関する引文は確かにあるけれども、それが悪人救済の条件であると読めるような文言は見出しがたい。

山折がこのような説を言い出したのは、この『悪と往生』がはじめてではない。山折の仕事のすべてを検索したわけではないが、目に付いたところでは『地獄と浄土』（春秋社、一九九三年）という講演録に収録された「親鸞の罪意識」に見えているのが初めらしい。その講演録では、善知識に関しては明確を欠くものの、懺悔に関する論拠として『教行信証』に引く『往生礼讃』から次のような「懺悔三品」の文があげられている。

> 懺悔に三品あり、乃至上中下なり。上品の懺悔は、身の毛孔のなかより血をながし、まなこのなかより血いだすものをば、上品の懺悔となづく。中品の懺悔は、偏身にあつきあせ毛孔よりいづ、まなこのなかより血のながるるは、中品の懺悔となづく。下品の懺悔は、偏身とほり《（徹）》あつく《（熱）》、まなこのなかよりなみだいづるをば、下品の懺悔となづく。（金子大栄編『原典校註真宗聖典』、法藏館、一九六〇年。以下の親鸞に関する引用も同。）

この引用を見る限り、懺悔の激しさが言われているけれども、懺悔が救済条件であると書かれているようには読み取れない。しかし山折は、「親鸞は、父親殺しのような行為をした罪悪深重の者が救われるためにはまず懺悔が必要であるとして、次の文章を引用しております」としてこの文を引用し、それに続いて、善導は「それほど激しい懺悔をしなければだめだという」とコメントし、さらに補足して、善導はこの引用の直前に、「自力修行によって浄土に往生できるのは千人に一人、万人に一人しかいない、であるからあまねく阿弥陀仏に対する帰依の感情をもって懺悔しなければならない」、とあるとも述べている。これが懺悔が悪人救済の条件であるという論拠と説明のすべてであるが、このような論述はおよそ論証といえるレベルのことではない。善導が懺悔を必要と述べた、という山折の言葉が踏まえているのが、「懺悔三品」の文の直前にある、

もし専をすてて雑業を修せんとするものは、百はときにまれに一二をう、千はときにまれに五三をう。（中略）慚愧懺悔の心あることなきがゆへに。

という文であるなら、山折も述べるようにそれは雑業の行者に懺悔心のないことをいうものであって、懺悔しなければならないというものではない。ましてこれとの関連で、「懺悔三品」の文をもって悪人往生の条件としての懺悔と読むことなど、到底不可能な読み方である。

山折は触れていないが、化身土巻には懺悔に関して他にも引用がある。『安楽集』の引文として、

いまのときの衆生をはかるに、すなはち、仏、世をさりてのちの第四の五百年にあたれり、まさしくこれ懺悔し、福を修し、仏の名号を称すべきときのものなり。一念、阿弥陀仏を称するに、すなはちよく八十億劫の生死のつみを除却せん。一念すでにしかなり。いはんや常念に修するは、すなはちこれつねに懺悔するひとなり。

と、末法の衆生は懺悔し修福し念仏することで生死の罪を除かれるのであり、常念仏の人は常懺悔する人と説かれている。念仏者には懺悔が伴うことがいわれているが、それは救済「条件」ということではなかろう。また『地蔵十輪経』の引文に、

極重の大罪悪業を生じ、無間罪にちかづく。かくのごときのひと、もしいまだかくのごときの大罪悪業を懺悔し除滅せずば、出家してをよび具戒をうけしめざらんも、もしは出家してあるひは具戒をうけしめんも、すなはちつみをえん。

と、極重の罪業人は懺悔以外に滅罪の方途がないと説かれているが、これらを悪人救済の「条件」としての懺悔と

読むことは難しい。したがって、山折説の根拠は、山折の提示にもかかわらず、あるいはそれを超えて化身土巻を検してみても、懺悔が救済「条件」であるという論拠は明らかにならない。

さらに詳細に山折の前掲講演録を読めば、この段階での山折は必ずしも善知識と懺悔を救済条件として提示していたわけではない。「結局は自力の懺悔に終ってしまうのではないかという不安がいつも離れないであろうし」、また「現実の社会にはすぐれた指導者など存在しない。この二つの問題に挟撃された親鸞は、結局、悪人であるがゆえに救われるというただ一筋の道にしか行きつくことができなかったのではないか」と述べているように、善知識と懺悔が救済の必要条件であるとするなら、そこには絶望するしかない親鸞がいる。

三　御文における懺悔

山折はまた、蓮如「御文」における「通奏低音」として廻心懺悔をいう。山折がそのようにいえば、「廻心懺悔して」という言葉が頭をよぎり、そうだったか、という思いに捉われる。確認作業を進めると、意外にも五帖御文にはその言葉がきわめて少ないことに気づかされる。五帖御文では一帖目第二通、三帖目第八通・十一通、四帖目第五通・第六通・第八通、以上六通に廻心、廻心懺悔、改悔、改悔懺悔などの用例がある。帖外にも何回か見えるが、それらを加えても、数量的には決して多いとはいえない。まして要である五帖目にまったく見えない。数量的に少ないから「通奏低音」というのであろうか。それは置いて、これらの言葉が、悪人救済の条件として用いられているかとなると、さらにあやうい。典型的な用法は一帖目第二通（遺文11）の、

又ツミハ十悪五逆謗法闡提ノトモカラナレトモ、廻心懺悔シテ、フカクカヽルアサマシキ機ヲスクヒマシマス弥陀如来ノ本願ナリト信知シテ、フタコヽロナク如来ヲタノムコヽロノ、ネテモサメテモ憶念ノ心ツネニシテ

ワスレサルヲ、本願タノム決定心ヲヱタル信心ノ行人トハイフナリ。

である。これはたしかに廻心懺悔が十悪五逆謗法の悪人の救済にかかわって説かれているが、廻心懺悔によってそのようなあさましき機と信知し、それを救い取る弥陀の本願と信ずることが信心であると説くのであって、懺悔は十悪五逆謗法と自己を認識する機の深信と同義である。このような機法二種深信が救済を成り立たせる論理であることは間違いないが、それを救済の「条件」とはいわないだろう。

懺悔が救済の「条件」なら、一向一揆活動期で、六字釈が展開された御文三帖目にその強調があってしかるべきである。しかしながら、六字釈を説く三帖目前半には懺悔という言葉はなく、第八通（遺文85）にいたって、

真実ノ信心ヲトラントオモフ人スクナシ。コレ誠ニアサマシキ執心ナリ。速ニコノ心ヲ改悔懺悔シテ、当流真実ノ信心ニ住シテ、今度ノ報土往生ヲ決定セスハ、

と、懺悔が登場する。これとても信心を求めようとしない執心を翻すということであって、悪人救済の「条件」ではない。その他一々の検討は省略するが、ほとんどがこのような用法であるから、御文の懺悔を悪人救済の「条件」と読むことは困難である。

また四帖目では第五・六・八通（遺文124・128・133）に見えているが、この時期は蓮如が一向一揆から離れて山科本願寺に居を占めた時期である。次の第六章の課題であるが、そこではこの問題に検討を加えていなかったので、ここで補足しておきたい。四帖目第五通は文明十四年（一四八二）の報恩講の初日である十一月二十一日の日付で、

報恩講七昼夜ノ内ニヲヒテ、各々ニ改悔ノ心ヲヲコシテ、我身ノアヤマレルトコロノ心中ヲ心底ニノコサスシテ、当寺ノ御影前ニヲヒテ廻心懺悔シテ、諸人ノ耳ニキカシムルヤウニ、毎日毎夜ニカタルヘシ。コレスナハチ謗法闡提廻心皆往ノ御釈ニモアヒカナヒ、又自信教人信ノ義ニモ相応スヘキモノナリ。シカラハ、マコトニ

コ、ロアラン人々ハ、コノ廻心懺悔ヲキ、テモ、ケニモト思テ、オナシク日コロノ悪心ヲヒルカヘシテ、善心ニナリカヘル人モアルヘシ。コレソマコトニ今月聖人ノ御忌ノ本懐ニアヒカナフヘシ。コレスナハチ報恩謝徳ノ懇志タルヘキモノナリ。アナカシコ〳〵。

とあって、報恩講を親鸞聖人の御影前での改悔、廻心懺悔の機会と定め、それによって「謗法闡提廻心皆往」に叶い、報恩謝徳の懇志となる、というのである。確かに、廻心懺悔が重要な位置を与えられているが、それは往生の「条件」ではなく、人々に聞かせるために毎日毎夜に語られねばならないものであった。その意味で自信教人信なのである。こうして報恩講における改悔出言という信仰儀礼が始まる。懺悔が見える四帖目の残りの第六・八通は、文明十五・十七年（一四八三・一四八五）の報恩講にあたって発給されたものであり、懺悔はほぼ同様な意味が与えられている。

四　日常生活者における懺悔

しかし山折説は、このような論拠云々という実証的な事柄で批判しきれるものではない。論理的な批判、つまり、親鸞の、あるいは蓮如の救済論において、悪人救済に条件が必要であるという論理がどのようにして生み出されたのかが問題である。

山折は、「アジャセは無条件に救われるのではない」という論理を、大無量寿経の「唯除五逆誹謗正法」という文を「阿弥陀如来の救済力は、「五逆」と「誹謗正法」の罪を犯した者の身には及ばない」と理解することから生み出した。ここで想起されるのは、真宗教学では、この文は「抑止門（おくしもん）」と呼ばれ、五逆と誹謗正法という重罪を犯さないように抑え止めた文であり、本願力はこれらの重罪者も漏らさず救うことを意味している、と

解していることである。親鸞は『尊号真像銘文』に、

唯除といふは、ただのぞくといふことば也。五逆のつみびとをきらい、誹謗のおもきとがをしらせむと也。このふたつのつみのおもきことをしめして、十方一切の衆生みなもれず往生すべしとしらせむとなり。

と述べていることが根拠となっている。

ここで、山折と同様に『教行信証』と『歎異抄』の差異を問題にした末木文美士の議論（「宗教と倫理の狭間」『解体する言葉と世界』、岩波書店、一九九八年）を見ておくことも無意味ではなかろう。抑止門の存在と、それにもかかわらず観無量寿経下品下生段の五逆十悪ともに臨終念仏で往生できるという説をどのように会通するかという問題を取り上げ、善導の「謗法・闡提、回心すればみな往く」によって、「最悪の重罪である謗法者にも救済の手は差し伸べられる。しかし、それは「回心すれば」という条件付きなのであり」という。山折と同じ条件救済論なのであろうか。末木にはこのことに関して明言がないが、続いて、五逆謗法の提婆達多は「その謗法が逆に縁となって、将来成仏するであろうという授記（予言）が下される」として、回心なき謗法者の救済が暗示されている。また「すべての煩悩を具足した衆生は皆その（五逆謗法）同類」だというから、条件付き救済では一切衆生の救済は成就しないと、回心を救済条件とはみていないようである。

末木はその後、「唯円はユダか？——山折哲雄『悪と往生』に寄せて——」（『近代日本と仏教』、トランスビュー、二〇〇四年に「『歎異抄』と現代——山折哲雄『悪と往生』に寄せて——」と改題して収録）を著し、山折説を評している。その詳細は略するが、オウム真理教事件や神戸の少年殺害事件などを踏まえた山折の危機意識の表明と捉え、条件付き救済論に関しては、ほとんどコメントがない。わずかに「誹謗正法」は最もひどい悪であり、「親鸞は五逆や謗法、特に謗法に対しては決して許そうとはしなかった。ただ心から懺悔したときにだけ、彼らにも救いの可

能性が開かれる」と述べているから、末木は先の議論に反して山折の条件救済論を肯定していると思われる。

山折が、抑止門という真宗教学を知らぬはずがない。にもかかわらずこの抑止門によって、悪人救済の条件を問題化するのは何故なのか。そこで浮上するのが、先にも触れた『教行信証』の悪の問題は、可能性としての悪ではなく、すでに実現してしまった悪の問題であるという山折の視点である。悪を犯してしまった人間は、何らかの方法でその悪から免罪されねばならない、それが救済ということだ、という発想が山折の基底にある。二条件は「罪の大転換のために必然とされた」という山折の言葉がそのことを示している。

そうであれば、山折が『歎異抄』の第十三条後半によって悪の第三のあり方とする生殺与奪の倫理観が問題である。


うみかはに、あみをひき、つりをして、世をわたるものも、野やまに、ししをかり、鳥をとりて、いのちをつなぐともがらも、あきなひをもし、田畠をつくりてすぐる人も、ただをなじことなり、と。さるべき業縁のもよほせば、いかなるふるまひもすべしとこそ、

これを山折は「生き物を殺さずしては一日も生きえない人間の生活感覚に根ざす自己認識」「生活者の日常的な倫理感覚にもとづく悪・悪人の認識」であり、「人間の生き残りをめざすエゴイズムの合理化」ともいう。それは生活者のレベルでの殺生の問題であり、すでに犯してしまった罪、日常的に犯さざるをえない罪、ということを意味している。末木もまた前掲の書評で、「唯円がどこまでもこだわる「悪」は、そのような職業に従事する人が、否応なく犯さざるをえない殺生などである」と、同意を与えている。

『歎異抄』第十三条後半の悪は、アジャセの父殺しというような非日常的な悪とは異なる。両者の差異は、可能性と事実ということではなく、日常性にある。したがって『教行信証』が問題にするのは非日常的な悪、確信犯的

な悪ということになろう。それに対してこそ抑止門の意味がある。末木もまた、先述のようにすべての衆生は五逆謗法の同類であるといい、「表面的には五逆謗法を犯していないように見えるかもしれない。しかしそれは程度の問題であり、その内実からすれば五逆謗法と異ならない」というが、それはまさに衆生の日常性における悪の問題であろう。

蓮如において問題とされた悪は、この区別でいえば、日常的な悪である。『歎異抄』の海川に網を引き、野山に狩する者は、御文でいえば商い、奉公、猟漁の者であり、日常的な生活者である。その彼らが、一向一揆を戦うのであり、その戦いでの殺生は、生き物を殺していのちをつなぐという意味での殺生に異ならない。そのような一揆の人々にとって、山折のいうような廻心懺悔は救済の「条件」にはなりえないだろう。蓮如の救済論においても、そのような意味での廻心懺悔は求められておらず、そこに見出せるのは、商い、奉公、猟漁の生活のままで、その生活のなかから、〈たすけたまえ〉とたのむ、そのような悪人を残らずそのまま救い取る弥陀の本願を説くものであった。

具体的な議論は以上のようにとどめるが、私見の根底には、一切衆生の救済を説く弥陀の本願に条件は付けられないはずであるという思いがある。その本願の重さが感得されたときに、廻心懺悔の心が起こるのであって、その逆では決してない。一向一揆の人々が、一揆せざるをえない業縁に泣いたとき、それこそ救済の機であるという本願に出会い、そこから懺悔が起こるのであろう。山科本願寺の報恩講における改悔出言の儀礼化は、そうした一揆の人々の内から湧きあがったものを、蓮如が巧みに捉え返したことを意味していよう。

第六章　四帖目における救済と掟

本章は、この著書をまとめるにあたり、新たに起こした稿である。前章の御文三帖目の検討を終えた段階で、引き続き、四帖目に取り掛かることを期していたが果たしえず、機を得た今は、十全な稿となすだけの気力を欠いてしまった。覚書として提示する次第である。

第一節　時期区分

蓮如は、延徳元年（一四八九）八月二十八日、「劫《（功）》成名トケテ身シリソクハ天ノミチ」（『第八祖御物語空善聞書』第一条、『真宗史料集成』第二巻）と述懐して山科本願寺南殿へ隠居した。翌延徳二年（一四九〇）十月二十八日には、本願寺御影堂留守職の譲状を実如に与えて、正式に退隠する。このとき実如は「文盲ノ義」を申し立てて再三辞退したので、「蓮如上人五帖ノ御文被」遊候テ実如上人ヘマイラレ、コレニ御判ヲ居ラレ」た（『栄玄聞書』第一一条、『真宗史料集成』第二巻）と記されている。これが事実ならば、延徳二年までの御文が蓮如によって五帖に集成されていたことになる。

しかしながら、稲葉昌丸は、この聞書を残した栄玄の出生は永正十八年（一五二一）前後と推定され、すでに五帖御文が世に行われていた時期であるから、信用しがたいとしてこれを退けている（『諸版対校五帖御文定本』、法藏館、一九九五年）。これに対して出雲路修は、稲葉説は根拠を欠き、蓮如在世中に五帖御文が存したとして矛盾はなく、それを支える史料として『第八祖御物語空善聞書』第三九条の「加賀ヨリ出口殿、山科殿マデノ御作ノ御文」を読ませたこと、『蓮如上人御一期記』（『真宗史料集成』第二巻）第七四条のほぼ同様な史料をあげている（「五帖御文の成立をめぐって」『教化研究』一〇三、一九九〇年）。さらに出雲路は、「出口殿、山科殿マデノ」とないのは、五帖御文完成以前の途中段階の形態を示すものであり、また『第八祖御物語空善聞書』第四六条に「疫癘トテ人オホク死ス。（中略）ト仰アリテ、ヤカテ当座ニテソノコトハリヲ御文ニツクリタマヒテ」とあるのは、延徳四年（一四九二）六月の四帖目第九通のことであるから、出口・山科までの御文というのは四帖目第八通までを指すと判断した。さらに出雲路は、『空善聞書』第一二二条の明応七年（一四九八）閏十月十六日に「御文ヲ十通ハカリ慶聞坊ニヨマセ」とあることによって、このときに四帖目第十五通までを含む五帖御文が成立していたと考えた。これから問題にしようとする四帖目は、第八通までが蓮如退隠以前の延徳二年までに編纂され、残りも蓮如自身によって明応七年末に編纂されていたというのである。

さて、御文四帖目は、文明八年（一四七六）七月二十七日の遺文96から、明応七年（一四九八）十二月十五日の遺文184までの、二十三年間八十九通、そのうちから十五通（ただし他に五帖目に四通）が採られて構成されている。年代的にも数量的にもきわめて幅が大きく、時期集中的な三帖目までと同様に捉えることは困難である。一定の時期的枠組みを設定して、その範囲内で検討を加える必要があろう。

この時期の遺文八十九通は、文明十八年（一四八六）十一月二十六日の遺文136でいったん途切れ、なか三年をおいた延徳二年（一四九〇）九月二十五日の遺文137へ飛ぶ、という年代的断絶（空白期）がある。この断絶の間に、長享二年（一四八八）の加賀の大一向一揆があり、延徳二年十月二十八日に蓮如は実如に譲状を与えて退隠している。蓮如が加賀大一向一揆から退隠までの三年間に御文を発給していないという事実はきわめて重要である（ただし全遺文二百五十一通のうち、無年紀のものが六十七通存在するから、それらがこの期間中に発給された可能性はあるが、それらの年代を決定できない以上、今はこの問題は無視するしかない）。

したがって、御文四帖目もこの文明末から延徳二年の断絶を踏まえて前後二期に分けて検討されねばならない。四帖目第八通までを四帖目の前期、第九通から以降を後期とする。出雲路説からすればこれは五帖御文の成立段階の画期に相当する。前期の第八通までが以前の三帖に連続し、第九通からの後期はその追加・補遺の性格をもつことになろう。

さらに、前・後期は各々二群に分けられる。前期の八通は、第一通から第四通がいずれも文明九年（一四七七）で一群をなし（第一期）、第五通から第八通は山科本願寺造営がほぼ終了した文明十四年（一四八二）十一月から文明十五・十六・十七と連続して各年一通という一群（第二期）、という二群構成であるから、山科本願寺造営期を境に二区分される必要がある。後期も、第九通のみが延徳四年で、明応初年の遺文とともに一群（第三期）をなし、そこからしばらく時期をおいた明応六年（一四九七）・七年の六通で一群（第四期）と、これまた二区分される。以上に四帖目不採録の遺文を加えれば、以下のような時期区分となる。

第一期出口在住期（文明八年七月～文明九年十二月）

遺文96～107　都合十二通

このうち遺文97が第一通、100が第二通、101が第三通、105が第四通

第二期山科本願寺期（文明十年正月～文明十八年十一月）

遺文108～138　都合三十一通
このうち遺文124が第五通、128が第六通、130が第七通、133が第八通
空白期（文明十八年十二月～延徳二年九月）
第三期山科退隠期（延徳二年十月～明応五年十月）
遺文139～145　都合七通
このうち遺文140が第九通
第四期大坂退隠期（明応五年十月～明応七年十二月）
遺文146～184　都合三十八通
このうち遺文148が第十一通、160が第十通、166が第十二通、168が第十四通、169が第十三通、182が第十五通。他に五帖目へ遺文147が第八通、162が第五通、163が第六通、181が第九通、夏の御文に遺文171～174

第二節　出口在住期の王法為本と末法濁乱の認識

さて、右のような時期区分を踏まえて、四帖目の思想的特色を探っていきたい。最初に問題とすべきは、王法の問題である。蓮如が吉崎を退出したのは一向一揆の問題に絡んでのことであったが、出口へ移った第一期の御文では、まだこの問題が尾を引いているかのようである。四帖目第一通の遺文97は、出口へ移って一年半を経た文明九年一月に発給されたが、そこでは、念仏行者自身の往生という課題との関連で王法の問題が述べられている。「ワカ往生ノ一段ニオイテハ、内心ニフカク一念発起ノ信心」を蓄え、報謝の念仏を嗜み、「ソノウヘニハナヲ王法ヲ

サキトシ仁義ヲ本トスヘシ」といわれていることからすれば、王法仁義為先為本は信心の延長線上に位置づけられながら、三帖目までと同様に、両者の論理的関係性は不明のままである。続いて諸仏菩薩・諸宗諸法を疎略軽賤せず、世間通途に順じて「外相ニ当流法義ノスカタヲ他宗他門ノヒトニミセサルヲモテ、当流聖人ノオキテヲマモル真宗念仏ノ行者」と述べていることも、王法為本が信心内心と同じ範疇に属する掟であり、その定型化した文言であることを示している。ただし注意を要するのは、この御文は、自身の安心を決定した者が「ヒトヲ勧化」することを問題としており、王法為本以下の掟も、勧化者の心得的な性格においてみられるべきことである。

これに先行する出口での最初の御文で、移住後一年に近い文明八年七月二十七日に発給された遺文96は、四帖目には採録されなかったが、そこでは、摂河泉和の門徒の相伝なき法義讃嘆や「門徒中ハカリヲコソ勧化スヘキニ仏光寺門徒を勧化する行為を批判して、「当流門葉ノ一烈《(マヽ)》タルヘカラサル」と破門を宣言し、そこから他宗を誹謗せず諸神菩薩を軽んぜずと述べている。ここですでに勧化者が問題化されている。畿内へ帰った蓮如が、北陸とは異なり、すでに展開している仏光寺派などとの対抗関係のなかでの信心の勧めという課題を背負った様相が知られ、それなりの緊張関係が窺われる。しかしそのような対抗関係のなかでは王法為本という問題は中心にはなりえないし、遺文96には事実その文言は見られない。もっぱら他宗・諸神菩薩の不軽視がいわれるのであるが、ただ信ぜぬばかりといい、それは「弥陀一仏ノ功徳ノウチニコモレルカユヘニ」と説明される。

王法為本の文言は遺文99・108に見られ、ほぼ同様に王法為本信心内心不表外相が強調される。108は山科本願寺造営開始直後で第二期に入るが、そこまでずれこんで第一期の課題が継承されたとみてもよい。遺文99は摂河泉和近の五カ国の正義を分別しない門徒が問題とされる点で遺文97と同様な状況での発給が思われ、王法為本を導き出す点でも同様である。大経の文や善導の釈が引かれて宿善の機への勧化を指示し、「コレラノオモムキヲクハシク存知シテ、ヒトヲハ勧化スヘシ。コトニ、マツ王法ヲモテ本トシ」というように、他者を勧化する信心の人の心得的意味で王法為本が言い出されるのである。ここでも勧化者が問題となっており、そこでの王法の用法は、定型化した掟文言であるといわざるをえないだろう。このことは、遺文108に「当流門人之中可存知次第」と題する五カ条の制法の一として王法為先がいわれ、「まことに祖師之御遺訓にも（ふかく）相背ぬへき者也」と結ばれているように、完全に掟化されていることにも知られよう。このように四帖目第一期の遺文においては、王法は定型化された掟文言となり、後に真俗二諦の掟とされる先駆となった。

四帖目の第一期、つまり文明八年（一四七六）後半から八・九年の時期は、吉崎時代後期の課題であった信心と他宗・世間の関係論の構築が、引き続き課題とされ、努力が続けられた時期であった。吉崎という拠点を放棄して出口に移ったものの、いまだ新たな本拠を確立しえていないこの時期は、他宗・世間とことを構えるのは極力回避されねばならなかったはずである。その意味で四帖目の最初に王法の問題を述べる御文が据えられたのである。しかしその王法為本は、吉崎時代のような背後の緊張した状況を失ったことによって、言葉のみがあるような、定型文言となり、勧化者の心得に転化してしまっている。これ以後、王法文言は遺文のなかに見出せなくなり、消滅してしまった。

王法為本に代わって、四帖目の第一期に属し、ともに文明九年に出された第二・三・四通では、無常観や末法観が基本に据えられる。第二通（遺文100）は、人間の定命は五十六歳、しかるに「予ステニ頽齢六十三歳ニセマレリ」「イカナル病患ヲウケテカ死ノ縁ニノソマントオホツカナシ」、というように、またさらに老少不定、電光朝露の身と、無常観が詠いあげられ、そこから「タ、イソキテモムマレタキハ極楽浄土」と往生が願望されて一念帰命、他力安心が説かれる。この一通だけを取り出してみれば何の変哲もない無常観からの往生の勧めにすぎない。しかしそれが第三・四通と連続すれば、それだけで済まされないものが見えてくる。第三通（遺文101）は、「夫当時世上ノ体タラク、イツノコロニカ落居スヘキトモオホエハンヘラサル風情ナリ」と乱世の認識で始められてくる。それが、一般に応仁文明の大乱が終結したとされる文明九年の、九月二十七日の年紀をもつことは、ここでの蓮如の乱世認識が単に当時の実状をいうものではないことを示している。第三通は、乱世ゆえに老少不定の身が急ぎ涅槃を願えと無常観をいうが、さらにそこから「イマノ世モ末法濁乱」でありながら、「阿弥陀如来ノ他力ノ本願ハ、イマノ時節ハイヨ〳〵不可思議ニサカリ」という認識が示される。それは、釈尊時代に提婆・阿闍世の逆害が韋提希をして安養を願わしめたように、「末代ノ五逆ノ女人ニ安養ノ往生ヲネカハシメンタメノ方便」と、「末法濁乱」の世が仏の方便にほかならないことが示唆されている。冒頭の乱世認識は、乱世逆悪という世情が救済への方便であることを導くためのものであると判断される。さらにいえば、「末法濁乱」とは蓮如の吉崎から出口への流転、その背後の一向一揆を暗示し、それを弥陀の本願を盛んならしめる方便と認識することを意味していよう。「夫秋モサリ春モサリテ、（中略）イツノマニカ年老ノツモルラントモ覚ヘス」で始まる第四通（遺文105）も、老少不定、無常の風をいい、「コ、ニ未来悪世ノ我等コトキノ衆生」をたすける本願と説き出されるのは、単なる修辞を超えて、悪世を逆縁と捉える認識がある。このようにみれば、無常を説くといわれる御文も、一向一揆という末法濁乱の相、吉崎から出口への流転という苦難を、すべて逆縁・方便と受け止める蓮如の認識を示すものなのである。

こうして四帖目の第一期、出口居住時代は、王法為本の定型的掟文言化から消滅へ、それに代わって救済の方便としての末法濁世観が展開された時期であった。

第三節　山科本願寺期における掟の問題

第一期の中心課題であった王法の問題や掟の文言は、第二期に入って山科本願寺造営が始まると遺文に見られなくなるが、造営が終わった文明十五年（一四八三）、遺文127あたりから再び信心内心外相不表として強調される。まず遺文127で、いかなる仏法を信ずるかと尋ねられた場合の答え方を以下のように説くところに見えてくる。

当流之念仏申者トハコタフヘカラス。タヽナニ宗トモナキモノナリ、念仏ハタフトキコト、存シタルハカリナルモノ、トコタフヘシ。是則当流聖人ノヲシヘマシマス所ノ仏法者トミエサル人ノスカタナリ。此等ノ趣ヲヨク〳〵コヽロエテ、外相ニソノ色ヲミセサルヲモテ、当流ノ正義トオモフヘキモノナリ。

これは三帖目で姿を見せていた「牛盗人」の問題の言い換えであることは明らかであろう。三帖目第十一通の「牛盗人トハヨハルトモ」とは、信心の姿を外相に見せずにひたすら生業にいそしむ者は、あさましき罪業にまどう者として「牛盗人」と呼ばれることを覚悟せよということであり、その方が念仏者・仏法者と呼ばれるよりましであるという戒めであった。ここではそれが「仏法者トミエサル人ノスカタ」と呼ばれているのである。山科本願寺造営が終わったとき、このような念仏者の姿が求められたのである。山科本願寺造営の終了と時を同じくして、加賀では長享の大一向一揆に向かって在地が動き始める。一揆が郡単位の連合体を形成し、荘園が横領されて年貢が滞り、在地の王法秩序が樹立されつつあった。山科造営終了、ではなく、一揆の高揚と時を同じくして、何宗ともなき念仏者、仏法者と見えざる姿という生き方を求める御文が発給され出したのである。

四帖目採録の御文にもこのことは色濃く反映されている。この時期の第五通から第八通までは、いずれも報恩講に当たって発給されたもので、後の三通は共通して三カ条・六カ条・八カ条の制法の形をとり、そのうちで何宗ともなき念仏者と名乗ることを求め、路次大道での信心沙汰を禁じている。第六通（遺文128）は報恩講での制法であり、それは、

コノ両三年ノアヒタ報恩講中ニヲイテ、衆中トシテサタメヲクトコロノ義ヒトツトシテ違変アルヘカラス。コノ衆中ニヲイテ万一相違セシムル子細コレアラハ、ナカキ世開山聖人ノ御門徒タルヘカラサルモノナリ。

というように、山科本願寺の報恩講に集う人々によって制定され、違反者は追放という処分を含む教団の制法であった。当該期の社会集団の一つとしての本願寺教団が構成員の同意のもとで定めた「大法」であり、教団の「王法」なのである。四帖目の第二期の第五通から第八通はそのような制法を収録していることに、大きな特徴を見ることができる。文明末年の加賀における一向一揆へ向かっての大きなうねりが背後にあるとみるべきだろう。

第六通（遺文128）は前の遺文127とほぼ同文であるが、第七・八通（遺文130・133）もよく似た文体で、以下のような制法をもっている。

一当流ノ念仏者ヲ、或ハ人アリテ、ナニ宗ソト相タツヌル事タトヒアリトモ、シカト当宗念仏者ト答フヘカラス。タ、ナニ宗トモナキ念仏者ナリトコタフヘシ。コレスナハチ、我聖人ノオホセヲカル、トコロノ仏法者気色ミエヌフルマヒナルヘシ。コノヲモムキヲヨク〳〵存知シテ、外相ニソノ色ヲハタラクヘカラス。マコトニコレ当流ノ念仏者ノフルマヒノ正義タルヘキモノナリ。（第七通）

一諸国参詣ノトモカラノナカニヲイテ、在所ヲキラハス、イカナル大道大洛《マヽ》又関屋ワタリノ船中ニテモサラニソノハ、カリナク、仏法カタノ次第ヲ顕露ニヒトニカタルコト、シカルヘカラサルコト。（第八通）

こうしてみれば、山科本願寺造営とともに定められた本願寺教団の制法は、いわれるように王法為本ではなく、

信心内心不表外相、つまり真宗門徒・念仏者の姿を外相に表すことを禁ずることが要であった。王法為本よりも信心内心不表外相に力点があるのであり、それは各々の生業にいそしむなかで念仏することを意味しているから、王法為本もそのような日々の生活を本とする意味であって、信心を内心に隠して世間の法や道徳に従うということではない。

そのように考えると、四帖目の時期の制法的御文のなかで守護地頭尊重条項の比重が軽くなったことに注目しなければならない。まったく見出せないわけではなく、第二期の最初の遺文108（文明十年〈一四七八〉二月四日）の五カ条の制法の第四条に「在国所可専守護地頭事」と見えている。吉崎退去以降、山科本願寺造営から文明末年までの時期では唯一の守護地頭尊重条項である。山科本願寺においては、守護地頭尊重という問題は重要性を失ったかのようである。吉崎の場合、この坊舎は「後生菩提ノ為ニシテ、サラニ名聞利養ヲノソマス、又栄花栄耀ヲモ事トセス」（遺文38）と、その非世俗性が力説されたのに対して、山科本願寺造営に関する御文では、そうした問題に一切触れることがない。それも守護地頭尊重条項の欠落と不可分の関係にあろう。

山科造営に先立つ文明九年極月二十九日の遺文107に、吉崎退去から出口に至った経過を述べるとともに、この三カ年のうちに京都に大内・土岐が在国し、「都ハ一円ニ公方カタニナリヌレハ、今ノ如クハ天下泰平ト申スナリ」と応仁文明の大乱の終結をいい、かかる不思議の時分に逢うことを目出度しと喜ぶ認識が見出せる。先に見たように、この直前ともいえる九月の遺文101での末法濁乱という認識とはまったく百八十度の転換である。そうした目出度き天下泰平の時節に本願寺の造営が始まったのであり、将軍家御台所富子の御成りという前代未聞のことがあったと記し、本願寺は「亀山院伏見院両御代ヨリ勅願所」であった（遺文121）という認識からは、もはやわざわざ守護地頭や公方へ配慮する文言を述べる必要が見出せなかったのであろう。造営なった山科本願寺において蓮如は、しばしの世俗権力との共存を謳歌していたのである。

しかしながら、そのような蓮如の天下泰平観は加賀から崩れ始める。特に注目すべきは、加賀能美郡四講宛の御文（遺文134、文明十八年正月四日）である。加賀能美郡に四講という仏法讃嘆の寄合が開かれたのであるが、そこへ宛てた御文の冒頭で、

抑能美郡同行中ニ就仏法四講ト云事ヲ始テ、当流法義之是非邪正ヲ可讃嘆興行在之由聞候。誠以仏法興隆之根元、往生浄土之支度、殊勝ニ覚候。就其、守護地頭方江可有慇懃之振舞候。同ク寺社本所之所領押領之儀堅可有成敗候也。

と、守護地頭尊重、寺社本所領押領禁止を掲げたのである。その背後には、守護地頭と対立する一向一揆が寺社本所領を押領している状況があった。文明十七年には、幕府が加賀の本願寺一家衆寺院の波佐谷松岡寺に命じて富樫政親の押領を制止させているのは、松岡寺を戴く能美郡一揆と守護の対立状況を思わせ、翌十八年八月には松岡寺・本泉寺が石川郡で近衛家領の年貢代官となり、十一月には松岡寺が横北庄を押領するなどの動向（『加能史料』戦国Ⅱ参照）、そのなかでの能美郡四講の結成、それに対する守護地頭への慇懃、寺社本所領押領禁止なのである。そしてこの二年後に長享大一揆が蜂起するが、その渦中の蓮如は文明十八年の報恩講に御文を一通（遺文136）書いただけで、以後沈黙する。それ以降、守護地頭尊重条項は復活することがなかった。

この沈黙は何を意味するのであろうか。文明末年の加賀における一揆的状況は、現実には一家衆寺院や門徒による在地支配の進展を意味しているが、念仏者、本願寺門徒としての世間的行為の禁止が、教団の制法として定められた以上、それはもはや蓮如の関与することではなかった。長享一揆後に、将軍家奉書によって本所領の返付が蓮如に命ぜられたとき、「仏法領ノ事ニ非ルアヒタ」（『今古独語』、『真宗史料集成』第二巻）と、教団の関与すべきことではないと拒否したことが想起される（なお、「仏法領」については第七章を参照されたい）。

第四節　救済論の展開

二・三帖目で説かれた王法為本が四帖目では第一通で説かれたことによって、それ以後この言葉が姿を消したとはいえ、王法為本は四帖目全体に通じ、さらには御文全体の基調というイメージを残した。四帖目第八通と第九通の間に加賀では長享の大一揆が起こったが、それに対しても蓮如は王法為本をもって制止したように受け取られることになった。通念のように王法為本が一揆抑制なら、蓮如は長享一揆を否認したことになる。しかし問題はそれほど単純ではない。もし蓮如が長享一揆を否定したとみるなら、それは蓮如が長享一揆の人々を、言い換えれば加賀の門徒を、見放したことを意味する。さらにいえば、加賀門徒の救済を否定したことになる。『蓮如上人仰条々』（『真宗史料集成』第二巻）第六七条には「賀州内ノ御門弟ヲ可被放之由仰出サレ候事、御身ヲキラル、ヨリモカナシク被思食之由」とあって、長享一揆に対しての将軍義尚からの要請に従って門徒に破門を命じたことを蓮如が悲しんだと記すことは、どのように解すればよいのか。はたして蓮如は一揆門徒の救済をあきらめて破門を命じたのだろうか。直接長享一揆に触れた蓮如の言説はないが、信心を説く御文からその問題へのアプローチが可能である。

ただし遺文256・257・258は、門下の悪行を言語道断と非難し、聖人の門徒を放つという文言をもっていて、長享一揆に際しての将軍義尚の命に従って蓮如が加賀一揆の門徒を破門した証とされてきた。古来「お叱りの御文」として有名なものである。その文言は、遺文256の専光寺宛のものは次のようである（遺文257、光徳寺宛も同文）。

（上書）専光寺御房　　蓮　如

於諸門下企悪行之由其聞在之、言語道断之次第也。所詮向後於如此之致張行之輩者、永可放聖人之御門徒。此趣堅可有成敗者也。謹言。
七月四日　　　　　　　　　　　　蓮　如花押
専光寺

これには月日のみあって年次がないが、将軍の破門命令に従ったということから長享二年六月九日の一揆直後とされてきた。ただし北西弘は、蓮如の花押形態が文明期のものであると判断し、これを文明七年一揆後のものとしている（『蓮如上人筆跡の研究』春秋社、一九九九年）。いずれにせよ、一向一揆に対しての「お叱りの御文」ではあるが、「向後」（これから後）このような悪行を張行するならば門徒を放つというのであって、破門を宣言したわけではない。遺文258の真念寺真本は日付が七月廿一日で、文言も門徒の面々の「国中乱妨」を成敗し停止することを求め、「若無承引候ハ、不可為門徒」とやや趣を異にするが、ただちに破門を宣言したものでないことにおいては同じである。つまり、蓮如は、それが文明一揆であれ長享一揆であれ、事後に叱責の書簡を発給して制止しているが、破門を実行したことはなかった。

第五章で、文明六・七年の一向一揆に立ち上がった人々に対して蓮如は六字釈を展開することで救済を確約したと考えた。その六字釈が文明十五年頃から復活してくる。十一月二十二日の遺文127では、

夫南无阿弥陀仏トイフハ、則是念仏行者之安心之体也トミエタリ。ソノユヘハ、南無トイフハ帰命也。帰命ト者、我等コトキノ无善造悪ノ凡夫ノウヘニヲヒテ、阿弥陀仏ヲタノミタテマツルコ、ロナリ。

というように、不完全な形であるが六字釈に近い表現が見出される。同じ十一月の遺文128にもほぼ同様な表現が姿を見せる。それが文明十七年十一月二十三日の御文（遺文133＝第八通）では、前半で報恩講に当たって安心決定なく名聞に惑うことを戒め、次いで「八ヶ条ノヲモムキ」を掲げて、大道関屋などでの仏法顕露、宗義になき名目を

説くことを禁じ、改悔懺悔の勧め、坊主分への信心の勧めを説いた後、第八条で六字釈が説かれるという構成をとる。八カ条の制戒という形式でもっぱら信心を勧めているが、そこに六字釈が登場していることに注目したい。

当流ノ信心決定ストイフ体ハ、スナハチ南无阿弥陀仏ノ六字ノスカタトコ、ロウヘキナリ。ステニ善導釈シテイハク、言南无者即是帰命、亦是発願廻向之義、言阿弥陀仏者即是其行、トイヘリ。南无ト衆生カ弥陀ニ帰命スレハ、阿弥陀仏ノソノ衆生ヲヨクシロシメシテ、万善万行恒沙ノ功徳ヲサツケタマフナリ。コノコ、ロスナハチ阿弥陀仏即是其行トイフコ、ロナリ。コノユヘニ、南无ト帰命スル機ト阿弥陀仏ノタスケマシマス法トカ一体ナルトコロヲサシテ、機法一体ノ南无阿弥陀仏トハマウスナリ。

というのは、蓮如の六字釈としての完全な姿であり、それが「機法一体ノ南無阿弥陀仏」として表わされている。人間の信心決定の姿、すなわち往生決定の姿が南無阿弥陀仏という六字に表わされているということであり、それは、人間の帰命＝南無＝たすけたまえという願いが、必ずたすけるという阿弥陀仏の法として回向されているゆえに、たすけられる機とたすける法の一体として南無阿弥陀仏という姿がある、ということである。六字釈は、このような救済の完成を示す機法一体を導くための論理であったから、四帖目段階で機法一体が説かれだすのは、全ての人々の救済の確信表明であった。

三帖目では六字釈が機法一体と結びつけて説かれたのは第七通（遺文84）だけであったが、四帖目内では帖内は右の第八通だけであるにしても、帖外ではそれに続く遺文134の能美郡四講宛御文、136の文明十八年報恩講の御文でも、六字釈が機法一体と連続して説かれている。

四講宛御文では、先に見たように守護地頭尊重がまずあり、次いで人数をすぐりて仏法讃嘆せよと命じ、あるいはまた路次大道での讃嘆、めずらしき法門讃嘆を禁じた後、六字釈が展開される。つまり信心を外相に表すことを禁じた後、内心に蓄えるべき「当流聖人之一流安心」として六字釈、および機法一体が説かれるという構造である。遺文136もこの点では同様である。したがって、この時期における蓮如の救済論は六字釈と機法一体といっても過言ではない。それは、三帖目の時期において説かれたのと同様に、一向一揆が展開した時期に、一揆せざるをえない人々の救済を約する意味をもったのである。そこに機法一体が付加されることで、一揆せざるをえない悪逆の凡夫（機）が、帰命によって阿弥陀仏（法）と一体であることが明らかにされたと、一揆の人々に受け止められたであろう。一揆が一向一揆になったのである。

六字釈と機法一体がこのように一揆高揚期に特有なものであることは、以後の遺文のうちから次第に姿を消してゆくことによってもいいうるだろう。蓮如退隠の第三期には、遺文141・145の二通にのみ六字釈が見られ、後者は機法一体を伴うが、前者は加賀小松の了珎の「南无阿弥陀仏六字不審」について応えたもの、後者も「依所望書之」とあって、ともに蓮如の側から積極的に説かれたものではなく、逆に、御文に説かれた六字釈と機法一体へ門徒の側からの関心が高まったことを意味している。後者は明応五年（一四九六）八月七日のもので、そのしばらく後の十月に大坂坊が落成して第四期に入るが、この時期に六字釈と機法一体の復活が見られるので、その動向の始まりに位置づけられる。

第四期では、四帖目第十一通、第十四通に採られた遺文148・168および帖外の180の三通に六字釈と機法一体が、遺文147・181の二通に六字釈のみが見出される。次第に少なくなるという前言と矛盾し、かつこれらはいずれも第四期の明応六・七年という必ずしも一向一揆高揚期とはいえない時期に展開されていることも、前言と食い違うようである。しかしそれは、この段階に至って、遺文141・145が門徒の側からの要請で説かれたように、六字釈と機法一体が蓮如の救済論の到達点として門徒の人々に認識され、それに促されて蓮如自身の認識となった、というように考えることができる。その証として、遺文の最後に位置し、示寂の三カ月前の明応七年十二月十五日の日付をもつ、いわば遺言的な遺文184にも機法一体を伴う六字釈が述べられていること、この遺文が晩年終始側近にあった法敬坊と空善という二人の高弟に与えられたものであることをあげることができよう。またそこに記された蓮如の詠歌には「老カ身ハ六字ノスカタニナリヤセム　願行具足ノ南无阿弥陀仏」というもので、まさに己が六字の姿となったという機法一体の蓮如の最後の境地の表明がある。そのことを本文では、

夫衆生アリテ、南无ト帰命スレハ、スナハチコレ願ノコ、ロナリ。抑帰命トイフハ、衆生ノ阿弥陀仏ヲタノミ後生タスケタマヘトマフスコ、ロナリ。ステニ南无ト帰命スルトコロニヲイテ、ヤカテ願モ行モ機モ法モ一体ニ具足スルイハレナルカユヘナレハナリ。(中略)サレハ、衆生ノ阿弥陀仏ニ後生タスケタマヘトマフスコ、ロハ、ワレラモオナシク阿弥陀仏ニナラントネカヒマフスコ、ロナリトオモフヘキモノナリ。

と、南無＝帰命は人々が阿弥陀仏になろうと願うことだ、というのである。そして蓮如はその姿になったと表明した。まさにここに蓮如の六字釈から機法一体という救済論の完結態を見ることができよう。思えば、六字釈と機法一体が一揆せざるをえない人々に救済の保証を与える救済論であるなら、それは戦国の世に「牛盗人」と呼ばれねばならなかったすべての真宗門徒の救済論であるはずである。それが六字釈と機法一体として最後に復活した理由であろう。

ところで、御文の救済論の出発点は吉崎開創時において打ち出された〈ありのまま・いま直ちに〉の救済ということであった。御文の言葉でいえば一念発起入正定聚、平生業成である。それを基本に、信心正因の帰命が強調されるようになったのがその後の展開であり、やがて一向一揆への対応から六字釈・機法一体が説かれ始めて、最終的にはそこに帰結するのであるが、それは〈ありのまま・いま直ちに〉の救済論の教学的根拠づけであったともみ

なすことができる。第四期の救済論で、六字釈・機法一体論と並んで目に付くのは、たとえば、

南无阿弥陀仏ノ六字ノコヽロハ、(中略)。南无ノ二字ハ(中略)。コレニヨリテイカナル十悪五逆五障三従ノ女人ナリトモ、モロ〳〵ノ雑行ヲステ、ヒタスラ後生タスケタマヘトタノマンヒトヲハ、タトヘハ十人モアレ百人モアレ、ミナコト〳〵クモラサスタスケタマフヘシ。

というような、六字釈からの全人間の救済であり、それが十人も百人もという表現で説かれる御文がきわめて多いことである。これが一念発起入正定聚・平生業成=〈ありのまま・いま直ちに〉の救済の最終的表現であったとみてよい。右に引いたのは五帖目第八通に採られた明応六年二月十六日の遺文147で、よく知られている御文であるが、これだけではなく第三期に属する明応五年の遺文143に始まり、同年の144、第四期に入って同年の146、翌明応六年の147・152〜157、明応七年の167・173・176・178がほぼ同様な表現をもっている。これだけで都合十四通を数えるから、同じ表現をもつ御文としては第一の数となる。第四期の御文、つまりは最終段階の御文はまさに十人は十人ながら百人は百人ながら、の救済論なのである。

おわりに

蓮如は、文明十八年末の遺文136をもって御文の発給をやめたことがあった。出雲路説では、四帖目の第八通、文明十七年報恩講の遺文133までを延徳四年以前に集録し、その末尾部分に、第五〜八通として文明十四年から十七年までの報恩講にあたっての御文が、連ねられて結びとされたというから、蓮如の御文作成と集録はここで終了したのである。

たしかに、四帖目第五～八通はそのように理解することができ、ここまでが蓮如による最初の集録の姿であるとみることができよう。御文集録の結びとなったこの四通は、相互に相俟って、この段階までの蓮如の思想が集大成されている。第五通では報恩講における廻心懺悔による自信教人信が、第六通では六字釈による光明摂取の救済論と外相に信心の姿を表さないことが衆中によって定められたことが、第七通では八カ条に分けて信心内心不表外相が、そして第八通ではそれらに加えて六字釈と機法一体の救済論が、それぞれ展開された。こうして、この四通によって、救済論と掟が総括されているのである。したがってここで蓮如は、御文による教化活動を終了させようとしたといわねばならなくなる。

ところが、それ以降の文明十八年に属する遺文134～136の三通が残されている。出雲路説からすれば、これらは予定外のものとでもいうしかない。たしかに文明十八年の三通は、134が四講宛という臨時のもの、135が紀伊紀行で御文とはいえず、わずかに136が報恩講の御文であって、従来の形式を踏襲する御文といえるものであるから、御文発給という行為は打ち切られたが、何らかの理由によって文明十八年の報恩講でのみ臨時的に復活したとみることもできる。

しかし問題は、なぜに文明十七年で打ち切られたのか、それの一年後の文明十八年に臨時であれ復活させながら、また再び打ち切られたのはなぜかということにある。それを直接解明する史料は存在しない。状況に照らせば、この頃から激化した加賀一向一揆の活動、そして最後の御文から一年半後に起こった長享の大一揆との関連を想定せざるをえない。そうであれば、蓮如は加賀での一揆的動向に対して沈黙したこと、すでに述べたように、一揆という世間的行為は、教団として関与すべきことではないということを意味する。それとは別に救済論の側面からいえば、この直前の御文が、六字釈を説き一揆に向かう人々の救済を保証したのであるから、沈黙はその撤回とも考えられる。

あるいは逆に、そこで沈黙することで自説の正当性を人々に問いかけ、その回答をまった、とも解しうる。そして長享一揆が起こり、将軍義尚の不興を買ったが、「お叱りの御文」は出したけれどなお沈黙を守った。その後、蓮如は実如に留守職を譲り退隠し、なお沈黙を続ける。そして待つこと久しくして明応二年（一四九三）加賀小松の了弥が六字釈への質問を寄せ、ここで蓮如は沈黙を破ってこれに回答するのが遺文141である。また明応五年に至って、所望されて六字釈と機法一体を執筆した（遺文145）。以来堰を切ったように、六字釈と機法一体を中心とする御文発給を再開する。六字釈と機法一体の御文が、一揆が生み出した秩序を前提に再び、盛んに発給されたことは、それが一揆の人々へ救済を呼びかけるものであったからであろう。

以上は、推測にすぎないといわれればそれまでであるが、五帖目には六字釈の御文が第五・八・九・十一・十三（遺文162・147・181・83・216）と五通含まれ、しかもそれらが、出雲路が蓮如自身による最終的な追加と考える第九通までに多いことが、六字釈が御文の救済論の要であると、蓮如自身が最終的に判断したことを意味しており、そのことが以上の推論の一つの論拠となろう。ただしそれらには機法一体という言葉はない。けれども「信心獲得ストイフハ、第十八ノ願ヲコ、ロウルナリ。コノ願ヲコ、ロウルトイフハ、南無阿弥陀仏ノスカタヲコ、ロウルナリ」（第五通）、「南無阿弥陀仏ノ六字ノスカタハ、ワレラカ極楽ニ往生スヘキスカタヲアラハセルナリ」（第十三通）などとあるのは、六字釈からの機法一体の南無阿弥陀仏に別の表現を与えたもので、五帖目の中核にもこれがあることを示している。

五帖目の検討がなお残っているが、それは蓮如の教学思想の分析という別の課題である。四帖目までの分析で、思想史的検討を終えておきたい。

第三編　戦国期真宗イデオロギーと信仰

第七章　蓮如における王法の問題

本章は、論文「蓮如における王法の問題」（『講座蓮如』第一巻、平凡社、一九九六年所収）を再録した。蓮如の御文を取り上げ王法を扱った本書第二編第四・五章より先の執筆で、視点も異なっている。それらとの整合を図る改訂を考えたが、余力のないままに、最低限の語句の補訂にとどめた。たとえば第四・五章で守護地頭・神仏「不疎略」「不軽視」と表現したことに準じて、神仏「不拝」、守護地頭「尊重」などの表現を史料文言に近い表現に改めたことなどである。さらに、表現の不備やあいまいさが気になり、それらの明確化を試みた結果、大幅な修正となった部分（特に第三節2・3）もある。論旨に若干の発展はあっても変更は加えていないつもりである。

はじめに

かつて蓮如は、「王法為本」を唱えたことによってもてはやされ、その後は逆に「王法為本」のゆえに、ミュンツァーであるよりはルターであると貶められた。今、その五百回忌を前にして、蓮如の新たな評価を試みようとするとき、この「王法為本」はまことに厄介な問題となってくる。蓮如の毀誉褒貶のすべてにかかわるこの問題に取り組むには、まずもって、これにかかわるすべての既成概念から自由になること、が必要である。

自由にならねばならない既成概念の第一は、真宗史や一向一揆研究に携わる歴史学者の「王法為本」観である。そこでは、蓮如およびその教説が、一向一揆にいかにかかわったのか、あるいは逆にかかわりを回避しようとしたか、というような問題が支配的関心である。一向一揆が悪玉であった頃は、「王法為本」はそれを制止しようとしたものとして評価され、「百姓の持ちたる国」と一向一揆が評価されると、「王法為本」は蓮如の戦略とか方便などに格下げされた。歴史学者の無節操をあげつらおうというのではない。このような問題関心のもとで見失われたものが問題である。その一つは、蓮如の「王法為本」の思想史的意義ということである。

このようにいえば、後に見るように、一連の思想史的研究がそうした課題にせまる視点をもっていると指摘されよう。しかしながら、それらの「王法為本」の思想史的研究の目指すところは、王法仏法論という名の、国家と宗教のかかわりという問題領域における、王法からの仏法の自立の試みと挫折あるいは妥協、という議論であるから、基本的には歴史学者の「王法為本」＝戦略・方便という問題枠に取り込まれてしまう。問題はこのような枠組みをいかに突破するかにある。

本稿では、民衆史の方法によって枠組み突破を試みたい。民衆ならざる蓮如を、またその「王法為本」の教説を、民衆史の方法で捉えるというのは、民衆のなかの蓮如を捉えること、民衆の目で「王法為本」を読むこと、である。そうした目からの素朴な疑問として浮かび上がるのは、王法と呼ばれるものを仮に「現実社会の秩序」(1)であるとするなら、飢饉と一揆の時代である蓮如の生きた世紀に、そのような王法は存在したのか、存在したのならそれは何か、と問うことである。王法が崩壊状況にあったとすれば、王法を本とせよといわれたとき、人々は何を王法と認識したのか。そして蓮如は、そのような状況のなかでどのような意味で王法という言葉を使い、何を想定して王法を本とせよといったのか。民衆史の視点を取るということは、このような疑問に答えること、さらにいえば、本とせよといわれた王法があたかも自明のこととしてあるように思っている我々の既成概念、それを打ち砕くこと、なのである。

研究史は、以上のような観点からいえば無視してもよいが、自由になる対象を明らかにするという意味で一応の検討が必要である。それを一瞥して明らかなのは、提言―批判―反論、あるいは提言―継承というような意味での研究史が成り立っていない、ということである。各々が他の論者の主張に関係なく自説を主張しているだけである。その前提となるところの「王法為本」史料の総体的把握や、それに基づく解釈ということすらなされていないのが現状である。そこで本稿では、まず蓮如の史料から「王法」という言葉をもつものを拾い出して「王法史料群」として確定することから始めたい。

第一節　「王法」史料群の確定

一　蓮如自身の「王法」の用例

蓮如自身の言葉のなかにどのように「王法」が現れるのかを『真宗史料集成』第二巻（蓮如とその教団）の「一、教化6諸文集」および「二、言行」から抽出したのが次の「王法史料群一覧」である（「王法」の語を太字で示し、その部分を中心に抄出。史料番号の下に「諸文集」の遺文番号または典拠史料名、（　）に五帖御文の帖・通を記した。なお以下使用する史料は特に注記しない限りこれによる）。

王法史料群一覧

①62（2―6）文明6・2・17

信心ノトヲリヲモテ、心底ニオサメオキテ他宗他人ニ対シテ沙汰スヘカラス。（中略）ツキニハ守護地頭方ニムキテモ、ワレハ信心ヲエタリトイヒテ、疎略ノ儀ナク、イヨ〳〵公事ヲマタクスヘシ。マタ諸神諸仏菩薩ヲモオロソカニスヘカラス。コレミナ南无阿弥陀仏ノ六字ノウチニコモレルカユヘナリ。コトニホカニハ**王法**ヲモテオモテトシ、内心ニハ他力ノ信心ヲフカクタクハヘテ、世間ノ仁義ヲモテ本トスヘシ。コレスナハチ当流ニサタムルトコロノヲキテノオモムキナリ。

②67（2―10）文明6・5・13

一切ノ仏菩薩モモトヨリ、弥陀如来ノ分身ナレハ、（中略）ヲロカニオモフヘカラサルモノナリ。（中略）守護方（中略）地頭方（中略）疎略ノ儀ユメ〳〵アルヘカラス。イヨ〳〵公事ヲモハラニスヘキモノナリ。カクノコトクコ、ロエタルヒトヲサシテ、信心発得シテ後生ヲネカフ念仏行者ノフルマヒノ本トソイフヘシ。コレスナハチ、仏法**王法**ヲムネトマモレルヒトトナツクヘキモノナリ。

③193（柳本5）文明6・末（推定）

夫加賀国之守護方早速ニ如此没落セシムル事、更以非人間之所為、是併仏法**王法**之所令作也。（中略）然夫猶々向後ハ守護地頭ニオイテハ、公事ヲマタクシテ疎略之思ヲナスヘカラス。是則仏法**王法**マモル根源トシテ念仏行者ノフルマヒノ正義ナルヘキモノナリ。

④88　文明7・5・7

一　諸神諸仏菩薩等ヲカロシムヘカラサルヨシノ事。

一　外ニハ**王法**ヲモハラニシ、内ニハ仏法ヲ本トスヘキアヒタノ事。
一　国ニアリテハ守護地頭方ニヲイテサラニ如在アルヘカラサルヨシノ事。
（中略）

右コノ十ヶ条ノ篇目（中略）。ツキニハ**王法**ヲ先トシ、仏法ヲハオモテニハカクスヘシ。マタ世間ノ仁義ヲムネトシ諸宗ヲカロシムルコトナカレ。ツキニ、神明ヲ疎略ニスヘカラス。マタ、忌不浄トイフコトハ、仏法ニツイテノ内心ノ義ナリ、サラニモテ公方ニ対シ他人ニ対シテ、外相ニソノ義ヲフルマフヘカラス。コレスナハチ当宗ニサタムルトコロノオキテコレナリ。
⑤92（3－11）文明7・11・21
マツ開山聖人ノサタメオカレシ御掟ノムネヲヨク存知スヘシ。ソノ御コトハニイハク、タトヒ牛盗人トハヨハルトモ、仏法者後世者トミユルヤウニフルマフヘカラス。マタ、ホカニハ仁義礼智信ヲマモリテ、**王法**ヲモテサキトシ、内心ニハフカク本願他力ノ信心ヲ本トスヘキヨシヲ、
⑥93（3－12）文明8・1・27
コトニマツ**王法**ヲモテ本トシ、仁義ヲサキトシテ、世間通途ノ義ニ順シテ、当流安心ヲハ内心ニフカクタクハヘテ、外相ニ法流ノスカタヲ他宗他家ニミエヌヤウニフルマフヘシ。
⑦95（3－13）文明8・7・18
マツホカニハ、**王法**ヲモテ本トシ、諸神諸仏菩薩ヲカロシメス、マタ諸宗諸法ヲ謗セス、国トコロニアラハ、守護地頭ニムキテハ疎略ナク、カキリアル年貢所当ヲツフサニ沙汰ヲイタシ、ソノホカ仁義ヲモテ本トシ、マタ後生ノタメニハ内心ニ阿弥陀如来ヲ一心一向ニタノミタテマツリテ、

⑧97（4－1）文明9・1・8
内心ニフカク一念発起ノ信心ヲタクハヘテ、（中略）ソノウヘニハナヲ**王法**ヲサキトシ仁義ヲ本トスヘシ。マタ諸仏菩薩等ヲ疎略ニセス、諸法諸宗ヲ軽賤セス、タヽ世間通途ノ義ニ順シテ、外相ニ当流法義ノスカタヲ他宗他門ノヒトニミセサルヲモテ、当流聖人ノオキテヲマモル真宗念仏ノ行者トイヒツヘシ。

⑨99　文明9・3・－
コトニ、マツ**王法**ヲモテ本トシ、仁義ヲモテ先トシテ、世間通途ノ義ニ順シテ、当流安心ヲハ内心ニフカクタクハヘテ、外相ニ法流ノスカタヲモ、他宗他家ニソノイロヲミセヌヤウニフルマフヘシ。

⑩108　文明10・2・4
一　一切之神明幷仏菩薩誤不可軽之事。
一　外以**王法**為先之以仏法可為内之事。
一　於大小乗之諸法不可誹謗之事。
一　在国所可専守護地頭事。

⑪129　文明15・12・25
又人間之スマヰナレハ意ハトケネトモ、世間ニツケ**王法**ニツケ遊ケナントモアリヌヘシ。

⑫『蓮如上人一語記』七四
一**王法**ヲハ額ニアテヨ、仏法ヲ内心ニ深ク蓄ヨトノ仰候。仁義ヲ〈ト〉云事モ、端々アルヘキコトナルヨシ候。

⑬『蓮如上人御遺言』明応8・4・25
一於㆓一流中㆒仏法ヲ面トスヘキ事勿論也。雖㆑然世間ニ順シテ**王法**ヲマモル事ハ仏法ヲ立テラレンカタメナリ。

而ニ仏法ヲハ次ニシテ**王法**ヲ本意ト心得事、当時是多シ。尤不レ可レ然次第也。

蓮如その人の言葉としては、この一覧のように十三例十六カ所の「王法」の使用が確認される。これを「王法」史料群とする。その特色は、㈠用例がきわめて少ないこと、㈡使用された時期が、特殊な用法である⑪、および⑬遺言を除外すれば、文明六年（一四七四）二月から同十年（一四七八）二月の満四年ほどに限定されること、㈢御文が中心であって語録や行実類には極端に少ないこと、この三点である。ここからの一つの帰結として、「王法」という言葉自体は、蓮如においてはきわめて特殊な状況下においてのみ用いられ、したがってまた、きわめて特殊な意味をもつ言葉である、ということが考えられる。ただし断っておくべきは、これはあくまで「王法」という言葉をもつ史料群についてのことであって、「王法」という言葉はないけれども「現実社会の秩序の尊重の要求」（笠原一男）というような意味の文言をもつ史料は含まれていない。それらを「王法」史料とみるかどうかは、別に考えねばならない。

二　子弟の「王法」の用例と「世間」

「王法」が、蓮如において時期限定的な特殊用語であったのなら、子息や門弟たちが記録した蓮如の言行録にも、そのような性格が見られるはずである。結論を先にいえば、「王法」という用語は、実悟の『本願寺作法之次第』（『真宗史料集成』第二巻、以下断らない限りこれによる）に二例が見出せるのみで、きわめて稀な、特殊な用語であったことを裏づけている。すなわち、

⑭『本願寺作法之次第』（一五二二）

一斎非時の時御亭座敷ハ、むかしハ御住持の右方をあかりとせられて、（中略）世間者の参られ候時左の方あ

かりとさせられ候事勿論候。これハ何事も仏法の外の王法世上の事ハ如此に候間、左座を座上と蓮如上人の御時も実如上人の御時も如此候。教行信証六巻目に釈迦如来誕生老子誕生を被引、世間仏法方可用法をあそハし被置によりたると承及事候。近年無其儀候。如何。

⑮『本願寺作法之次第』（一六二〜一六四）

一実如上人御往生之砌条々被仰置候ニ、第一諸国の武士を敵にせらるゝ儀不可然。（後略）

一同時一箇条に所領方之儀可停止之由被仰定たる事候間、（後略）

一今一ヶ条ハ、王法を守、仏法方如聖人御時と被仰定たる事。此三箇条近年皆破候事無勿体、如先規開山聖人之仰可有之由事。

というものである。⑭は「仏法の外の王法世上の事」とあり、王法＝世上という用法であるが、それを「本」とか「表」とせよという用法ではなく、「王法史料群一覧」の用法とは異なっている。⑮のみが典型的な用例であるが、実如の遺言であり、蓮如の言葉ではない。蓮如の語録記録者・伝記作者として多くの記録を残し、その言葉を「金言」と受け止めた実悟が、このようにわずか二例しか「王法」という言葉を記録していないという事実は、きわめて重い意味をもとう。実悟にとっては「王法」は「金言」ではなかったのである。

しかもこの実如の遺言を蓮如の孫顕誓は、

(イ)　其後実英ヲシテ、御一流ノ義、五人ニ仰ヲカル、第一仏法世法御掟ヲヨク〳〵マモルヘシ、（顕誓『今古独語』、『真宗史料集成』第二巻、七二〇頁）

と述べ、「王法」に当たる言葉が「世法」に置き換えられている。顕誓には「王法」は「世法」と了解されていたのである。このほかに顕誓の『今古独語』には「王法」の用例はない。これに代わって用いられるのが前記「仏法世法」であるが、これも一例のみであり、このようなことがらを指し示す場合はもっぱら「真俗」と表現されている。若干の事例を示す。

(ロ) 真俗繁栄ノ嘉瑞（七一七頁）真俗ノマサシキ道（七一八頁）兄弟ノ中ヨク真俗トモニ仰セアハセラルヘキムネ（七一八頁）華夷トモニ真俗恢弘イヤマシナリ（七一九頁）

同じ顕誓の『反古裏書』でも、こうした用法は同じで、「王法史料群一覧」④十カ条篇目について顕誓は次のようにいっている。

(ハ) 又蓮如上人ノタマハク、当流ノ内ニオヒテ沙汰セサル名目ヲツカヒテ法流ヲミタスアヒタノ事、又仏法ニヲヒテタトヒ正義タリトイフトモシケカラン事ニヲヒテハ停止スヘキ事、又当宗《流》ノスカタヲモテ他宗ニミセシメテ一宗ノタ、スマヒヲアサマニナセル事ト、十ケ条ノ篇目ノカキリニアソハサレ侍リ。（中略）内心ニ弥陀ノ本願信受ノ義ハカハラス、（中略）コノ旨ヲ心中ニフカクヲサメテ、外相ニハ仁義礼智信ヲ守リ、世間通途ノ義ニ順シ諸法諸宗ヲ謗セス、諸神諸仏ヲカロシメス、真俗トモニヲノレヲ忘レ他ヲ恵ミ、（『反古裏書』七四八〜七四九頁）

「王法」という用語は避けられ、「世間通途ノ義」とか「真俗」と表現されているのである。ただし一例だけ「王法」の用例がある。

⑯コレヨリ真俗ノ法度ミタレ、武勇ノ道ヲ好ミ、（中略）是皆超勝寺教芳ノ偽妄謀略ヨリ起レリ。（中略）諸国錯乱ノモトヰ、仏法**王法**破滅ノ先表也キ。（同右、七五六〜七五七頁）

この用例は「王法史料群一覧」③に近い用例で、「仏法王法」と連記することで世界を貫く原理のようなことがらを表す場合であり、顕誓が「王法」という用語を使う場合はこのようなものに限定されているのである。その一方「仏法王法」と同様に世界一般を表すときは、やはり「真俗」と表現され、あるいは「仏法世間」という言い方もされている．そのような顕誓の用例と、併せて実如の事例を示しておこう。

㈡　又円如上人（中略）申サセ給シハ、御一流ノ義破滅セシムヘキハ超勝寺実顕也、（中略）種々懇望ヲナシ向後仏法世間其嗜ヲナスヘキ旨被申上、（同右、七四九頁）

㈭　仏法世法トモニ、御掟ノコトク、タシナミ可レ申ト存候。（「顕誓領解之訴状」七六〇頁）

㈮　其国みたれかわ敷よし聞及候（中略）弥世間仏法たしなみ、（実如消息、大永三年〈一五二三〉三月八日江沼郡中・能美郡中宛）(2)

以上の検討から、㈠蓮如の子弟たちは「王法」という言葉をほとんど使用していないこと、㈡「王法」に該当する言葉としては「世間」「世法」、真「俗」が一般的であった、ということが確かめられた。なお、「世間」とか「世間仏法」という用法は『第八祖御物語空善聞書』、『蓮如上人一語記』（『実悟旧記』）、『蓮如上人仰条々連々聞書』、『蓮如上人御一期記』などに頻発する。逐一用例を示さないが、一例だけ示せば、有名な次の言葉がある。

㈦　仏法ヲアルジトシ、世間ヲ客人トセヨトイヘリ。仏法ノ上ヨリ、世間ノ事ハ時ニシタカヒハタラクヘキコト也云々（『蓮如上人一語記』九一、四五二頁）

第二節　研究史の概略

「真俗二諦」が真宗宗義として疑うべからざるものであった一九四五年までは、真諦たる信心（仏法）と並んで、俗諦としての「王法」が「本」とされるのは当然のことであった。そのような状況下において金子大栄(3)が「王法に従ふことが、往生浄土の道でない。（中略）王法の具体的な内容は時代に依つて変遷がある」と、「真俗二諦」を批判し「王法」の相対性を述べたのは、異例のことであった。そこまではいわないにしても、「王法」が信心とともに「諦」とされることへの違和感は避けられないものであったから、「王法」の位置づけに関していくつかの見解が発表されている。

村上専精[4]は「王法史料群一覧」の①「王法ヲモテオモテトシ」、⑦「王法ヲモテ本トシ」によって蓮如の説くところを「王法為本」と解し、①に見える「当流ニサタムルトコロノヲキテ」という文言によって、これを「宗規」と位置づけた。佐々木芳雄[5]は同じく「王法史料群一覧」の①「王法ヲモテオモテトシ」、⑤「王法ヲモテサキトシ」の「王法」文言を親鸞の朝家国民のための念仏、および存覚『破邪顕正鈔』の「王法」に引きつけ、蓮如を「王道恢復の先覚者」と評価することで、「王法」を宗祖列祖の伝承する宗派の「王道」と位置づけようとしている。ともに「真俗二諦」論のなかで「王法」を「諦」とすることに苦慮しているのである。一方、谷下一夢[6]は史料⑤によって王法を五常とし、史料②⑦が諸神諸仏・守護地頭の尊重と併記されることを論拠として、神仏・守護地頭尊重が「王法為本」であるから一揆対応策であると「王法為本」方便説を唱え、蓮如が仏法王法を並列しているにしても「本意は仏法第一」であったという。これらの研究では、史料の解釈というよりは、「王法」を俗諦として宗義化するか、あるいは反対に方便とすることで宗義を信心一つに絞り込むかが問題であって、自分の観点の内に史料に当てはめるだけであったから、同じ史料を用いたにしても何ら共通の認識を生み出すものではなかった。

このような解釈不在のあり方は、戦後の一九四九年の蓮如四百五十回御遠忌を機縁とする多くの研究書においても、変わることがなかった。日本「農民戦争」として堅田一向一揆を描き出した服部之総[7]は、史料④の「外ニハ王法ヲモハラニシ」を「王法をもっぱらにするのは外儀のすがた」と解することで、「王法為本」は「ことばのうえで一応立てて、うらにふくみ」がある「政治的外交家的」なものにすぎないとし、その俗「諦」性を否定した。日本「農民戦争」のミュンツァーに蓮如を擬するところには、社会秩序尊重をいう「王法為本」は似合わないのである。服部によってこのように「王法為本」は方便ないし戦略とされたが、この時期では「真俗二諦」の呪縛はまだ研究者を捉えている。三品彰英[8]は真宗が在家仏教として成立する規範として「王法為本」を評価する一方で、農民の政治的自覚に基づく反体制的運動として一向一揆を評価するという矛盾に陥ったので、史料②⑤によって「王法為本」の内容を、公事をまったくすること、仁義礼智信の五常の遵守とし、蓮如はそれを「秩序維持の根本原理」である「王法」と規定したと考えることで、「王法為本」と一揆の矛盾の整合を図った。その結果「王法」は、「根本原理」という超歴史的な俗「諦」の方向へ飛躍させられたのである。同様に佐々木憲徳[9]は史料①「王法ヲモテオモテトシ」を根本に「王法為本」を理解し、同様な文言の史料⑥⑦⑧に基づき、迫害に対応して出されたものではあるが、一時的な方便ではなく俗諦門として「永久的意義によりて確立されている」と、これまた三品と同様な方向へ飛躍してしまっている。いまだ「真俗二諦」の呪縛から自由ではなく、したがって史料解釈による実証という には程遠いものであった。

五〇年代末から六〇〜七〇年代には一向一揆研究が大きく進展し、そのなかで蓮如研究がなされたが、その代表者笠原一男[10]は、史料①「王法ヲモテオモテトシ」、②「仏法王法ヲムネトマモレルヒト」から、「王法為本＝現実社会の秩序の尊重の要求」と規定し、「王法」という言葉をもたないが世俗との協調を説く御文と史料⑥「マツ王法ヲモテ本トシ、仁義ヲサキトシテ」、⑧「王法ヲサキトシ仁義ヲ本トスヘシ」などの文言を併せて「王法為本」の根拠としたのである。史料群のうちの任意のいくつかを典拠とする従来の研究に比べて、網羅的に史料を使用する点で実証性が強化されたかに見えるが、これらの史料群のうち①⑤⑧⑨などが信心内心を「王法為本」とともに掲げていることについての言及がないなど、必ずしも厳密な実証性に支えられているとはいいがたい。史料⑬「王法ヲマモル事ハ仏法ヲ立テラレンカタメ」がはじめて取り上げられ、史料(ト)「仏法ヲアルジトシ、世間ヲ客人トセヨ」と併せて、主であり目的である仏法に対して「王法為本」は「教団発展と本願弘通のための方便」と結論されるが、方便として王法に従うことと、信心を内心にとどめるという信心為本との矛盾的関係が問題化されていないのである。しかしながら、このような理解がやがて一向一揆研究者の「王法為本」観の大枠を形成し、一向一揆研究からの「王法為本」論はこの方便説の枠組みで展開することとなる。

峰岸純夫[11]の研究は、「王法」と「世法」を区別し、前者を権力支配＝守護地頭、後者を「村落共同体の論理」として、仏法との関係を論理化しようとする点では、新しい展開のように見える。しかし、この王法・世法・仏法の三者の関係は、史料①の信心内心・王法為表の文言などから、信心為本の仏法至上主義のもとでの表面的な王法・世法尊重を基本とし、王法尊重は弾圧回避、世法尊重は非門徒との結びつきの強化による門徒拡大の路線と捉えられてくるとき、世法という新しい視点を加えたが、王法に関しては方便説の枠組みの内にあるといわざるをえない。金龍静[12]は、峰岸を継承して王法と世法を区別し、世法的（共同体的）宗教観を重要視するが、それらと別次元における仏法の自立と、そのもとでの王法・世法の尊重が蓮如の立場であったという。後に見る思想史からの提言を踏まえて王法・仏法別立説への転換が始まっている。

仏法王法関係論を問題にしたのは真宗教学者であった。稲葉秀賢[13]は「王法なる語に統一される実際生活における掟」「蓮師の生活規制」として「王法」を理解し、それがなにゆえに真宗教団人の教条なのかと問い、仏法との内面的関係を問題にした。そして「王法」を先とする根底には内心の信心があるがゆえに、「王法」は信心に基づいて「せずにいられぬ」法爾自然の道徳生活であると理解した。笠原と同様に史料⑧内心信心と「ソノウヘニハナヲ王法ヲサキトシ」がその根拠となるが、理解はまったく反対で、信心為本のもとに「王法」が包摂されているのである。

こうした理解は思想史研究からの「王法為本」論と重なるところが多い。服部がそうだったように、森龍吉[14]もただ一つ史料⑫「王法ヲハ額ニアテヨ、仏法ヲ内心ニ深ク蓄ヨ」に依拠し、傍証として史料(ト)「仏法ヲアルジトシ、世間ヲ客人トセヨ」だけを用いて、信心為本を蓮如の真意とみなす。そして「王法為本」は、民族の宗教性が超越性を獲得して世俗を超えながら世俗のなかに展開しなければならない矛盾のなかで、「表面の意味を否定する逆転の論理」である「隠顕の論理」によって打ち出された「実践的な表裏とふくみ」をもったものだと考えた。「王法為本」か信心為本かの二者択一ではなく、「王法為本」が方便なのかどうかでもなく、両者の葛藤のなかに国家と宗教の関係のありようを見出し、民族の宗教性の発展と挫折を探ることが問題であった。森とほぼ同じ頃に論文を発表した黒田俊雄[15]は、史料①⑤⑦⑧⑨を王法関連史料として取り上げ、史料①⑤⑦では王法は「ホカニハ」と限定が付けられているから方便であるという。信心は「内心ニハ」といわれるように本であり、王法とは別の世界が目指されたが、史料⑧⑨の文明九年（一四七七）段階において、王法への配慮が強調されることで一歩後退した、という。史料②④⑥などの「王法為本」的な表現を無視しての立論にこだわりを感ずるが、思想史的な史料の読み取りによって、中世的王法仏法相依論から、仏法が分離自立する過程を読み出そうとしていることは新しい展開であった。力点は「王法為本」方便説より仏法自立論に移行している。

思想史的研究は山折哲雄[16]において頂点に達した。山折は史料⑬の遺言を重視し、「世間ニ順シテ王法ヲマモル」のは逆風に入江にもやうと同じことであると、「王法為本」を信心を貫くための仮の建前とみなす。そしてそのような「王法為本」の「成立過程」を問題にする。長い研究史ではじめてのことである。すでに森も黒田も指摘していたことであるが、「成立過程」では、文明五年（一四七三）秋の多屋衆の合戦決議、これと相反する守護地頭尊重項目をもつ十一カ条禁令、文明六年（一四七四）正月の諸神諸仏尊重を中心とする三カ条禁令の存在が問題とされ、次第に王法へにじり寄っていく蓮如をみる。こうして史料①で「王法」の語が登場し、史料②「仏法王法ヲムネトマモレルヒト」に「玲瓏玉のごとき「王法為本」」の成立を、史料④「仏法ヲハオモテニハカクスヘシ」に総決算をみるのである。それは門徒の聖俗両面にわたる野望と希求が一揆の激発となり、敗北となって徹底的に叩かれ打ち砕かれていく屈辱の全過程と、信心を「隠す」という犯罪性を引き受けたところに成立したものであるという。つまりそのような「成立過程」は、仏法と王法という各命題の、内面的掘鑿をうけることなき抽象的二元論を超えて、仏法に対立し脅かすものを統一的に「王法」という概念にまで高めるという蓮如の思想的営為であり、そこに見出されたものは、本来相即しえない王法と仏法を弁証法的仮構のもとに安定させる虚偽の関係性であったという。このように山折にあっては、宗教と国家の本来的非相即性を前提に、その統一的把握のあり方が蓮如において問題とされたとみなされたのである。そして最近の源了圓の研究[17]は、課題的には山折の国家と宗教の問題を受け継ぎ、王法・仏法の関係史を踏まえながら、両者の分離と別次元の主張、そのうえでの仏法の王法・国家に対する超越性志向をいう。思想史的研究はここに一つの帰結をみたのである。

第三節　蓮如における「王法」の登場

一　存覚の「王法」との関係

蓮如の王法の用例からいえることは、限定されたある時期に、突如として使用され、また忽然と姿を消す（すでに満井秀城がこのことを指摘している〈補註参照〉、ということである。谷下一夢が一向一揆がなかったら王法もいわれることがなかったというニュアンスで、王法為本一揆対応説を唱え、服部之総が「ふくみ」をもつといい、あるいは三品彰英が突如として王法尊法の精神などと言い出し、山折が成立過程を問題にしたのも、王法という言葉の出現の唐突性に基づいているように思われる。一方、服部・森・黒田・山折などが、平安・鎌倉期の王法仏法相依論を前提にそれからの転換を問題としたところでは、唐突性は問題にならなかった。ここでは原点へ戻って、蓮如はなぜに突然王法なる言葉を使用し出したのかを考えてみたい。

従来、蓮如の王法使用は、存覚の『六要鈔』『破邪顕正抄』に依拠しているということで処理されてきた。あるいは谷下が指摘しているが、蓮如と縁の深い奈良大乗院の尋尊が応仁文明の乱を「今度乱ハ、併仏法王法公家滅亡基也」（『尋尊大僧正記』文明二年〈一四七〇〉六月十八日条）と述べたように、当時の公家や大社寺の世界では日常的に使われていた言葉であるというように処理すれば、唐突性などは問題にならなかった。

存覚は、蓮如が座右に置いていた書である『六要鈔』[18]で、『教行信証』に引く『末法灯明記』に注して、「此ノ書ハ是レ仏法・王法治化ノ理ヲ演ベ、乃チ真諦・俗諦相依ノ義ヲ明ス」（原漢文）と記し、さらに『破邪顕正抄』[19]では、「仏法・王法ハ一双ノ法ナリ、トリノフタツノツハサノコトシ、クルマノフタツノ輪ノコトシ、ヒトツモカケテハ不可ナリ。カルカユヘニ仏法ヲモテ王法ヲマモリ、王法ヲモテ仏法ヲヤム《アカム》」と、王法仏法相依論を述べ、「マタ念仏ヲサマタクルハ仏法ヲ滅スルナリ、ナニヲモテカ王法ヲイノルト称シ、ナニ、ヨリテカ仏法ヲアカムト号スヘキヤ」と述べている。

平田厚志[20]が、この『破邪顕正抄』の王法論は山門からの圧迫に対して敵陣の論法である仏法王法相依論を逆手にとったものである、と指摘しているように、まったく伝統的な用法である。ただし佐藤弘夫[21]の仏法王法相依論の二つの型論からすれば、存覚のそれは、権門寺院が連携して異端を排撃するに用いられた型であり、彼らの守護する仏法が王法を守護する正統仏法であり「八宗」であるとして新仏教を排除する論理であるが、それを逆手にとって、一向専修側こそ王法守護の正統仏法と主張しようとするものであることになる。蓮如が継承した存覚の王法仏法論がこのようなタイプの相依論であることに注意すれば、蓮如の王法は、蓮如の仏法こそ正統仏法であり、したがってそれが守護するものこそ王法である、あるいは蓮如の仏法を正統と認めるものこそ王法であるという主張がこめられていることになる。

二　王法登場の過程

蓮如の王法概念が存覚に由来し、正統仏教を主張する意味がこめられていたにしても、そのことと、蓮如が王法という言葉をある状況下で使い始めた理由とは、おのずと別のことである。

先掲「王法史料群一覧」のように、「王法」の初出史料①文明六年（一四七四）二月十七日付御文である。そこでは、A「信心ノトヲリヲモテ、心底ニオサメオキテ」他宗他人また路次大道我々の在所などにて讃嘆することを禁止し、B守護地頭方に対して「信心ヲエタリトイヒテ、疎略ノ儀ナク、イヨ〳〵公事ヲマタクスヘシ」と命じ、C「諸神諸仏菩薩ヲモオロソカニスヘカラス」という三点の制戒が掲げられ、それを受けてD「コトニホカニハ王法ヲモテオモテトシ、内心ニハ他力ノ信心ヲフカクタクハヘテ、世間ノ仁義ヲモテ本トスヘシ」と、王法為表・信心内心・世間仁義為本という表現が現れるのである。王法がここで何を意味して言い出されたのかが問題となろうから、まず、この御文そのものを理解しなければならない。

その手順として、A信心内心、B守護地頭不疎略、C神仏不疎略と、D王法為表・仁義為本の関係が考えられなければならない。ＡＢＣと併記されたあとに「コトニホカニハ」という接続語があってＤが説き出されるのであるが、その接続語の意味が問題である。ごく単純に考えれば、Ａ信心内心を言い、次にその信心者の外面的態度としてＢ守護地頭、Ｃ神仏への疎略言動行為が禁じられた後、「コトニ」＝さらにとりわけ、「ホカニハ」＝それ以外に別に、Ｄ王法を表として仁義を本とせよと説かれたと解すれば、問題ないようである。そうであれば、王法は仁義とほとんど同義になってしまう。しかし、最初にＡ信心「内」心の文言があり、Ｄ部分にもＡ信心「内」心の文言があることからすれば、「ホカニハ」は「外ニハ」の含意が強く感じられる。史料④に「外ニハ王法」、⑩に「外以王法」というのは、「ホカニハ」が「外ニハ」であるという推測を支える。したがってＢＣ守護地頭神仏不疎略という信心者の外面的あり方をＤ王法為表と言い換えて、それらを外面に表さないことを再度強調したものとも考えられうる。

そこで、Ｂ守護地頭不疎略、Ｃ神仏不疎略という信心者の外面と、Ｄ王法為表という外面、その両者がともに信心者の外面として同様なことを意味するのか別のことなのか、言い換えれば、Ｄ王法という概念は、Ｂ守護地頭の世界、Ｃ神仏の世界といかなる関係なのかという問題を考えなければならない。

まずＣ神仏不疎略から検討する。Ｃ神仏不疎略は王法という言葉が登場する以前から繰り返していわれていた。文明五年九月十一日には「一心一向ニ弥陀ヲタノミタテマツリテ、ソノホカ余ノ仏菩薩諸神等ニモコ、ロヲカケスシテ」（遺文29、一帖目第十通）と諸神諸仏不心懸の文言としてまず表れ、九月下旬第二日（遺文32、一帖目第十五通）、九月下旬（遺文34、一帖目第十三通）と、同じような文言が反復される。そのうえで、同じ九月下旬に立山・白山などの名をあげて「諸法ヲ誹謗スヘカラス」（遺文35、一帖目第十四通）と言い、十一月には「一、諸神并仏菩薩等不可軽之事。一、諸法諸宗全不可誹謗之事」（遺文40、十一カ条制法）と諸神諸仏不軽視不誹謗が言われ出した。

さらに十二月八日には「諸神諸仏に追従まふす心をもミなうちすて、、（中略）一切の諸神なんとをもわか信せぬまでなり」（遺文45、二帖目第一通）、同十二日には「又自余ノ一切ノ仏菩薩ナラヒニ諸神等ヲモ、ワカ信セヌハカリナリ。アナカチニコレヲカロシムヘカラス」（遺文46、二帖目第二通）と、諸神諸仏不信と不軽視が併置される。このように王法概念が登場する二カ月ほど前までは、神仏に対しては、心を懸けず信ぜず、しかし軽視せず誹謗せずと、いわば敬遠していたのであり、したがって神仏の世界、つまり真宗信心以外の宗教世界は、信心世界とは別の世界として別立されて、そのうえでの関係論であった。

　しかるに十二月十三日には「阿弥陀一仏ヲタノメハ、一切ノモロ〳〵ノホトケ、一切ノモロ〳〵ノカミヲ一度ニタノムニアタルナリ」（遺文51）、十九日には「弥陀一仏ノウチニハ、一切諸神諸仏モコモレル」（遺文53）と、諸神諸仏は弥陀一仏に吸収され、信心の世界に取り込まれてしまったのである。かくして文明六年正月二日の三カ条制法では「神明ト申ハ、（中略）仏法ニス、メイレシメンタメノ方便ニ、神トハアラハレ（中略）。諸仏菩薩ト申ハ、ソレ弥陀如来ノミナ分身ナリハ」（遺文56、二帖目第三通）と本地垂迹論的論理をもって諸神菩薩を弥陀のうちに取り込むことを完了したのである。こうして問題の二月十七日のD王法文言初見の御文に出るC諸神諸仏不疎略の文言は、そのあとに「コレミナ南无阿弥陀仏ノ六字ノウチニコモレルカユヘナリ」とあるように、弥陀に取り込まれた神仏世界との関係論なのである。このように理解すれば、C神仏不疎略は、A信心内心に含まれてしまい、したがって「コトニホカニハ」としてD王法為表と言い換えることはありえないことになる。つまり文明五年九月から六年二月における神仏への対応は、心に懸けず信じないが軽視せず誹謗しないというあり方を基本としながら、神仏を弥陀に包摂する論理を構築し、神仏の世界を信心の世界に包含するものであった[22]。この意味で、当初の真宗信心世界と諸神仏世界という宗教世界の二重構造は、真宗信心世界に一元化され、神仏への対応はその内部問題となったのである。

王法との関係論とは別に、このことのもっている意味は意外に大きい。諸神諸仏は正統仏法＝八宗を意味すると考えるから、それを蓮如がその仏法に包摂したことによって、蓮如はその仏法を正統として確立しようとしたことになるからである。

神仏世界が信心世界に包含されて一元化されても、守護地頭世界はこれとはまったく別であることはいうまでもない。史料②ではB守護地頭不疎略文言を受けて「カクノコトクコ、ロエタルヒトヲサシテ」「念仏行者」といい、「コレスナハチ、仏法王法ヲムネトマモレルヒト」と、B守護地頭不疎略＝念仏行者＝仏法王法遵守者と図式されるから、B守護地頭不疎略はD王法遵守とほぼ同義ということになろう。史料③は特殊な用例であるが、B守護地頭・公事不疎略のあとに「是則仏法王法マモル根源」というのであるから、やはり王法は守護地頭と同レベルの概念、ないしはそれを含んだもう少し広い意味の概念である。そのことからすれば、史料①の初出時においてもD王法為表はB守護地頭不疎略の言い換えの可能性がある。年次的には①の文明六年二月から③の文明六年末まで、ないしは④の直前の文明七年五月までは、王法概念は守護地頭概念に近いものとして用いられていた。第三・四章で見たように、この期間は一向一揆へ向かっての胎動が、蜂起から勝利へと展開し、その一向一揆が敗退した直後に④が出されたのである。

このような状況を受けてであろう、史料④は十カ条の篇目のうちにC諸神諸仏不軽視、D王法をもっぱらにし、A信心内心、B守護地頭不疎略が並列されて、必ずしもD王法とB守護地頭不疎略文言はイコールの関係ではない。ここでのD王法は、C神仏世界でもB守護地頭世界でもない第三の概念というほかはない。このことは、史料⑤⑥のようにC諸神諸仏やD守護地頭の文言をもたずに王法尊重だけがいわれる場合にはさらに著しく、次第に王法は抽象化されていった、とみることができる。史料⑦～⑩でもBC文言と並列されるが、このことで王法はそれらと異なる第三概念として定着していくのである。その内容は、①にいうように仁義という概念であろう。それは、④では王法に続いて「マタ世間ノ仁義ヲムネトシ」、⑥では王法為本の後に「仁義ヲサキトシテ、世間通途ノ義ニ順シテ」、⑦で「ソノホカ仁義ヲモテ本トシ」、⑨で王法為本の後に「仁義ヲモテ先トシテ、世間通途ノ義ニ順シテ」、というように、王法の言い換え的にいわれる「仁義」「世間通途ノ義」ということであろう。つまるところ、史料①で言い出された王法は、当初は守護地頭の世界が含意されたが、次第に仁義と呼ばれる世間通途の概念へと移行していった。守護地頭の世界もこの「世間」に呑み込まれてしまう。こうして、神仏を呑み込んだ宗教世界としての真宗信心世界と、これとは別の守護地頭の秩序を包み込んだ世俗世界、このような二元世界が形成されたのである。

以上の考察は、再び、なぜに、いかなる意図で、王法という文言が登場したのかという、当初の疑問への、逆戻りを促してくる。そこで、あらためて王法文言の登場するまでの過程を再度考える。第三章で問題にしたように、文明五年九月御文群のうちで、C諸神諸仏文言がまず登場してくる。この九月御文群は、人々の信心のありように絶望した蓮如がいったん吉崎を退去したものの、軍事的緊張の高まりのうちで再び帰住した時期に集中的に発布されたもので、信心と世間の関係への回答を迫られた蓮如は、この一群の御文で、吉崎は信心を求める人々の世界であり世間とかかわりない世界であると信心の世界の別立を宣言したのであった、このことをA信心内心と表現し、それとのかかわりでC神仏不疎略が言われ出したのである。その後、十月に多屋衆によって仏法世界の防衛のために合戦も辞さないという決議がなされ、十一月には、そのような合戦は守護地頭への反抗を意味するものではないという含意で、十一カ条制法のうちで「於念仏者国可専守護地頭、不可軽之事」とB守護地頭文言がはじめて登場する。けれどもこのB守護地頭条項はそれから以降の二十二通の遺文のうちには姿を見せず、史料①に至って王法とともに再登場するのである。その間には、先に見たように、C神仏概念は信心世界に取り込まれ、宗教世界が統合されていた。こうして統合された宗教世界が成立すると、それに対立する別世界として世俗世界が認識されてくるのであり、それが当初は守護地頭という文言で表現され、併せて王法という文言が使用され始めるのである。したがってそれは仁義といわれ、世間通途の義なのである。

三　「王法」を登場せしめたもの――衆議としての掟

文明五年秋から翌年春にかけての蓮如をめぐる状況のうちで、「王法」の登場に重大な関係を有するのは、先にも触れた多屋衆の御文（遺文39、文明五年十月）に見える「衆議」である。この御文は「為《メニ》二仏法《ノ》一不レ可レ惜《シム》二一命《ヲ》一可《キ》二合戦《ス》一之由、兼日《ニ》諸人一同令《ニル》二(評《治》)定一之衆儀而已(矣)」と仏法を護る戦いを宣言するに、「衆議」によってこれが決されたと述べている。

藤木久志[23]は、初期教団以来、門徒中は衆中・惣としての結合において衆議という合議制の方式をもっていたこと、それは戦国期においても同様で、蓮如の十一カ条制法（遺文40）にも「於背此制法之儀者、堅衆中可退出者也」とあり、「蓮如の法も基本的には衆中＝一揆の法として成立していた」と考えた。さらには帖内四の六（遺文128）も「報恩講中ニヲイテ、衆中トシテサタメヲクトコロノ義ヒトツトシテ違変アルヘカラス」という文言をもっていて、「蓮如がもともと衆中の法の保障者として一向衆の上にのぞんでいることをよく示している」という。藤木は多屋衆の御文に言及していないが、衆中の法が衆議によって成立し、蓮如がその正当性を保障している様相は、むしろこの多屋衆の御文に非常によく示されている。このことを指摘したのは神田千里[24]で、多屋衆の御文は「衆議文でありかつ宗主「御書」であるこの御文は宗主の「御書」が衆議を表現し、また衆議によって支持されるという性格」を窺わせる、と述べている。

このような衆議によって定められたのが、守護地頭条項をはじめて記載した十一カ条制法であるから、多屋衆は、先の合戦決議ゆえに、その合戦が守護地頭の秩序を犯すものではないという含意において守護地頭をもっぱらにする掟を定めたのである、つまり守護地頭条項は、多屋衆という集団によって提示されたのである。蓮如御文に、なおしばらくの間、この文言が登場しないのは、それが蓮如の独自な用語として使われ出したのではないことによっていよう。そして、史料①が「当流ニサタムルトコロノヲキテ」として発給されたことは、「掟」である以上はその背後に多屋衆などの吉崎信心者集団の衆議があったことを思わせる。衆議でないにしても、少なくともそれに準ずるような合意が想定できる。そのような集団意志としての守護地頭不疎略をうけて、蓮如が「コトニホカニハ」として王法文言を付加したのではなかったか。

四　王法の意味するもの――大法

蓮如が突如として「王法」と言い出した意味は以上のように考えられるが、その言葉を聞いた吉崎の人々、北陸の門徒たちはこれをどのように理解したのだろうか。試みに、加賀能登の古代中世史料を検索するに、この地で「王法」という言葉が用いられていた形跡はなく、(25)門徒たちは「王法」なる言葉を知らなかったのではないかと思われる。したがって蓮如が「王法」という言葉を使ったとき、門徒たちはその文脈に沿ってこれを理解するしかなかったのであるが、それはいま試みたように容易なことではない。そのような門徒たちの頭に浮かんできたのは、おそらく、「大法」という言葉ではなかったか。「王法」が衆議＝一揆の法と結びついているなら、なおさらである。

戦国期の村落が惣であるための条件は、朝尾直弘[26]によれば、惣有地・惣有財産をもつこと、年貢地下請が実現していること、惣掟をもつか地下検断権を掌握していること、の三点に求められる。このことによって惣村は公権を形成し、また「惣村こそがかれらの現世の生活を安定させる基盤であったと同時に後生においてもその安穏を保障してくれるところの、永遠に回帰すべき故郷」であった、といわれる。このような惣村の性格は、藤木久志が、合議制や裁判権・成敗権をもつという一向衆の組織原理に、ほとんど重なってくる。そしてこの惣村の掟が「大法」といわれるものであった。

日本法制史の大御所中田薫[27]は「大法」とは「地方々々、或は集団内に往古より行われ来った慣習法を指す」と言い、次のような例を示している。籠衆法式条々（東寺文書三之二）の「自往古被停止大法」は、東寺の寺家の「大法」であり、金剛寺五番衆契状案（高野山文書一之四）には「且是天下之大法」と見えている。「本人並請人としてたいはうのことく、御料足わきまゑ」（東寺百合文書）とあるのは諸国共通の慣習法の存在を示している。さらに最も著名な事例は謡曲『自然居士』で、人買いが「我らが中に大法の候」と買い取ったものは再び返さぬ法を主張したのに対し、説教師自然居士もまた「我らが中にも堅き大法の候」と助けられねば再び庵室へ帰られぬ法を主張した話がある。中田は「人商人にすら大法がある以上、説教師仲間にも大法があるのは当然である。自然居士は此の「両大法」の衝突を信念の力を以て解決したのであるが、結局は「天下の大法」による裁判を俟たねばならぬものである」と述べている。つまるところ、村々や諸集団は成文法であれ慣習法であれ「大法」と呼ばれる独自な法を有しており、それに基づく独自な裁判権・成敗権を行使していたのである。

このような慣習法としての「大法」に相当するものが、蓮如時代の北陸にも行われていた痕跡がある。早い例として加賀能美郡郡家南庄の応永十三年（一四〇六）の文書[28]に、

右、於二彼下地一者、本年貢永代不レ可レ有二沙汰一候、其外之御公事者、任二惣名之法一可レ致二其沙汰一候、

と「惣名之法」が見え、年貢以外の公事に関してはこれによって決していたことが知られるから、これが「大法」と同様な地域の慣習法であったと思われる。また、能登総持寺文書の文明十年（一四七八）・明応六年（一四九七）の吉見統範寄進状(29)には、

永代奉二寄進一所実也、国役定役聊不レ可レ有二其煩一候、但両役計者、任二惣村之法一可レ有二御沙汰一候。

永奉二寄進一処也、諸役諸御工《（公）》事令二停止一者也、但沢役許者、任二日尾村法一作人可二沙汰一也。

というように、「国役」「定役」「沢役」というような雑税に関しては「惣村之法」「村法」などに委ねるという文言が見られるから、能登においてもいわゆる「大法」が在地秩序の維持に重要な役割を果たしていたことが確かめられる。

あるいはまた、「本福寺明宗跡書」(30)には「於堅田本福寺置文大法之事」と題して、門徒惣中へ免許された御影・絵伝はいかなることがあろうとも召し上げられることがあってはならないと記し、これを「大法」としており、真宗寺院においても大法の用例が確かめられる。このように見てくれば、蓮如が王法という言葉を掟として御文に書き示したとき、これを読み、耳にした門徒たちが連想したのが「大法」であったと考えることも可能であろう。

こうした私見は、遠藤一(31)の加賀江沼郡菅生の願性に関する研究から大きな示唆を得ている。願性は『蓮如上人御一代記聞書』にたびたび名の見える蓮如の高弟であり、一方で長享二年（一四八八）の一揆では「敷地・福田ノ諸勢ノ願正入道ヲ大将トシテ七千余騎打立(32)」と見えるように一揆の大将である。かかる北陸門徒の一揆行動から遠藤は「何故に蓮如の「王法為本」説は在地レベルにおいて徹底しないのであろうか」と問う。そして願性の史料を集積分析して、「一揆組織とそれが支配する中世後期荘園村落の収納機構に深く関わっていく〝一揆にかける〟願性

像」を明らかにし、そこから「願性らにとって一揆支配の成立によって得た在地秩序が彼らにとっての「王法秩序」であり、つまり「一向一揆」組織の秩序にしたがうことが、「世間通途の儀に順」ずることであった」といい、このような一向一揆による「地域支配体制」を「在地の王法」と規定したのである。先に見た「大法」のありようは、このような願性による「在地の王法」に支えられるのである。

蓮如が王法という言葉を選んだ背景に、このような在地における自律的秩序の形成を考えることができるなら、蓮如の王法は、王法という言葉を知らない門徒の人々において、大法と受け取られることを意識したものであったとも想定できよう。さらには、王法が大法と読まれることにおいて、大法は王法である、つまり門徒たちの自律的秩序がそのまま「世間通途ノ義」である、と蓮如によって規定されたという認識を生み出す効果が予想されたかもしれない。まさに、蓮如の王法発言によって、在地の大法は「在地の王法」になったのである。

五　仏法領の問題

ここからはるかに「仏法領」の問題が見通せる。黒田俊雄の(33)、仏法領は「世俗的「領」に対立する「領」である」という見解が出発点になり、そこから展開された峰岸純夫(34)・藤木久志(35)の仏法領寺内町論などは、「仏法領」を空間的領域の意味に使用している。しかしながら、このことはもっと厳密に考えられねばならないのであり、蓮如が「領」といい、黒田がその仏法「領」を教団とも考えたのは、「領」なる語は元来「長（おさ）・管轄などの意味であって、所有ないし占有の意味はなかった」が、次第に占有、つまり「現実に直接支配掌握していることを意味する」ように転化したという理解に基づいていて(36)、「領」は空間概念ではなく、支配管轄という人間と土地の間の関係概念であることによっている。したがって「仏法領」とは、黒田が「仏法領では、仏法がすべてを支配し、ひとびとは仏法によって擁護されあるいは罰せられる」というように、仏と仏によって支配される人々の関係を示す概念なのである。人間と土地の間に成り立つ「領」に、仏と人間の関係がアナロジーされているのである。したがって仏法領概念を直ちに寺内町という空間・領域に適用することは妥当ではない。遠藤[37]が、天正・慶長期（一五七三〜一六一五）の仏法領の新史料を用いて、「「仏物」によって運営される本願寺」「本寺と末寺の〈仏法の御用・仏法の領分〉」という意味で仏法領を本願寺に比定したのは、本願寺ということに象徴される如来と門徒の関係概念という限りにおいて妥当だろう。

こうした理解からすれば、金龍教英[38]が紹介している越中五ケ山に残された「仏法領」文言とその意味があらためて問いなおされねばならない。その史料は以下のようである。

一、寛永十九年之年下梨村次兵衛と申者、御年貢米ニ相詰申に付而、同村市助ニ家田地相渡申候、右之者専光寺門徒之儀ニ候間、跡目相定申迄ハ仏法領之儀、入用等次兵衛仕来候ことくニ可被成候定ニ而、寺法之入用市助より相済被申候、其後正保弐年之年市助より中畠村五郎兵衛弟与六郎と申者、見座村三郎右衛門口入ニ而、彼田地被相渡候時、右よりの定之ことく専光寺門徒ニ成被申候様ニ、

ここから金龍教英は、「五ケ山の地はすべて仏法領であり」、「百姓は田地を所有しているが、それは王法的な意味であり、仏法的には手次寺＝仏法領として、その田地が領有されていたことになる」と述べている。しかしこのように土地関係として読むのは問題である。ここで仏法領と呼ばれているのは、手次寺専光寺と門徒の仏法上のかかわりのことであり、具体的には「寺法入用」という懇志上納を意味している。つまり門徒から手次寺の懇志上納が仏法領という関係において行われるのであるから、仏法領とは、基本的には門徒と寺の関係概念である。ただし、その関係を前提にして土地そのものが仏法領であり、寺入用はその田地に付くと意識されるようになってきている

が、それはあくまで派生的概念なのである。

仏法領という言葉・概念が五ケ山に伝承されたことは、それなりの意味をもっている。そもそも五ケ山の地は世俗領主が誰なのかはっきりしていない。在地では村殿と呼ばれた小領主が割拠していたが、五ケ山全域を統合するような勢力は生まれなかった。一方、この地の真宗は越前本覚寺によってもたらされ、蓮如晩年期には、村々に道場が成立し、著名な蓮如の高弟赤尾の道宗の存在もあって、真宗一色に塗りつぶされた信仰状況を呈していた。村々の小領主たちが同時に道場主であったから、世俗支配組織と信仰組織は重なり合い、人々の信仰生活と「大法」に基づく世俗生活は区別しがたかった。その意味では五ケ山は早くから一揆構造をもち、その構造が仏法領であった。

赤尾の道宗が、こうした五ケ山での信仰のリーダーであったことは間違いないが、彼は純粋な信仰者であって世俗的なことがらや一揆にはまったく関係がなかったという見方に対して、遠藤[39]は「彼の生活と信仰が一向一揆との関わりなく過ごすことが不可能であると断じたいくらいに、道宗の生きた状況は一揆そのものである」と批判的見解を提示した。私見をもって遠藤説を補強すれば、注目すべきは、「こしやうの一大事、いのちのあらんかきりゆたんあるましき事」で始まる有名な「赤尾道宗廿一箇条覚書[40]」の内容である。この覚書で道宗は己を「あさましあさまし」と嘆くことしきりなのであるが、その「あさまし」は、「仏法よりほかに心にふかく入る事」（第二条）、「仏法においてうしろくらきりやう心」（第四条）、「心にひいきをも」つこと（第五条）、「仏法をもつて人にもちゐられ候はんと思候事」（第八条）、「りひをたゝさす、あしき事の出来候はん座敷」（第九条）、「われをにくミ候ハん人をにくミたおし候」（第一六条）などに対していわれるのである。ここにみえてくるのは、仏法以外の世俗のことに深くかかわり、信仰者としての名声を利用しようとする利養心が深く、心に贔屓をもって一方に与することで理非も分かたぬ裁きを行い、それを批判する人を憎む、そのような道宗の姿である。「廿一箇条」の結びの文句が「かへす〲御おきて、はつとをそむかすして、しかもないしんには、一ねんのたのもしさ、ありかたさをたもち候て、けさうにふかくつゝしめ申てくれ候へ。わか心へ」というのは、まさに王法為本信心内心の蓮如の掟の実践を心に命じているのであり、世俗との関係が道宗の重要課題であったことを伝えている。道宗には王法という言葉はないが、『天十物語』(41)に「道宗へ、世間ノ公事辺ヲモ、賢様御談合候」と見えていて、井波瑞泉寺賢心が「世間ノ公事」で道宗を頼みとしていたというのは、道宗が「世間ノ公事」に通じており、その「世間」が五ケ山地域の大法であったから、これを道宗は王法と受け止めたと考えられる。

かくして赤尾の道宗は、世俗と信心の両面にわたる五ケ山のリーダーであり、加賀の菅生の願性の姿を重ね合わせることができよう。したがってまた道宗が指導者となっている五ケ山は、世俗領主不在もあってまさに一向一揆が信仰と世俗を支配する地域であり、信仰に基盤をもつ「在地の王法」が秩序を形成している地域であった。一向一揆が五ケ山を領有しているという意味においてではなく、この地の支配組織が仏法によって組織されているという意味において仏法領なのであった。やがて天文年間に、五ケ山全域を包摂して成立した十日講は、本願寺に定期的に懇志を上納することで越中教団の一構成単位となる。ここで五ケ山は、名実ともに仏法領となったのである。そこでは「在地の王法」が秩序を形成し、その意味での王法を本とし表とする生活があった。近世まで仏法領の言葉が残ったのは、こうした伝統の産物にほかならない。

むすびにかえて

石川県にはオーボークガイという言葉が残っている。はじめて聞いたのは昭和五十六年（一九八一）八月で、金沢近郊の大野町のお通夜でのことであった。大勢の参詣と一緒に正信偈和讃六首引のお勤めの後の雑談で、たくさんの参詣があって盛大なお通夜ですねと言ったことに対して、会場の正伝寺住職が「なにしろオーボークガイやから」と言われたのである。当時は何のことかわからなかったが、今ではそれが「王法公界」であると確信している。

このことをある雑文で書いたところ、当時石川県宗教連盟の事務長であった福井栄太郎氏が手紙を寄せられ、「私達が祖母などからよくオウボウクガイをわすれるでないぞ、といわれたものです。かなり一般的にいわれていた言葉です。その意味は公民としての義務と責任を忘れるなということだったと思うのです。つまり国法を守るということと共に世間のおつき合いを疎かにしてはならないという意味」と教示された。[42]このように、お通夜や葬式に参ることだけではなく、世間的な交際・つき合い一般、さらには「公民としての義務」をいうのであり、その後、聞きとったところでは家計簿には「オーボークガイ」の項目があって、こうした交際の経費が書き上げられるという。能登では仁義クガイというとも聞いた。大野町では家ごとにクガイ袋という小さな布製の袋をもっていて、名前を書いた木札が付けられ、これに香典を入れて持参するという。このように現在、「王法公界」は世間のつき合いを意味するのであるが、そのときの「公界」は、網野善彦[43]が現代に残る「クガイ」の用例から、「それはやはり権力の「公」とは明確に異なり、村人自身の義理・交際など、まさしく村民自身の「公」を意味する語であった」というように、人々の「公」なのである。中世では「戦国大名の権力、その私的支配から自立、自治、自由を表現する言葉」としてあった「公界」と、慣習法であり共同体の「大法」であるという意味での「王法」とが結びついた言葉が「王法公界」であったと考えられる。かつて葬式は、共同体がその成員によって執り行うという点で「公界」の儀式であり、そのように行うことが「大法」であり「王法」であった。したがってそれは、守護地頭の秩序とは別の世界である。蓮如の王法は、このような公界の精神に支えられて「王法公界」となり「在地の王法」となったのである。

「王法公界」は、まさに一向一揆の精神であり、「仏法領」の意味であった。その在地の秩序の性格を言い当てた言葉といいうるであろう。そのことは蓮如の「王法」を一揆する門徒大衆が「大法」と理解したことの、今に残る痕跡なのである。一揆が崩壊し、在地の「王法」も外部から強制された規範となり、「公界」は消滅する。「王法公界」は形骸化した交際、義理のつき合いに転化してしまったのである。

註

（1）笠原一男『中世における真宗教団の形成』（山喜房佛書林、一九五七年）二三〇頁。
（2）小松市興善寺蔵。『増訂加能古文書』（名著出版、一九七三年）所収、一二一〇号。この文書は無年紀で、文中の「前住の廿五年」の文言によって大永三年とされているが、井上鋭夫『一向一揆の研究』（吉川弘文館、一九六八年）四〇八頁では、『今古独語』『反故裏書』の記事などから、永正六年にかけている。
（3）金子大栄『真宗の教義及其歴史』（平楽寺書店、一九一五年）四六二頁。
（4）村上専精『真宗全史』（丙午出版社、一九一六年）。
（5）佐々木芳雄『蓮如上人伝の研究』（中外出版社、一九二六年）。
（6）谷下一夢『真宗史の諸研究』（平楽寺書店、一九四一年）。
（7）服部之総『蓮如』（新地書房、一九四八年）。

（8）三品彰英『蓮如上人伝序説』（永田文昌堂、一九四八年）。
（9）佐々木憲徳「蓮如上人に帰結せらるる王法仁義観」（龍谷大学編『蓮如上人研究』、百華苑、一九四八年）。
（10）前掲註（1）笠原著書。
（11）峰岸純夫「一向一揆」（岩波講座『日本歴史』中世4、岩波書店、一九七六年）。
（12）金龍静「中世の宗教一揆」（『一揆』4、東京大学出版会、一九八一年）、「宗教一揆論」（岩波講座『日本通史』中世4、岩波書店、一九九四年）。
（13）稲葉秀賢『蓮如上人の教学』（文栄堂書店、一九七二年）。
（14）森龍吉「幕藩体制と宗教」（『日本宗教史講座』第一巻、三一書房、一九五九年）、『本願寺』（三一新書、一九五九年）、『蓮如』（講談社現代新書、一九七九年）。
（15）黒田俊雄「一向一揆の政治理念」（京都大学読史会五十周年記念『国史論集』、一九五九年、のち『日本中世の国家と宗教』、岩波書店、一九七五年）および『黒田俊雄著作集』第四巻（法藏館、一九九五年）。
（16）山折哲雄『人間蓮如』（春秋社、一九七〇年）。
（17）源了圓『浄土仏教の思想一二　蓮如』（講談社、一九九三年）。
（18）「天正三年記」に「教行信証又ハ六要抄等、常ニ御覧セラレ」（『真宗史料集成』第二巻、四一一頁）と見える。『六要鈔』の引用は『真宗聖教全書』二宗祖部（大八木興文堂、一九四一年）による。
（19）『真宗史料集成』第一巻所収。
（20）平田厚志「真宗思想史における『末法燈明記』の受容をめぐって」（福間光超先生還暦記念『真宗史論叢』、永田文昌堂、一九九三年、のち平田厚志「真宗思想史における『真俗二諦』論の展開」、龍谷学会、二〇〇一年）。
（21）佐藤弘夫「仏法王法相依論の成立と展開」（『仏教史学研究』二八巻一号、一九八五年）、および『日本中世の国家と仏教』（吉川弘文館、一九八七年）。前者で佐藤は「個別寺院が国家権力に向って、寺家への不干渉と領域支配の保証を訴える」ものをⅠ型、「権門寺院全体が手を携えつつ、異端の排撃と自らの権益の保全を要求するもの」をⅡ型としている。
（22）峰岸純夫は前掲註（11）論文で王法初出御文などをあげて、諸神諸仏尊重を「世法」（世間の仁義＝村落共同体の論理）に含めているが、それはおそらく諸神諸仏を村落レベルにみたからであろうが、御文の論理からすれば、世法に含めることは難しい。また、この峰岸説によって金龍静は「「仏法」の中に諸神・諸仏や物忌みの尊重という条項を含めることは決してなく」（前掲註(12)「宗教一揆論」）というが、これも再考されるべきであろう。
(23) 藤木久志「一向一揆論」（『講座日本歴史』4、東京大学出版会、一九八五年）。
(24) 神田千里「戦国期本願寺教団の構造」（『史学雑誌』一〇四巻四号、一九九五年、のち神田千里『一向一揆と戦国社会』、吉川弘文館、一九九八年）。
(25) 『増訂加能古文書』（前掲註(2)）には、王法という文言は二カ所見出せる。能登鳳至郡重蔵神社文書「河井寺社中状」（九七二号、文明八年九月）に「為今令王法守護」とあり、また同珠洲郡須須神社文書「高勝寺衆徒等言上状」（一六〇一号、天正五年十一月）に「仏法王法之鎮守」「為仏法王法敬信」と見える。しかしながら、前者は記載内容から偽文書視されており、後者も宛所を欠いて問題がある。また、最近の編集で加賀能美郡の史料を網羅的に収録した『新修根上町史』史料編上（一九九三年）や『辰口町史』第二巻前近代編（一九八七年）などにも王法の語をもつ史料は見出せない。
(26) 朝尾直弘「惣村から町へ」（『日本の社会史』6、岩波書店、一九八八年）。
(27) 中田薫「大法」（『法制史論集』三巻下、岩波書店、一九四三年）。
(28) 大徳寺文書（『新修根上町史』史料編上）。
(29) 『増訂加能古文書』九八二・一〇八九号文書。
(30) 『真宗史料集成』第二巻所収、六九二頁。
(31) 遠藤一「菅生の願性と一揆と教団」（『戦国期真宗の歴史像』、永田文昌堂、一九九一年）。
(32) 『官知論』（日本思想大系17『蓮如・一向一揆』、岩波書店、一九七二年）。
(33) 前掲註(15)黒田論文。
(34) 前掲註(11)峰岸論文。
(35) 藤木久志「大名領国制論」（『大系日本国家史』二巻、東京大学出版会、一九七五年）。
(36) 黒田俊雄「荘園制の基本的性格と領主制」（『日本中世封建制論』、東京大学出版会、一九七四年）、のち『黒田俊雄著作集』第五巻（法藏館、一九九五年）。

(37) 遠藤一「「仏法領」の意味と解釈」（前掲註(31)著書）。

(38) 金龍教英「仏法と王法のあいだに」（『富山史壇』八二、一九八三年）。

(39) 前掲註(31)遠藤著書。

(40) 『真宗史料集成』第二巻所収。

(41) 日本思想大系17『蓮如・一向一揆』。

(42) 大桑斉・福島和人『大地の仏者』（能登印刷出版部、一九八三年）に対する手紙。昭和五十八年三月十一日付。

(43) 網野善彦『日本中世都市の世界』（筑摩書房、一九九六年）。

（補註）満井秀城「蓮如上人における王法と仏法について——王法為本の史的考察——」（『蓮如上人の総合的研究』〈真宗本願寺派教学研究所、一九八九年〉、のち『蓮如教学の思想史』〈法藏館、一九九六年〉に再録）。満井は、対外的な御文においては王法為本、私的文書では「仏法為本」と区別され、山科本願寺成立以降に王法為本は不要となって、それと同時に掟も姿を消すと指摘し、王法為本は諸神諸仏という顕密体制、守護地頭は荘園体制を示し、文明六～十年に便宜的限定的に説かれたもの、としている。

第八章　中世末期における蓮如像の形成

――願得寺実悟の場合――

本章は『大谷大学研究年報』二八集（一九七六年）に発表した同名の論文を収録した。発表以来すでに四半世紀を経た古い論文であって、現今では相当に修正増補の必要があるが、すでに『親鸞大系　歴史篇』第七巻（法藏館、一九八九年）に再録され、また関連論文に引用されることが多いので、研究史に影響することを考え、修正は断念した。また『真宗史料集成』第二巻の刊行以前で、『蓮如上人行実』や『真宗大系』などによっているので、現今では照合に不便であり、その補訂も考えたが、これまた本文に混乱をもたらす恐れがあり、これも中止した。ただし内容的に補正不可欠の部分については、第九章で言及しているので、併せ参照されたい。また節の題名は『親鸞大系』への転載において付したものを踏襲した。

はじめに

真宗思想史は、開祖親鸞・中興蓮如・近代教学樹立者満之という三つの高峰を連ねて構成されるのが通常である。そして、親鸞と満之に高い評価が与えられ、蓮如は思想家としての独自性に乏しく、親鸞の思想をたくみに換骨奪胎して教団の組織化を成し遂げたイデオローグであるとされるのもまた大方の動向であろう。しかるに、現在に至るまで、本願寺教団を底辺で支えてきた民衆は、蓮如の御文に親しみ、それに基づく信仰によって生きてきたのであり、本願寺教団は、「ゴカイサンサマ」と尊崇される親鸞の教団であるよりも、「レンニョサン」と敬愛される蓮如の教団であるという性格を濃く保持してきた。この事実自体、思想史として大きな課題となるものであるが、本稿はそれに直接アプローチするよりも、蓮如の中興を民衆に訴え続けてきた一連の蓮如言行録の成立過程を追求することにおいて、民衆的宗教家としての蓮如のイメージが形成される過程を問題としたい。

本願寺教団が蓮如教団としての性格をもつことの追求は、蓮如の思想と民衆の宗教性・思想性という問題として、民衆思想史的に検討されねばならないのであるが、蓮如イメージの形成という問題は、それと密接に絡みあいながらも、教団による造形という点において教団イデオロギー史として追求されるべき問題である。民衆思想とイデオロギーは、後者が前者を基盤としつつ形成され、さらにサブリメートされて民衆に下降、普及せしめられるという関係にあるから、民衆思想史とイデオロギー史は統一的に把捉さるべきものであるが、ここではいったん両者を分離して考察してみたい。全民衆が完璧に掌握され、本願寺教団もその支配構造の一環として組み込まれた幕藩体制下においては、本願寺教団を象徴する蓮如像においても支配の全構造を反映せざるをえず、蓮如像は幕藩権力のイデオロギーおよび近世民衆の思想と不可分のものとなる。本稿で取り上げようとする中世末期の蓮如像は、本願寺教団が世俗権力と対立し抗争している段階におけるものであり、いまだ支配の全構造をトータルに反映するものとはなりえていない。世俗権力の側においては、新しいイデオロギーを模索して内部抗争が繰り広げられ、民衆思想もさまざまな可能性をはらみつつ多岐にわたって展開しており、これを統一的に把握することはいまだ可能になっていない。以上のような点において、中世末期の蓮如像形成の問題は、一つの作業段階として、教団イデオロギー形成史として、独自に検討を加えられる必要があると考える。

このような作業は、従来の蓮如研究が、さまざまな蓮如史料のうちから、何が信頼しうるものかを明らかにし、いわば実録蓮如伝を追求したのに対して、まったく逆に、それら諸史料の成立過程を問題にし、蓮如の虚像（歴史的蓮如像）が造形される過程をみようとするものである。これによって、信頼しうるとされた史料群も、それ自体独自の意図のもとに成立したものであることが明らかになり、すべての史料が独自の成立事情、意図をもつことを不問にしたいわゆる実録蓮如伝も、それ自体一つの現代的虚像となろう。こうして、蓮如像が造形される過程を追求することによって、蓮如像が民衆の間に定着し、敬愛され、本願寺教団が蓮如教団となったことを明らかにする足がかりが見出せるのではないかと思う。

中世末期の蓮如言行録は、禿氏祐祥の『蓮如上人法語集』(1)や、稲葉昌丸の『蓮如上人行実』(2)に収録され、このほか『続真宗大系』史伝部、『真宗全書』にも若干収められている。(3)これらのすべてを取り上げることは困難なので、それらの中心を占める願得寺実悟の手にかかる諸書を取り上げ、実悟による蓮如像の形成を追求してみたい。享禄年間から天正年間に至る十六世紀中期の約五十年間に、実悟は数点の蓮如言行録を草しているのであり、それらを順次問題とすることによって、実悟の蓮如言行録編纂の意図を、系統的に追求しうるという利点をもっているからでもある。最初に、実悟の蓮如言行録と対比の意味も含めて、最も古い史料である『空善記』を取り上げよう。

第一節　『空善記』の蓮如像——教化者とカリスマと

晩年の蓮如側近に仕えた高弟法専房空善の記録した『空善記』は、蓮如に関する同時代史料として高い価値を与えられている。[4]けれども独立した一書として世に行われることなく、『蓮如上人御一代記聞書』や『山科連署記』などに部分的に収録されて知られてきた。[5]『空善記』が独立の書として刊行されその全体が明らかになるのは幕末万延元年（一八六〇）に『空善日記』の名で刊行されたのがはじめであり、それとても相当の修正があって、成立当初の姿を示すものではない。その原形を最もよくとどめているとされるのは現大谷大学所蔵、舟橋水哉氏旧蔵の『空善聞書』であり、その原本は天文年間（一五三二〜一五五五）に書写されたものという。[6]禿氏・稲葉の書に収められているのがこれであり、以下、便宜上稲葉の『行実』によって検討を進めたい。

『空善記』は、延徳元年（一四八九）の退隠から明応八年（一四九九）八十五歳で没するまでの蓮如の言行録で、全文百五十カ条から成る。このうち第一一〇条以下は明応七年四月の病臥から往生に至るまでの終焉記の性格をもち、本文とは、若干性格を異にしているので、この部分は別に取り扱う。

劫（功）なり名とげて身しりぞくは天のみち（道）とあり。さればはや代をのがれて心やすきなり。いよ〳〵仏法三昧までなり、と言へり。

これは『空善記』の第一条であるが、これが冒頭に置かれていることは、『空善記』が全体として「功なり名とげ」た蓮如の生涯を明らかにせんとするものであることを示している。その中心として『空善記』が語るのは、蓮如の生涯は身を捨てて人々に信をとらせることにあったということである。「わが身ほど身をすて丶、仏法す丶めたるはなきなり」（第二一条）、若年よりの望みは「たゞ一切の衆生弥陀をたのみ他力の信をとりて、報土往生あれかし」と念願するばかりであった（第二七条）という。「おれは身をすてたり」といい、人々と雑談するのも「信をよくとれかし」との意味であり（第二八条）、大坂坊の建立（第一一六条）、奥州での貧しい夫婦との徹夜の談合（第一〇九条）もすべてこのためであったという。また、信を勧めるために、このように苦労を重ねるのは、「聖人の仰に四海の信心のひとはみな兄弟」（第九三条）という同朋主義を実践したことでもある、と『空善記』はいう。

仰に、おれは門徒にもたれたりと。ひとへに門徒にやしなはるゝなり。聖人の仰には弟子一人ももたずと、たゞともの同行なり、と仰候きとなり。（第九四条）

というように、門徒にもたれ、やしなわれる我身は、門徒と同行であるという。したがってまた、「親鸞聖人の仰せに、われは人師戒師といふことす《為》まじき」（第二九条）と、人師という立場が否定されている。『空善記』の蓮如像の基調はこのようにひたすら信を勧めるために我身を捨て、同朋主義、人師否定の立場に立つ同朋的な教化者というところにある。

けれども、人々の尊崇を集める中興上人であり、大教団にのし上がった本願寺を統率する法主の立場にあった蓮如において、同朋主義だけでは律し切れない状況が生まれており、『空善記』といえどもこの実情を無視しえない。

われ往生してのち、たれのひと（か）ねんごろにいふべきや。いまいふところなにごとも金言なり、（第三一条）

と、蓮如こそ前後に人なき教化者であり、その言葉は仏陀の言に等しいものであることを明らかにし、蓮如が作成した御文を自ら、「おれがしたるものなれども、殊勝なり」（第三三条）と自讃し、病床でもこれを弟子に読ませて聞き入る（第一一五・一一九・一二〇条）のである。かかる蓮如の言葉、御文の金言化は、同朋的教化者蓮如を、次第に人師におし上げ、さらには常人にあらざるもの、菩薩の化現という方向に傾斜せしめ、蓮如をカリスマ的救済者として描き出す伏線となるものである。たとえば、明応三年（一四九四）十一月の報恩講のときに親鸞像に礼拝していた空善が、夢うつつのうちに厨子のなかから現れた蓮如の相好が親鸞に似てきたのを感じて厨子を見ると、親鸞の像が姿を消していたので、さては開山聖人上様に現じまし〳〵て、御一流を御再興にて御座候、とまうしいだすべきかと存ずるところに、（中略）夢さめて候き。さては開山聖人の御再誕とそれより信仰申事にて候き。（第六二条）

と、蓮如が親鸞の生まれ変わりであることを感得したと記している。ここまでくると、蓮如の周辺にさまざまの不思議が起こってくるのも当然であろう。蓮如の夢に現れた法然が、真宗の繁昌を賀し、望みにまかせて墨染の衣に替えることを告げたのち、知恩院の法然像の衣が黄衣から黒衣に変わったという話（第三六条）をはじめとして、出口坊から蓮如がにわかに上洛した後に大水が起こり「御上洛不思議なり」と人々が言いあった話（第三七条）、近松殿の「ほうがし《（朴）》は」に花が咲き実のなったのは、仏法繁昌の瑞相であるという話（第三九条）などが記されている。同朋的教化者でありながら、カリスマ的救済者の方向に一歩踏み出した以上、この蓮如に対して絶対的な信順が次に求められてくる。あまり明確な形では見出せないが、たとえば、親鸞が弟子の顕智に、酔うとして乗舟や茸を食することをいましめたから、顕智は生涯舟にのらず茸を食さなかったという話を引き、「されば暫時に仰の候しをも信じて候き」（第四二条）とこれを讃仰しているのは、善知識の仰への絶対的信順を求めるものであろう。

これらの説話は、のちに実悟が著した諸書に比べればはるかにひかえ目であり、量的にもそれほど多くはない。『空善記』の主眼である同朋的教化者蓮如のイメージを打ち消すほどの機能はもっていないのであるが、それにしても、蓮如没直後の史料に、早くもカリスマ化の方向が、萌芽的ながら出現していることは注目されてよい。

このような『空善記』の教化者蓮如は、信を勧めながら、その信相を一般世間で表に表すことを極度に警戒する。大勢のなかで聖教を読むと「必ずそしる人あるべし、と用心すべし」（第二一条）といい、掟を守らないとき、「すえ〳〵にわろきことといで《（く）諸本》けるは、本寺のなん《（難）》になる也」（第二〇条）というように説く。信心は内心に蓄え外に表すなということであるが、反面、御文にこれと対句で見える王法為本の掟はここでは見出せない。また、守護地頭への掟も見出せないのである。ただ諸神諸仏についての制戒が盛んに語られている。「諸仏の弥陀に帰せらる、ことよ」（第七四条）とか、「諸仏の弥陀に帰して衆生（を）たすけらる、ことよ」（第八二条）、あるいは「神はもとは仏にて、衆生をたすけたくおぼしめせども、（中略）たゞちに仏を信ぜずして、神を信ずるを、かなしみてなきた《なげき》まふ」（第二四条）など、もっぱら諸神諸仏の弥陀一仏への帰入を説く。けれども、「雑行といひて、をがみもせずそら目にてあること、さながら真宗（の相）を他宗にあらはすこと、御掟にそむく也」（第三四条）と諸神諸仏不拝は、弥陀一仏への諸神諸仏の帰入という点とともに信相を表に表すことになるという点で禁じられる。つまり『空善記』では「内心に仏法を信じ、外相にその色をかくすべき」（第一二条）が強調され、その意味では信心為本が貫かれているが、その信心は、世俗世界とは別の次元のものとして内心に深く蓄えられねばならないのである。御文で説かれる王法為本が、まだしも世間との関係を考慮に入れているのに対し、『空善記』では王法為本に触れるところがなく完全な断絶があるだけである。蓮如は信を勧める同朋的教化者であるが、その勧める信仰は世俗世界と次元を異にするところに成立するものとして示されているといえよう。

このような『空善記』において、第一一〇条以下の終焉記のもつ意味は大きい。その直前には「信心なき人にはふつとあふまじきと《ぞ》。信のあるものにはめしてもみたく候」（第九九条）に始まる不信心者へのなげきが連続的に記されている（第一〇一〜一〇三・一〇六条）。また鳥さしの狂言にたくして仏法に念を入れよと述べ（第一〇七条）、奥州での貧しい夫婦との信心談合（第一〇九条）を語る。それに続いて終焉記は、功なり名とげながらも、最後まで信を勧め不信心をなげく蓮如の姿を、病臥から往生までの経過を述べつつ一貫して語る。御文を読ませて信を勧め（第一一五条）、大坂坊建立も信心のため（第一一六条）、御文作成も信心のため（第一一九条）、信心を得たるものは兄弟（第一二二条）と述べる。明応八年二月ににわかに上洛して山科で往生することを告げる（第一二三条）が、それは、祖像や門徒に名残を惜しみ（第一一二四・一一二七条）、実如らの兄弟を召して信を勧める（第一一二九・一一三〇条）ためであり、うぐいすの鳴き声は法を聞けと勧めていると語り（第一一三五条）、兄弟仲よかれ、信心あれば仲よしと遺言し（第一一三八条）、死後には御堂に遺骸を安置して人々に見せよと言い残している（第一一五条）。自己の死をも信を勧める手段とする蓮如の姿が強烈に描き出されているのである。このように『空善記』の主題は、身を捨てて信を勧める蓮如を描こうとすることにあるのは明らかであり、終焉記はそのハイライトであるといえよう。

第二節　実悟の前半生

蓮如についての、同時代の記録者が法専坊空善であるなら、没後の伝記作者の第一人者は、その十男（第二十三子）兼俊実悟である。(7) 実悟の生まれた明応元年（一四九二）、父蓮如は七十八歳の高齢であり、母は蓮如の五番目の継室蓮能尼で、時に二十八歳である。(8) 生まれてまもなく、実悟は異母兄蓮悟の住する加賀若松の本泉寺に送られ、ここで養育されることになる。「実悟は、出生百日の内より北国へ下し申され、本泉寺蓮悟の養子たり。是は如秀（蓮乗室）の母儀勝如禅尼申請給ひ、（如秀尼の）御女如了（蓮悟室）の嫡女に所縁たるべき由、申させ給ひて召具し給ふ」(9) とある。蓮如の叔父如乗の開創にかかる本泉寺は、越中瑞泉寺の分寺として加賀開教の拠点であり、また蓮如継職時における如乗の功績を多とし、蓮如が重視した加賀の大坊である。如乗が寛正元年に没したあとは、蓮如はここに次男蓮乗を送って如乗の息女如秀尼に配し、その嗣とした。けれども元来病弱であった蓮乗は子にめぐまれず、息女如了尼一人をもうけただけであったから、蓮如は七男蓮悟を新たに送り、如了尼を嫁せしめて第三世とした。この蓮悟もまたをして「北陸道仏法再興の人なり」(10) といわしめた女丈夫の後室勝如尼が守っていたが、蓮如はここに次男蓮乗を送男子にめぐまれなかったので、その息女に配すべく実悟が送られ、本泉寺で養育されることになったのである。

しかるに、「其後彼息女も往生あり、又、右衛門督実教出誕ありしかば、別に一寺をはじめ（実悟）住持、清沢願得寺と号す」[11]とあるように、実悟が配される予定であった蓮悟の息女は早生し、永正五年（一五〇八）には蓮悟に男子実教が生まれたので[12]、時に十七歳であった実悟の、本泉寺における立場は微妙なものとなり、ついに本泉寺を出、蓮悟の開いた石川郡清沢の願得寺に住することになる。願得寺の開創は、このような本泉寺相続の事情とともに、別の要因から要請されていたことでもあった。「賀州石川郡河内庄剣村之内上院下院と云は下也清沢の坊は、本泉寺蓮悟開基也。永正五年秋八月比より、近所の輩申すゝむるによりて建立して、永正十年五月朔日より、実悟居住す。石川郡一円に寄力して住す」[13]とあるように、願得寺は、加賀石川郡一円の寄力によって開創されたのであるが、当時加賀では、河北郡の本泉寺、能美郡の松岡寺、江沼郡の光教寺がそれぞれ蓮如の子の住する寺として存在し、石川郡にはこれがなかった。願得寺が開かれたのは、このような一家衆寺院による加賀支配の体制との関連においてみられるべきである。

　願得寺開創の二年前、永正三年（一五〇六）は、加賀一向一揆にとっても本願寺にとっても、さらに実悟にとっても、忘れえない年であった。永正二年冬、畿内では、細川政元が畠山義英の河内誉田城攻略のため実如に出兵を求めた。実如はいったんはこれを拒否したものの再三の要請を拒み切れず、ついに加賀門徒を動員して誉田城を攻めさせた。永正三年正月、摂津・河内の門徒はこの実如の処置に反対し、大坂坊にあった実悟の兄実賢と母蓮能尼を擁して実如排斥の旗をあげたので、実如は山科より兵を送ってこのクーデターを阻止し、実賢・蓮能尼および弟実従らを追放したのである。後年実悟はこれを「大坂一乱」と呼び、摂津・河内門徒が実如・政元の出兵要請を「元より開山上人以来、左様の事当宗になき御事」と断ったことを賞揚し、本願寺の武力行使に反対の態度をとっている。[14]永正三年当時、すでに実悟がこのような態度をとっていたか否かは明らかにしえないが、少なくとも大坂一乱の結果、生母蓮能尼と同腹の兄弟たちが追放されたという事件は、実悟のその後の立場に大きな影響を与えたことは十分に予想しうる。[15]それから数カ月後に加賀一向一揆は越前朝倉氏との大衝突を引き起こす。永正三年一揆は、実如および加州三カ寺の中心人物蓮悟の指導のもとに、将軍継職問題に絡む政治闘争として細川政元との共同戦線において惹起されたものといわれている。[16]大坂一乱で武力行使に疑問をいだいた若き実悟は、この一揆の指導者本泉寺蓮悟のもとにあって悩んだことであろう。おそらくこのとき、蓮悟と実悟の間には本願寺教団および一向一揆についての対応の差異、さらには微妙な感情の齟齬が生まれたと考えてよい。

この戦いに参加した石川郡西縁組の棟梁玄任は敗走する一揆勢のなかにあって奮戦し討死するが、このとき総大将の「和田房主」が真先に逃げ出し、玄任の女房からさんざんに非難されるということがあった。[17]「和田房主」とは当時越前から亡命していた和田本覚寺であり、石川郡の一揆はその指揮下にあったごとくである。事実、石川郡には本覚寺下として押野上宮寺・宮永極楽寺・宮保聖興寺・観音堂西福寺・松任本誓寺などが見えており、[18]本覚寺の石川郡における勢力は抜きがたいものがあったようであるから、蓮悟を筆頭とする一家衆加州三カ寺としては、この地を統制下に置くことに苦慮していたと思われる。のち永正十五年（一五一八）には、蓮悟は本覚寺蓮恵と争論してこれを破門しているのも、[19]加州三カ寺と本覚寺の対立を示すものである。かかる石川郡を一円寄力として、願得寺が開かれたことの意味は大きい。蓮悟としては、相続問題、政治的立場の差、感情の齟齬などの問題をはらむ実悟をしてこれに住せしめることによって一挙に懸案を解消しえたのである。実悟にとっても、これは歓迎すべき処置であった。このように永正三年の一揆とそれに絡む諸問題は、実悟の今後の立場に大きな影響を与えたと考えられる。なお、おそらく願得寺に住した永正十年（一五一三）頃であろうか、実悟は光教寺蓮誓の息女了忍を娶ったが、了忍は早くも永正十一年に十八歳で没している。[20] それから五年後の永正十六年には長女が生まれているから、永正十四、五年頃に前右大臣西園寺公藤の娘公周尼を継室に迎えたのである。[21]

大永五年（一五二五）、実如が没して、幼い証如が本願寺十世を継職した頃、加賀では蓮如・実如以来の体制を固めて支配を継続しようとする加州三カ寺と、越前から亡命して加賀に住し、ここで着々と勢力を伸長してきた本覚寺・超勝寺との内紛が激化していた。証如およびその後見となった顕証寺蓮淳は、畿内の戦乱のうちで本願寺を維持してゆくために加賀を直接支配下に置いて領国化することを企図し、加州三カ寺による支配体制の打倒に向かう。[22] かくして享禄の錯乱と呼ばれる一向一揆の内部分裂の戦いが始まった。はじめ劣勢で、白山麓山内庄に立て籠っていた超勝寺・本覚寺＝本願寺方は、享禄四年（一五三一）七月反撃に転じ、山内庄の北の出口を扼する清沢願得寺を攻め、これを焼亡せしめた。「清沢の坊は享禄の乱に、四年七月廿一日炎上す。いまは野となる所也」[23] と実悟は書いている。身をもって逃れた実悟は、生母蓮能尼の所縁によって能登に逃れたようで、『蓮如上人仰条々連々聞書』[24] にも「其後能州府中ニテ煩ヒタリケル」（一九一条）と見えている。若松本泉寺もまた焼打ちされ、蓮悟・実教父子も能登に逃れ、実教は天文二年（一五三三）に毒殺され、[25] 蓮悟はやがて堺に移って天文十二年（一五四三）に没している。[26] 実悟は以来証如の勘気をうけた身となって、「処々漂泊」[27] の日々を天文九年（一五四〇）まですごすことになる。

第三節　『実悟旧記』——カリスマへ

波乱の青年期を送った実悟は、一方では早くから文筆の志があったようで、すでに享禄の錯乱以前に蓮如言行録の編纂を行っていた。父蓮如・兄実如の築き上げた本願寺教団、直接的には加賀における三カ寺の支配体制が、永正一揆以来動揺を続け享禄の錯乱に向かって動いてゆく内で、蓮如言行録を編むことにおいて、その体制を維持する指標ともなるべき蓮如像を提示せんとしていたようである。永正三年の大坂一乱以来、武装を進め戦国大名化してゆく本願寺を、蓮如の昔に引き戻すこと、これが実悟の理想であったようである。天正二年（一五七四）に実悟が著した『蓮如上人仰条々連々聞書』の奥書に、

　右此条々者、蓮如上人御時之儀、宿老衆兄弟中各御物語儀等、先年注置処、享禄乱皆失畢。然而内一帖計、聊或人持来令見之間、則書加之、一字一点不可在虚説。仍子孫之外不可及披見者也。

　天正二季甲戌十一月三日書納之　　苾蒭兼俊九々二歳 花押 書之

とあって、享禄の錯乱以前に蓮如言行録が編まれたこと、錯乱によって散逸したことが知られるのである。この旧記は『仰条々連々聞書』によって一部が復元されたのであるが、その原形を追求した稲葉昌丸は、禿氏祐祥の発見にかかる『蓮如上人御自言』なる一書の一部にこれを見出した(28)。稲葉によれば、『御自言』の全三百二十三カ条は五つの部分から成り、何度も書き継がれて元禄二年（一六八九）までに成ったもので、それは、次頁に図示したように構成されている。①の百三十五カ条と、②の百三十五カ条のうち㋑疑問の七カ条と、㋺『一期記』より採られた十四カ条を除く、㋩百十四カ条、合せて二百四十九カ条が享禄以前の『旧記』であるとみなし、これを『実悟旧記』と名づけたのである。

『実悟旧記』はこのようにして復元されたものであるが、その内容はすでに『御一代記聞書』に収められて世に知られていたものである。ただし、『御自言』と『御一代記聞書』は、両者に共通の『旧記』の写本によりながら、

『御自言』は①と②の㋩の二度にわたって抜粋を行い、『御一代記聞書』はその写本をそのまま収録したという関係にある。したがって、『御一代記聞書』が『旧記』の原形を残すわけであるが、その原本を追求した稲葉は、享保二年（一七一七）に恵翁が写した『蓮如上人一語記』なる二百五十二カ条の一書を発見し、『旧記』の原形を確認したのである。(29) これによって、我々は享禄の乱以前に実悟が構想した蓮如像を知ることが可能となった。

さて、『実悟旧記』の内容の検討に入る。『旧記』でも、蓮如の生涯は『空善記』と同様に人々に信を勧める一生として描かれているごとくである。「まことに一人なりとも信をとるべきならば、身命をすてよ」（第四八条）、「一宗の繁昌と申は、人の多く集り威の大なることにてはなく候。一人なりとも人の信を取るが、一宗の繁昌に候」（第五六条）、「一人なりとも人の信をとりたることをきこしめしたき、と御持（独）言に仰られ候。御一生は人に信とら

『御　自　言』
- ①第一～一三五条（百三十五カ条）
- ②第一三六～二七〇条（百三十五カ条）
  - ㋑第一三六～一四二条（七カ条）＝疑問
  - ㋺第一四三～一五六条（十四カ条）＝『一期記』より
  - ㋩第一五七～二七〇条（百十四カ条）
- ③第二七一～二七六条（六カ条）＝『蓮淳記』より
- ④第二七七～二九〇条（十四カ条）＝『空善記』『一期記』『連署記』『仰条々連々聞書』より
- ⑤第二九一～三二三条（三十三カ条）＝新編

（①＋㋩）→『旧　記』

せたく思召候よし」（第一一三条）、などはその典型的な事例である。したがって反対に、「ひとの信のなきことを思召候へば、身をきりさくやうにかなしきよ」（第四五条）、「人の信なきことばかりをかなしく御なげき思召候」（第九八条）と、人々の不信心を歎くのである。こうした点では『空善記』とほとんど同じ基調をもっているけれど、「一人なりとも信をとる」ことが一宗の繁昌であり、人の多く集まることではないと強調するところに、蓮如没後の教団が、人の多く集まることをもって繁昌とする方向に傾斜したことを歎く実悟の心情がより強く表れているように思える。第二に注意したいのは、『空善記』ではそれほど強調されていなかった蓮如の苦労が、『旧記』では相当力点を置いて語られていることである。その素材として、実悟が永正十七年（一五二〇）までに山科本願寺で写したと思われる『蓮如上人御若年ノ砌ノ事』、いわゆる『蓮淳記』が大幅に取り入れられている。[30]『旧記』第七六条から第八三条までの八カ条がそれである。蓮如の若年の苦労は、ただ仏法再興のためであり、再興の成ったのは「此法師が冥加に叶によりてのこと」であったと前置きし、こぶくめを食し、白小袖も着られず、灯油を買えずに黒木を焼き、月の光で聖教を読み、二、三日も御膳のないこともあったこと、召使も雇えず存如の召使を借りていたこと、幼童の襁褓を自分で洗ったことなどは、『蓮淳記』を簡略化したものである。このほか、わらじの跡のくい入った足をみせて苦労を語る条項（第一三九条）も『蓮淳記』に基づいたものと思われる。また、『蓮淳記』とは別の素材から、越中へ下向する前夜、夜ふけまで名号を書く蓮如を、「御門徒のために御身をばすてられ候。人に辛労をもさせ候はで、たゞ信をとらせたく思召候」（第一六七条）とみなしている。

人々に信をとらせるために、『旧記』の蓮如は、このように苦労を重ねるとともに、さまざまなる方便を用いる。

> 御身一生涯御沙汰候事、みな仏法にて候。御方便御調法候て、人に信を御とらせあるべき御〇《はかり》ことばかりにて候由、仰られ候。御造作御普請させられ候も、仏法に候、人に信をとらせるべき御方便に候、（第一八一条）

とその生涯のすべての事蹟は、人に信をとらせる方便であったと位置づけられる。蓮如は、「人の機をかゞみ人にしたがひて、仏法を御きかせ」られ（第四六条）、「仏法に退屈仕候者の心をもくつろげ」（第五一条）、「あしき者をも御たらし候て、其人の心に御随」（第五二条）って仏法を勧めたのである。また、門徒が上洛すれば、寒天には酒のかんをつけ、炎天には酒を冷させる（第二三三条）などのこまやかな気づかいも方便であった。蓮如にとって、「方便をわろしと云事はあるまじきなり。方便をもて真実をあらはす、廃立の義よく〳〵しるべし。弥陀釈迦善知識の善巧方便によりて真実の信をばうることなる由、仰られ候」（第一一二条）と、方便はそれによって真実の信を獲らしめるものであった。だから叱正や勘気もまた方便であった。奥州に一流をみだすものありと聞いて「御歯をくひしめられて、さてきりきざみてもあくかよ」（第一七九条）と激怒しても、「御勘気候ても、心中だになをり候へば、やがて御宥免候」（第一七七条）という。そして次に下間安芸蓮崇の事例をあげていう。

安芸蓮崇、国をくつがへし曲事に付て、御門徒をはなされ候。前々住上人御病中に、御寺内（山科の八町の町）へ参り、御佗言申候へども、とりつぎ候人なく候し。その折節前々住上人ふと仰られ候、安芸をなをさうと思ふよ、と仰られ候。御兄弟以下御申シには、一度仏法にあた（讎）をなし申候人に候へばいかゞ、と御申候へば、仰られ候、それぞとよ、あさましきことをいふよ。心中だになをらば、何たるものなりとも、御もらしなきことに候、と仰られて御赦免候き。（第一七八条）

蓮如が吉崎を退去せざるをえない状況を作り出した張本人として破門された下間安芸に対しても、心中だになおらば赦免すべしと説く。蓮如においては、勘気・破門ということすら一つの方便であったと実悟はいう。やがて実悟自身、享禄の錯乱によって勘気をうけることを予想していたかのように。すでにこの頃本願寺では、証如と蓮淳による破門追放は教団の封建体制を築き上げんとする有力な統制手段となっており、やがては勘気をうけた門徒の往生を否定するというものにまで発展する。実悟がここで力をこめて、勘気といえども方便にすぎないことを説くのは、こうした本願寺の封建的権力強化による聖俗両面にわたる支配体制形成への批判であった。[31]

本願寺法主の封建君主化に対する批判は、『旧記』における同朋主義の強調としても表れる。法敬坊順誓に対して、「我とは兄弟よ」といい、「信心一致のうへは、四海みな兄弟なり」（第一八四条）と語り、「開山は御同朋御同行と御かしづき候」（第二三二条）、「開山聖人の一大事の御客人と申は、御門徒衆のことなり」（第二三三条）と、親鸞を引き出して同朋の立場を語る。けれどもこれは、『空善記』における同朋主義以上には発展せしめられておらず、人師否定の条項も見出せない。現実の教団ヒエラルキーの形成の前に、同朋主義は一つの理念として語られても、それ以上の何ものともなりえなかったのである。

これに反して『空善記』に萌芽的に出現していた蓮如のカリスマ化は『空善記』を上回る展開を見せている。前述のように、実悟は蓮如の信をとらせるための方便を強調したが、方便を用いるものとは、衆生済度を旨とする仏であり、菩薩であらねばならない。ここに教化者としての人間蓮如から、この世のものならぬ権化の再誕として蓮如は荘厳され、仏・菩薩に等しい衆生済度を使命とする救済者としてカリスマ化されてゆく。本願寺法主の封建君主化とともに、同朋的教化者蓮如が一つの空理と化したとき、実悟における聖俗両界を支配する法主への批判は、法主の絶対性を強化しながら、これを宗教世界に限定し、これを仏・菩薩化して、俗界から切り離すことしかなかった。それはまず御文の絶対化から始まる。「御文をば如来の直説と存ずべき由に候。かたちをみれば法然、詞をきけば弥陀の直説」（第五八条）、「御文はこれ凡夫往生の鏡なり」（第一一三条）などはその典型である。御文が如来の直説なら、それを著した蓮如は、如来に等しいものになる。かくして蓮如は、実如や蓮悟に対して夢告を行うことが可能となる。大永三年（一五二三）の蓮如二十五回忌に、実悟が仏法讃嘆談合せよとの夢告をうけた（第一三七条）のをはじめとして、第一九〇条から五カ条にわたって蓮悟に対する夢告が記されている。その内容は、「せめて一巻の経をも日に一度みなくよりあひてよみ申せ」（第一九〇条）、御文こそ肝要（第一九一条）、「信心をよくとりて念仏申」せ（第一九二条）、雑行雑修のいましめ（第一九三条）、今の時こそ大事（第一九四条）と、もっぱら信の勧めであるが、この夢告を実悟は次のように意味づけていることは注目してよい。「惣別夢は妄想なり、去ながら権者の上には瑞夢とてあることとなり、なほ以てかやうの金言のことば《をば》をしるすべし」（第一九四条）という。夢は妄想なりと、さめた意識をもちながら、蓮如のような権者においては夢告は当然のことであり、蓮如は没後も人々に夢告によって信を勧めているのである、と実悟はいう。『旧記』における蓮如のカリスマ化は、この夢告に尽きている。このことを実悟は、「蓮如上人権化の再誕といふこと、その証多し。別にこれをしるせり」（第二三八条）と、別書で蓮如の奇瑞を記したと述べている。私見によれば、この別書こそ『拾塵記』であろうと思う（後述）。

権化の再誕として明確に位置づけられた蓮如への絶対信順は、『空善記』のそれとは比較にならない強烈さで打ち出されている。

善知識の仰なりとも成まじきなんど思は、大なるあさましきことなり、なにたる事なりとも仰ならば成べきと存ずべし。この凡夫の身が仏になるうへは、さてなるまじきと存ずることあるべきか。然れば道宗申され候。近江の湖を一人してうめよと仰候とも、畏《く》りたると申べく候。仰にて候はゞ、ならぬことあるべきか、と申され候由候。（第一二八条）

この有名な話は、蓮如が権者であることの当然の帰結である。仏・菩薩に等しい蓮如の命を、如来を信ずる身で疑うことはできない。蓮如＝善知識と門徒の関係は、如来と人間の関係にアナロジーされ、本来信仰の次元での如来への絶対信順が、現実の教団体制にもちこまれているのである。実悟が批判してやまない法主による破門、後生取りあげも、法主が如来に等しいものとして、教団体制のうちにもちこまれるとき、当然のこととなってしまう。したがって実悟の破門批判は、そのことの宗教的当否よりも、信のための方便としての性格を失っているという批判にとどまらざるをえなかったのである。実悟の意図した同朋的教化者蓮如像＝理想的法主像は、現実の証如体制へのアンチテーゼとなったにしても、一方で用意されたカリスマ化は逆にカリスマにあらざる法主証如に、カリスマ的権威を付与することになり、その両刃の剣は、やがて享禄の錯乱で、実悟自身に向けられたのである。

『実悟旧記』における蓮如のカリスマ化は、法主を宗教的絶対者として権威づけつつそれを宗教的世界に限定しようとするものであった。このことは、『実悟旧記』における倫理によく示されている。「仏法の上はなにごとも報謝と存ずべきことなり」（第六九条）というように、信心決定のうえには生活的実践のすべては報謝でなければならないという。蜂を殺して思わず念仏したのも仏恩報謝である（第一一七条）、「仏法にはよろづかなしきにもかなはぬにつけても何事に付ても、後生のたすかるべきことを思へば、よろこび多きは仏恩なり」（第一三六条）というように、後生たすかるという一事において、すべては報謝となるのである。別の表現で示せば、「朝夕は如来聖人の御用」（第一一条）、衣類に至るまで「悉く聖人の御用仏物」（第七四条）であり、「井の水をのむも仏法の御用」（第九七条）、食事も「如来聖人の御用」（第一〇五条）、門徒の進上物はもとより「仏物」であり（第一三五条）、廊下に落ちている紙切も「仏法領の物」（第一四六条）である。このような生活態度においては、「仏法をあるじとし世間を客人とせよといへり。仏法の上より世間の事は時にしたがひ（あひ）はたらくべきことなり」（第九二条）、「王法をば額にあてよ、仏法をば内心に深く蓄へよ」（第七五条）というように、仏法が主であり世間は従たるべきものとされる。全生活は仏法によって意味づけられるから、世間は客人として第二義の意味しかもたない。御文の王法為本の倫理を逆転しているとみられるのではなかろうか。信心は内心に深く蓄えられるものである点は同じであっても、仏法を主人としてその信心に基づいて生活してゆくのであり、王法は額に当てて尊重されるにしても、所詮は客人にすぎないのである。このような倫理の主張は、王法為本を拡大し、自身が王法そのものになってしまった本願寺教団への批判とみることもできよう。また、仏法為本を高揚することにおいて、世俗世界は宗教的世界から峻別され、そのうえで仏法・信心によって報謝の場として意味づけられるのである。その仏法・信心を勧める法主を、世俗世界と次元を異にする宗教的世界において、カリスマ的絶対者として実悟は位置づけようとしたのである。

第四節　実悟の大坂帰参と『拾塵記』——権化再誕の証

『実悟旧記』は、蓮如が「権化の再誕」である証拠を記した一書と併せて一部をなすものであり、その一書は『拾塵記』ではないかと前節で推測しておいた。それは『拾塵記』が次のような序文をもち、内容もまたこれにふさわしく、蓮如に関する奇瑞を多く集めているからである。その序文は、

> 凡、親鸞聖人浄土真宗御興行座テヨリ以来、諸国辺鄙ノ群類、雖レ帰二此一流一、事凡(マヽ)也。然ニ蓮如上人御時ハ、既日本六十余州渡テ、御門弟有レ之。剰外国荊且(マヽ)迄モ、依二夢告一彼堺人越二日域一、御勧化ヲ請テ帰キ。当流前代ニ未聞之奇代不思議ノ事也。怱(マヽ)権化ノ再来ト云事、支証明鏡、其奇瑞不レ可二勝計一。或者所々ニ建二立シ伽濫(マヽ)一ヲ諸末寺多ノ道場、幾千万トニ云事ヲ不レ知。一宗繁昌ハ有二此御時一。可レ謹可レ敬。[32]

というものであり、真宗が全国に弘まり、外国からも帰依者が現れたことは、蓮如が権化の再来であったことを示

すものであるという。『拾塵記』は二部に分かれているが、その第一の「蓮如上人事」は、蓮如の略伝を記しつつ、蓮如にまつわる奇瑞を明らかにし、第二の「御建立寺々事」で、蓮如関係の寺々の由来を説き、一宗繁昌の証とせんとすることが意図されている。『実悟旧記』にいう「権者の再誕」の証を示す別書にふさわしいものであろう。

とすれば、『拾塵記』の成立は、『実悟旧記』とほぼ同時かその直後とみなければならないのであるが、そのことを示す明証を欠いている。また享禄の乱以前の実悟の著は、『実悟旧記』のようにこの乱によって散逸したことが考えられ、事実、天文十年（一五四一）に成った『日野一流系図』、同二十年（一五五一）の『下間家系図』には、前者には「先年享禄之錯乱、既可二紛失一之処、予数巻依二書留一、于レ今相残」、後者には「予若年之比、求二出古本一、雖レ令レ書レ之、享禄錯乱悉為二紛失一」と奥書に見えているから[33]、『拾塵記』が仮に錯乱以前に成立していたにしても、これら諸本と同様散逸した可能性が強い。したがって、願得寺に蔵されている実悟真筆の『拾塵記』[34]は一度散逸したものの再治である可能性が強い。本文中に「弘治の比」という年号が見えており[35]、現在の『拾塵記』の形をとったのは、早くとも弘治年間（一五五五〜一五五八）以降であろう。その下限については、本書の内容が天正二年（一五七四）に成った『蓮如上人仰条々連々聞書』に先行すると考えられるので、元亀年間（一五七〇〜一五七三）までと推定される。ただし実悟の書に通例見られる奥書を欠いていること、付加修正が多いことからして、未定稿のままに終わったものであろう[36]。このため実悟生存中はもとより、近世においても世に行われることなく、ようやく大正八年（一九一九）に稲葉昌丸によって刊行されて、世に知られることとなったのである[37]。

『拾塵記』の検討に入る前に、その後の実悟の動向について一言しておかねばならない。享禄の錯乱によって能登に逃れた実悟がいつ頃までこの地にあったかは明らかでない。自身、その後のことを「処々漂泊」と記すだけである。けれどもおそらく天文十年前後には畿内にあったと思われる。同じく能登に亡命中であった蓮悟や、朝倉氏をたよって越前にあった光教寺蓮誓の子顕誓らは、天文十年ないし十一年のはじめ頃、江州の六角氏、能登の畠山氏の仲介によって勘気を解かれる状態となり、蓮悟は大坂本願寺の寺内に入ることを許されたが、超勝寺実照の反対によって阻止され、天文十一年五月には堺に退去せしめられている。(38)実悟についてはそのうちに名が見えていないけれども、天文十年七月には、先述の『日野一流系図』を再治しているから、やはりこの頃畿内近辺にまで上り、そこで諸種の資料を入手して系図を再治したと考えられよう。

　このような勘気の一家衆赦免の動向の背後には、かつて彼らを勘気に追い込んだ張本人ともいうべき顕証寺蓮淳の、赦免への動きがあった。蓮淳は、蓮悟に対しては下間兄弟と同調して対抗したが、下間追放後は、「顕誓や教宗（松岡寺）、実悟ひいては若松坊等の帰参を図り、ついに遺言によってこれを実現した」(39)といわれる。天文十九年（一五五〇）八月十九日に蓮淳が没した(40)その直後の九月十二日の『私心記』には「三ケ寺御詫言各人申入候」とあって、光教寺顕誓・松岡寺祐宗・願得寺実悟が赦免を願い出ていることが知られる。けれども十月廿四日条に「上に無御納得候間、延引候」とあって、証如がなおこれを許さなかったようであるが、その後も再々詫を言上し、十一月廿八日報恩講の日中過ぎに至ってようやく許された。「仍、山（顕誓）・大（祐宗）・清（実悟）御免候」と見える。このとき「清今日富田より被参候」とあるから、この直前まで実悟は、同腹の長兄蓮芸の子実誓の住する富田教行寺にあったようである。

　帰参は叶ったものの、実悟には住する寺もなかったから、十二月十六日には弟実孝とともにその住する大和飯貝本善寺に下り、ここに仮寓することになる。その後弘治三年（一五五七）正月二十五日の実如三十三回忌を機に大坂坊に伺候し、そのままここにとどまった。(41)この頃、蓮如の多くの子供のうち、生存者としては実悟が最年長であり、他に弟実孝がいるだけであったから、実悟は本願寺一門の最長老として遇されたのであろう。ようやく大坂寺内で平穏な生活を送ることができるようになった実悟は、永禄年間（一五五八～一五七〇）に至って、河内に世木坊（のち鄯屋本泉寺）、古橋坊（のち門真願得寺）を開きここに住した[42]。『拾塵記』は、こうして実悟が落ち着いた日々を取り返した永禄年間に再治されたものではなかろうか。錯乱で失われた諸書の再治が、実悟の当面の目標となったのであろう。

さて、序文で、蓮如を「権化ノ再来ト云事、支証明鏡」と述べ、蓮如をめぐる奇瑞を明らかにせんとする『拾塵記』は、第三段の生母説話に至ってその真髄を発揮する。『空善記』では「わが御母は西国の人なり、とき、及候ほどに、空善をたのみ、はりま《（播磨）》までなりともくだりたきなり。わが母は我身六ッの年にすて、行きかたしらざりしに、年はるか後に、備後にあるよし」（第一〇〇条）とのみ語られた蓮如の生母は、ここでは蓮如六歳のとき寿像を描かせ、応永二十七年（一四二〇）十二月二十八日に姿を消したが、

> 然ニ其比石山ノ《最前卅余年ノ間ハ》観世音菩薩ハ、開帳ノ時剋モ侍シカト、寺僧ニ告テ侘宣《（マヽ）》シタマヒ、我此比此寺ニアラス、寺僧ノ不法不信ノ故、此地ヲ去、花洛ニ居ト示シテ、石山寺ニハ御座サル事ヲ示サレケリ。コレ奇代ノ事也。然ニ或人石山寺参《ニ》タリシニ、此上人六歳ノ寿像、カノ〇《如意輪》観音ノ仏檀《（マヽ）》カケラレヲカレシヲ、人皆コレヲ見、サレハ、彼母儀御前ハ、タ、チニ石山ノ観音タリト云事、不レ可レ疑事也。

というように、石山観音が化現したものであったとしている。これに先行する素材が何であったか明らかではないがここにおいて、蓮如生母石山観音化身説が成立するのであり、これは以後の蓮如伝の一つの重要なモメントとなってゆく。

第四段の蓮如継職においても、蓮如の権者性が語られる。継母如円尼とその子応玄による継職の動きが、如乗によって阻止されたとき、応玄の手にあった歴代相承の親鸞遺品の珠数が、「俄珠数ノ緒切レテ、兼寿法印ノ御前へ

落」、次いで相伝の品々がみな蓮如の手元に集まるという不思議があったという。この説話も本書をもって初見とすべきである。このあと順次蓮如の前半生を記すが、ここでは取りたてて権者化は見られない。

権者蓮如のハイライトは、山科御坊建立の以降において示される。生存中の奇瑞、不思議としては、山科音羽の草坊は、「昔ヨリ此所ノ習ニテ、井ノモトハ掘トモ昔ヨリ水ノ出ヌ所」であったが、蓮如が命じて掘らせると「水シキリニ出ケレハ」「イヨ〳〵尊老法印ハ権者ニテマシ〳〵ケリ、行基菩薩ト御中モアシカラサリシ事ニテマシ〳〵ケル」と人々が語りあったという話、和泉鳥取桑畠の志記大夫が観音の夢告によって蓮如に帰した話、などが示されている。次いで滅後の奇瑞を示す。永正二年（一五〇五）に加賀石川郡ハリノ木カクチの入道の道場の直筆名号が光を放ったこと、大永元年（一五二一）に能登中郡鉈打多羅村の道場坊主が夢告をうけ、名号を取り片づけた後火災が起こり、一幅だけの焼失に終わったが、その名号の灰から無数の小仏が出現したこと、永正十年（一五一三）頃に焼けた名号が癒ったこと、蓮能尼が大坂坊に名号が満ちみちた夢を見て「此大坂ノ坊ハ蓮―《如》名号ヲ人ノ申サル御礼ノツモリシヲ以テ御建立」と感じたこと、河内榎並の宗玄と蓮如が大蛇に出会い、あわれみをかけたので、礼に鯉がとどけられたこと、弘治の比、河内玉クシ里に直筆の名号が光明を放ったこと、赤尾の道宗が灯火のない座敷の内に身より光を放つ蓮如に拝謁したこと、などである。これらのうち、名号が光明を放つという型の説話[43]は『旧記』第一〇条に名号が焼けて六体の仏になった不思議がすでに見えていたけれど、そこでは、名号が仏になるのは「仏の仏に御成候」ことであって、それよりも凡夫が仏になることこそ不思議であるという蓮如の言葉が加えられ、蓮如そのものの権者性を示す話ではなかった。『旧記』では、蓮如の権者性はもっぱら子弟に夢告を表すことにおいて語られていたが、本書ではそれを大きく超えていることが判明しよう。

このように『拾塵記』の主眼とするところは蓮如をめぐる奇瑞をあげて、その権者たることを証明するところにあり、信を勧める教化者という性格はうすれてしまっている。けれども、ここで注意しておきたいのは、道宗の見た光を放つ蓮如を例外として、他のほとんどの説話は、蓮如自身が奇瑞を表すのではなく、蓮如の周辺で奇瑞が起こっていることである。このパターンは、覚如の『親鸞伝絵』以来、奇瑞を語るときの常套的なものであり、親鸞にしても蓮如にしても、本人自体が奇瑞を表すという傾向は少ない。真宗における奇瑞の扱い方の特色であろう。これらはやがて、天正年間（一五七三〜一五九二）における一連の蓮如言行録のうちに吸収され、また次第に方向性に修正が加えられてゆく。

この時期の本願寺は、弘治二年（一五五六）に朝倉氏と和し、六角・細川氏との同盟を強固にし、永禄二年（一五五九）には門跡に列せられ、また北条・武田氏と同盟して反信長連合の中軸としての地位を着々と固めつつあったのである。本願寺法主顕如は、教化者・宗教者としてあるよりは、戦国大名であった。こうした現実を批判するためには、もはや『旧記』のような教化者的性格を基底として権者性を暗示するような蓮如像では何の力にもならなかった。現実に戦国大名として、地上の権力者を目指す本願寺法主に対し、実悟が望ましき姿を示すには、法主権力を宗教的なものに限定しつつこの方面で強化し、地上の問題から切り離さねばならなかったのである。本願寺法主顕如は、権者蓮如の後継者として、宗教的絶対者であるべきであって、地上の問題から手を引くべきであるというのが実悟の主張ではなかったのだろうか。けれども、この方向性は、主張すればするほど、地上の権力者たる本願寺法主を宗教的権威で荘厳することになりこそすれ、決して批判となりえなかった。ここに実悟が『拾塵記』を未定稿で終わらせた一つの原因があった。けれども、石山戦争の開始とともに実悟は『旧記』『拾塵記』の蓮如像をより強力なものとして再構築しなければならなくなってくるのであった。

第五節　『蓮如上人仰条々連々聞書』——権者化の進展

『拾塵記』によって、権者蓮如の像を明らかにした実悟は、続いて享禄の錯乱に失われた『旧記』の再修を企図したであろうが、失われたものが法語集であるだけに、その復元は容易ではなかった。ようやく天正二年に至り、『旧記』の一部を入手したから（第三節参照）、これを基本に新しい法語集の編集にとりかかった。これが『蓮如上人仰条々連々聞書』である。この間、元亀元年（一五七〇）に本願寺は信長との最終的激突たる石山戦争に突入していたから、実悟の住する門真願得寺はもはや安住の地ではなく、おそらく実悟も大坂本願寺に入ってこの兵火の終焉を待ったことと思われる。

稲葉昌丸によれば、『仰条々連々聞書』は次のような素材から構成されている。(44)

第一～七九条（七十九カ条）『実悟旧記』抜粋本　（A1）
第八〇～八五条（六カ条）新編　（C1）
第八六～九一条（六カ条）『蓮淳記』の旧形　（B1）
第九二～九三条（二カ条）新編　（C2）
第九四～一七二条（七十九カ条）『実悟旧記』抜粋本　（A2）
第一七三～二〇七条（三十五カ条）新編　（C3）

すなわち、今回手に入った（A）『実悟旧記』の抜粋本に、（B）『蓮淳記』を修正加筆して加え、さらに（C）四十余条の新編の条項を加えたものが『仰条々連々聞書』である。

これらのうち、(A)『実悟旧記』抜粋は、この年実悟の手に入ったもので、何人かによって『旧記』が二度にわたって七十九カ条ずつに抜粋されたものであって、実悟はこれをそのままの形で本書の要に用いている(A1・2)。この部分は、享禄の乱以前の実悟の蓮如像を部分的に再現しているものであるが、その抜粋本は、天正二年の段階の実悟にどのように受け止められたであろうか。実悟は、脱落しているものを補いつつ、この段階で構想していた蓮如像を描き出すことにつとめたと思われる。『実悟旧記』の蓮如像の特色である諸条項を『仰条々連々聞書』の条項と対比してみると上表のようになる。

旧記		仰条々	一期記
信をとらせる苦労	七六	(八六)	×
	七七	(一六)	×
	七八	(八六)	×
	七九	(八八)	×
	八〇	(八六)	×
	八一	(八六・九〇)	×
	八二	×	×
	八三	(八六)	×
方便	四六	七	×
	五一	九	×
	五二	×	×
	一一二	×	×
	一七九	五四	×
	二三三	一六三	一四二
勧気	一七七	五一	×
	一七八	五三	(二〇〇)

つまり、『仰条々連々聞書』で用いた『旧記』抜粋本は、『旧記』の蓮如像をそれほど大きくはずれたものではない、ということが、まずいえるであろうが、詳細に見れば、方便について二カ条、御文の金言化について二カ条、報謝の生活について五カ条、仏法為本について全条の欠落がある。このうち、御文金言化では重要条項たる『旧記』第五八条「御文をば如来の直説」、第一一三条「御文はこれ凡夫往生の鏡」が脱落している。報謝の生活についての五カ条と第九二条「仏法をあるじ」とせよという仏法為本主義の脱落は、相互に関連しあって重要である。脱落部分からみる限り、このままでは御文の金言化と、報謝の生活、仏法為本主義の後退のイメージは避けられない。

同朋主義	一八四	五七	×
	二三一	一六一	一四一
	二三二	一六二	一四一
御文金言化	五八	×	一二一
	一一三	×	×
	一八二	五六	×
	二二六	一二九	（一二四）
夢　告	一三七	四〇	×
	一九〇	五九	×
	一九一	六〇	×
	一九二	六一	×
	一九三	六二	×
	一九四	六三・六四	×
権化の再誕	二三八	一三六	×
絶対信順	一二八	九七	一〇五
報謝の生活（△仏の御用）	一一	×	×
	六九	×	×
	△七四	×	×
	△九七	×	×
	一一七	二九	×
	△一〇五	×	×
	二三四	一三二	×
	△二三五	一三三	一二五
	二三六	一三五	×
	△二四六	一七〇	×
仏法為本	九二	×	×
	七五	×	×

しかれば実悟は、他の追加、新編の部分では、これらをいかに処理していっただろうか。まず『蓮淳記』の旧形といわれる部分について見よう。『蓮淳記』、つまり『蓮如上人御若年ノ砌ノ事』は、実悟がかつて山科御坊で書写した一書で、光応寺（顕証寺）蓮淳が、蓮如則近の弟子竜玄の物語を書きとどめたものであるといわれる。[45] 実悟はこれをすでに『旧記』の第七八～八三条で利用していたが、それは、きわめて簡略化されたもので、蓮如若年の苦労の事実を語るだけで、実悟の評言は付されていなかった。『仰条々連々聞書』ではこれを大幅に修正し、おそらく『蓮淳記』の原形と思われるものをそのまま収録しさまざまな評言を加えた。たとえば、『旧記』第七六条の「御若年の比は、御迷惑のことにて候し」、第八一条の「存如上人召つかはれ候小者を、御雇候てめしつかはれ候由候」などは、『仰条々連々聞書』の第八六条にまとめて、それらの事実を詳しく記したあと、「加様ニ御苦労アリテ、今我人心安ノ活計安穏ニアル事ハ、難有事ト末代マテモ蓮如上人ノ御恩ヲハ、努々ワスルマシキ事ナリ」と評言し、蓮如の苦労と御恩を忘るべからざることを述べている。

あるいはまた、『旧記』第七七条の、蓮如が病中に「御代に仏法を是非とも御再興あらん、と思召候御念力一ッにて、加様に今皆々心易くあることは、此法師が冥加に叶によりてのことなり」と述べたことは、『仰条々連々聞書』の第一六条に収められているが、これとは別に同書第九一条に、病中に「アラ〳〵ト仰事アリシ事」は、信なきことを悲しく思召されたためであり、「然ハ一人ナリ共信ヲエハ可為御満足ナリ。今ハ又極楽ノ教主ト成マシ〳〵テ衆生ノ信ノナキ事猶フカクカナシミ給ヘキ者也」と、没後の今も極楽の教主弥陀となって信を勧めているとするのである。つまり『旧記』抜粋本において脱落している蓮如若年の苦労は（B）『蓮淳記』の追加収録によってかえって強調されることになり、蓮如への報謝を弥陀への報謝と一体化して強調しようとしていると考えられる。御文の金言化の条項や報謝の生活の条項の脱落は、これによって補われるばかりでなく、御文という蓮如の分身の絶対化から進んで蓮如自身のカリスマ化を強めるものとなっているといえよう。

次に、実悟による新編といわれる部分（C）は、（C1）第八〇〜八五条と（C2）第九二〜九三条、（C3）第一七三条以下の三つの部分に分かれている。（C1）は第八〇条「越前国名号ノ焼テ成」仏事」、第八一条「出口ノ御厨石見申詞ヲ御感ノ事」、第八二条「鳥サシ狂言御感ノ事」、第八三条「開山聖人ノ仰ヲ守申サル、高田坊主顕智ノ事」、第八四条「仰ヲ守被」中島田ノ唯道事」、第八五条「蓮如上人御母儀事」である。この題名からも知られるように、第八〇・八五条は蓮如の権者化を目指すものであり、他の三カ条は、大略、絶対信順をいうものである。すなわち、第八〇条は、越前小黒の在所の蓮如直筆の名号が焼失したとき、その灰から金仏が出現し、この話を聞いた蓮如は、凡夫の仏になることこそ不思議と語ったという話であり、『拾塵記』に能登国鉈打村のこととする話と同一である。また『旧記』には法敬坊に名号が焼けて仏になるよりも凡夫の仏になることこそ不思議と語る（第一〇条）のと軌を一にするものであって、ことさら新史料とはいえないが、あえてこの話を収録したことに権者蓮如を示さんとする意図が知られよう。また八五条は「蓮如上人ノ御母儀ハ化人ニテマシ〳〵ケリ」という文言で始まる石山観音化身説で、これも『拾塵記』に典拠が求められる。第八一条は「頭ニ乱杭ハフラル、共仏法ノ御難ハツカマツリ候マシ」といったという河内出口の御厨石見入道光善の言葉を蓮如が称讃したもの、第八二条は鳥サシの狂言を見て「何モ不覚不知」の鳥サシの心境を仏法に心を入れる態度にひきあてて蓮如が感嘆しているもので、『空善記』一〇七条と同素材である。この二カ条は一心に仏法に心を入れることを勧めたものであり、ここからさらに展開すると、第八三条の顕智が親鸞の命を守って舟にのらず、茸を食しなかった話（『空善記』第四二条、本書第二二七条と重複）となり、さらには第八五条の加賀島田の唯道が、蓮如の勧めによって三日三夜山中の温泉につかっていたという話となって、仰への絶対信順の要請として帰結している。出口の光善、島田の唯道の話以外はそれぞれ先行の素材があるものであって、厳密には新出のものではないけれど、それらによりつつ、実悟はこのように配列し、編集することにおいて、権者蓮如とそれへの絶対信順を勧めているのである。

新編の第二項（C2）は、第九二条で蓮如が法敬坊に対し「開山ノ御歳マテ生ヘシ」と予言し、その通りとなったこと（本書第二〇二条と異文同趣の重復）、第九三条で慶聞坊竜玄が伝授した『教行信証』『六要鈔』を、実悟が永正十三年（一五一六）に請け、その後、実悟が兄弟中にこれを伝授していること、の二カ条で、さしたる意味を見出しがたい。しいていえば、第九二条に、蓮如の権者的性格をみることもできよう。

新編第三項（C3）は第一七三条以下三五カ条にわたっているが、語録的なものよりも、蓮如およびその周辺の人々についての覚書的性格のものが多い。そうしたうちで、実悟が意図しているものは、やはり蓮如の権者化であるようである。主なものを列挙しておくと、第一七八条「赤尾道宗事并蓮如光明事」、第一七九条「蓮如上人光明事」、第一八四条「於江州金森同上人軍勢中被レ通事」、第一八九条「同上人御往生兼被二知召一事」、第一九一条「予夢想事」、第一九五条「実如上人多武峰御参詣事」、第一九六条「実如上人御骨変㆓五色㆒事」、第一九九条「蓮如上人時ケイ旦国人参事」などがそれである。このうち、第一七八・一七九条は、赤尾道宗および蓮能尼が光明を放つ蓮如を拝する話で、すでに『拾塵記』に原形が示されており、第一八九条の往生の予告は『空善記』に見えていた。第一九九条も『拾塵記』の序文にその片鱗が見えている。したがって純然たる新編はそれほど多くないのであるが、その一つの第一八四条は、金森合戦において危地に立ち木像を衣に包んで逃げ出した蓮如の姿が、白昼にもかかわらず「見付ル人モナ」く、無事隣里に逃れたので、人々は「蓮如上人ハタヽ人ニマシマサス」と取沙汰したという不思議譚である。実悟はこれを奉公衆松任上野守からの伝聞として記している。また第一九一条は、実悟十八歳のときおよび能州府中にあったとき、夢に蓮如が現れて、それぞれ、あと四十年、五十年の実悟の生存を予言し、さらに、永禄十年（一五六七）に「蓮如上人光明赫奕トシテ仏檀ノ様ナル所ニ空ヨリアマクタリ給トミル、亡母蓮能禅尼モ忽然ト出給」て信心を勧めた話である。これに加えて、第一九五・一九六条では、実如の多武峰参詣を檀山大明神が御客人参詣の託宣をたれ、また実如の遺骨が五色の円光を放ったという、実如に関する不思議譚を記し、実如もまた、蓮如並に権者化されている。

この項で、第二に注意されるのは、篤信の者や忠節の人を顕賞している点である。第一七七条では下間筑前の八男駿河入道善宗の仏法者振りを語り、第一七八条では赤尾の道宗を、第一八〇・一八一条では手原の幸子房を、第一八二条では麻売の女が毎日蓄えたわずか百四十文を寄進した話を語る。兄弟のうちでは、第一八五・一八六条で本泉寺蓮乗と妹寿尊尼の信心を述べる。また第一九三条では本泉寺勝如尼とその娘如秀尼が顕賞されている。また第一九七・一九八条では実如の往生に殉じて「身ヲナケテ死スル人」が十三人あったこと、蓮如の往生に遅れて切腹した大和芳野山里ノ人があったことを記し、あるいは第二〇五条では、大風の夜に本山を案じて街道に出て損じたる所を結ばんために縄をなった人、第二〇六条では、山科へ参る道中に石を袂に入れて上山し、石蔵の補強につとめた人、第二〇七条では、菜を献上した人の話が収められる。法主蓮如・実如のカリスマ化とともに、身をなげうってその御恩に奉じた人々を顕賞することがその反面に求められたのである。『仰条々連々聞書』は、こうした点において、他の蓮如言行録とはきわだった対照を示しているといえよう。

第三に『実悟旧記』で見出せた、勘気への批判が、この新編第三項に強力に述べられていることに注意せねばならない。すなわち第一九二条では「善知識ノ仰ニ違フ事アリテ、御勘気ヲカウフル人ハ不レ可二往生一ト云事歴然也」であるが、「而レトモ子細ニモヨルヘキ欤」と疑問を呈し、昔、熊谷蓮生坊が同門の人がもつ法然の名号を奪い取ったため折檻されたが、それは「心得ヲナヲスヘキ為」であって、「後生ノムナシカルヘキ謂ナシ」という話を例にあげ、「其謂ハ、一度本願ニ帰シツヽ、弥陀ヲタノミ奉ル信心ハ、仏ヨリサツケ給心也。タノム衆生ノ心ハ弥陀如来ノ心光ニ摂取シタマフテステ給フヘカラス。坊主ノ勘気ヲカウフリタルトテ信心ヲ御取カヘシ有ヘキ欤」と信心は弥陀より給わったものであって、坊主の勘気によって左右されるものではないと断言しているのである。さらに、第二〇三条で「法門中違タル人ヲ生害サセラルヽ事、近年コレアリ。前代ハ承不レ及事ナリ。蓮如上人、実如上人御時マテハ承モ不レ及事也。（中略）イツレノ御代ニモ邪義邪法ヲ申サルヽ人アリシカ共、邪見ニソノ人ヲ煞害セラレタリト云事注サレタル物ニモ不二拝見一承モ不レ及也」と、善知識が生害を命ずるということは、蓮如・実如の代にはなく、証如以降に始まった前代未聞の誤りであることを強調する。蓮如のとき、同行の列を放ったことはあったが、それは、「命アレハ、心中ヲ思直シ改ルレハアリカタキ事也」という立場からであったという。また第二〇四条では、勘気をうけたものを親類同名中として、また番衆の傍輩中として殺害した例はあっても、「上ヨリノ儀トシテ生害ニ及タルナトヽ云事、且以ウケタマハリモ及ハサル事ナリキ」と善知識が生害を命じたことはないという。

実悟自身、勘気をうけて流浪して、その苦悩のうちから勘気そのものへの批判を強くもっていたのであったが、この段階に至って、筆をきわめて、これを批判し、しかも単に勘気ではなく、生害を命じているということに対して、激烈な怒りを表明しているのである。当時石山戦争を戦う本願寺教団において、こうしたことが善知識の名で日常的に行われていることへの批判であろうから、これは同時に、戦国大名化した本願寺への批判であった。実悟がこれまでイメージ化してきた蓮如像は、かかる封建君主本願寺のあり方に対峙して、宗教的世界をこれから切り離したものとして構想されたところに成立してきたものではないだろうか。石山戦争が激烈に戦われている天正二年の段階で『仰条々連々聞書』を著したのはこの意味であったと思われる。このことを傍証するのは、第二〇一・二〇二条である。第二〇二条は、細川政之の側近の医者浄西寺が「今生ノ事ハ伊勢太神宮ヲ憑申ス、後生ノ事ハ法印（蓮如）ヲ憑申ス」といったのに対し、蓮如が「後生ハ請取ソ」と述べた話であり、第二〇一条は同様に将軍家の上﨟春日局の後生をうけとるといった話である。この二つの話は、通常蓮如の王法為本の立場を示すものとして引かれるのであるが、むしろここでは、善知識蓮如の、救済者としての性格、現世とは別の宗教的世界における絶対性を示すものであろう。このように、『仰条々連々聞書』の蓮如像は、宗教的絶対者としてカリスマ化され、人々に絶対的信順を要請するものであり、同時にそれは世俗世界と切り離されたところの絶対性を意味するものであったが、信長との間の、封建制確立の仕上げをめぐる石山戦争の過程にあっては、実悟の意図は貫徹されず、むしろ法主への絶対信順を媒介に、本願寺教団を信長に立ち向かわせるものとして機能したであろう。実悟の矛盾は深まるばかりであった。

第六節　天正三年から八年の諸書——本願寺批判

天正二年十一月に『仰条々連々聞書』を書き上げた実悟は、引き続いて翌天正三年（一五七五）六月には『山科御坊事并其時代事』[46]を著し、八月には『蓮淳記』を整理し、「順如上人願成就院殿事並応仁乱」「加賀一乱並安芸法眼事」を合せて『天正三年記』[47]または『実悟贈佐栄公十六箇条』と呼ばれる一書[48]を著している。先の『拾塵記』で蓮如行実を、『仰条々連々聞書』で蓮如法語を集めた実悟は、右の二書で蓮如時代の故事を集成したのであり、これらは併せて一部となる性格のものである。

『山科御坊事』は、山科本願寺時代の故事を中心とし、第一条の御堂の規模・荘厳に始まって、勤行のこと（第二～八条）、御堂給仕のこと（第九・一〇条）というように構成されている。けれども単なる故事の羅列ではなく、故事旧例を説くことにおいて、現実の石山本願寺のありさまへの激烈な批判が展開されている。奥書[49]に、外見をはばかり、一見の後は火中に投ぜられんことを乞うているのは、単なる常套句として片づけられないものがある。たとえば、元来衣の色は、うす墨であって、黒を着て蓮如の前へ出ると「殊勝の御僧の御入候ぞ」とひやかされたが、今は「いづれも〳〵一色に黒衣也。開山蓮如上人の御心には難叶物にて候也」（第一一条）という調子で大坂本願寺の状態を非難している。いわゆる老人のくりごと的なものであろうとみることもできるが、こうした礼式の弛緩は、「当時は人の信なきゆへ候か」（第一四条）と本願寺が信仰を欠落させ、封建領主化したところに原因があるとされるとき、単なる老人のくりごとを超えて、本願寺のあり方そのものへの問題提起としてみなければならなくなる。こうした点を最もよく示しているのは、京都での本願寺についての噂として「一には大声をあげて安心とて大勢何やらん法事の時わめき候と申、一には本願寺には門跡になられたるとて袈裟をかけて一家衆魚をくはれ候事、一にはいかなる大罪のものも本願寺の坊主のゆるさるれば仏に成とて、詫ごとを申て、これを御生の御免許と申て、後生をゆるさるれば仏になるとの事にて候」の三カ条をあげ、続いて「まことに実如の御代にいたるまでは後生の御免と申事は承もをよばす、近代たれ人の申出され候わざにや。抑後生の御免と候て、後生をたすかるべきやうに申上られ候事、何の経論にある事にや、祖師の御ことばにも相見申さず候、御意趣にも相違あるべく候欤、不審の事にて候、愚老ごときものは分別なき事に候。たれにも尋申度候。秘事方にはか様に申げに候、如何」（第三三条）と批判している。第一にいう法事のときには大声でわめくというのは、改悔出言を「五十人百人大声をあげてよばは」（第三一条）ることであり、また「本願寺のおほかめ念仏」として、京で評判になった（第三四条）ものであった。一人なりとも信をとれという、個別的な信仰では、戦国大名本願寺は乱世をのり切ることはできないのであり、改悔出言を集団的に行うことによる集団的熱狂的な信仰が要請されていたことを知りうるが、(50)実悟にとっては、そうした本願寺のあり方自体が苦々しいものであったのである。それは第二にいう本願寺の門跡化、第三にいう後生御免ということへの批判につながるものであった。権化の再誕である蓮如においてすら、信心は如来より給わりたるものであって往生の可否を左右しえないのであり、蓮如および歴代法主は、信を勧める菩薩に比定されたとしても、人々の救済を判定する如来ではありえない、と実悟は考えるのである。

集団的熱狂的信仰を組織し、往生の可否を判定する権限を法主に集中し、(51)もって石山戦争を戦い続けた本願寺への批判は、石山戦争の期間を通じて実悟のうちに燃え続けていた。天正八年（一五八〇）三月、実悟は、『山科御坊事』を基本として著した『本願寺作法之次第』(52)には、右の三カ条の噂の条項は削除されているが、別に「御生の御免と申事、近代被申人候。いづれの経論に御入候事候哉、正教にも御入候欤。未承及之由各申事候。これも実如上人の御時までは無其沙汰事にて候。近年天文年中以来いでき申候ことに候。死去したる人の上にも被申人ある事にて候。いづれの祖師の仰にて候や、各の不審候」（第一六九条）というように継承されている。さらには、新たに、

一、実如上人御往生之砌条々被二仰置一候に、第一諸国の武士を敵にせらるゝ儀不レ可レ然、何之国守護等にも入魂せられ和与ありて、諸国の仏法を開山聖人御本意のごとく立られべく候之由被レ仰、三ケ条専可二申付一之由御遺恨《マヽ》にて、一家中其外坊主衆御門徒中へ御遺恨候間、御往生年諸国方々へ被二申調一事。（第一六二条）

一、同時一ケ条に所領方之儀可二停止一之由被二仰定一たる事候間、御内方一家中召仕候者なとに所労儀不レ可レ預候段申合事。（第一六三条）

一、今一ケ条は王法を守、仏法方如二聖人御時一と被二仰定一たる事。此三ケ条近年皆破候事無二勿躰一、如二先規一開山聖人之仰可レ有レ之由之事。（第一六四条）

と、実如の遺言として、武士を敵とすること、所領をもつことの禁、王法為本の三カ条を掲げ、これが近年破られたことを批判している。本願寺の戦国大名化と石山戦争を批判し、蓮如の昔への復帰を勧めているのである。

このように見てくるとき、同じ天正三年に集められた『天正三年記』の意味もまた明らかになってくる。『天正三年記』に含まれる「順如上人願成就院殿事并応仁乱」「加賀一乱并安芸法眼事」の二項は、前者は王法為本を、後者は勘気と赦免についての事実を忘備的に記録したものである。すなわち、順如が将軍義政の御前の酒宴で裸舞をしたという一件を、蓮如ははじめ苦々しく聞いたが、そのことによって「東山殿へマイリ、子ムゴロニ当宗ノコトナド、御タヅ子候ヒツルアイダ、条々具ニ申入」たという順如の報告によって、蓮如は「ソレハヨキ〳〵ト被仰候フテ、御機嫌ヨク」なられたという。裸舞という方便を用いてでも世俗権力と事をかまえることを回避し、これ

を通じて逆に世俗権力に法を説いた順如を実悟は高く評価しているのである。また後者では、加賀文明一向一揆の展開を下間安芸の策動によるものとして描き出し、このゆえに破門されたけれど、蓮如はその往生間近にあって安芸の赦免を主張し、反対する人々に対し、「弥陀ノ本願ハ、悪人ヲ本ト御タスケアルベキトノ御本意ナリ。イタヅラモノヲユルスガ当流ノ規模ナリ」と説得し、勘気はあくまで信をとらせるための方便であることを強調する。

このように、天正二年の『仰条々連々聞書』から天正八年三月の『作法之次第』までの実悟は、蓮如言行録および故実書の編纂によって、権者蓮如を描き出すことにつとめながら、その対極に、石山戦争批判を展開していたのである。

第七節　『蓮如上人御一期記』の蓮如像

天正三年四月、石山戦争は信長の勝利、本願寺の石山からの退去、武装解除、加賀領国支配の崩壊という形で終焉した。本願寺は、地上の支配を喪失し、宗教的世界の内に限定されて存立することになるのである。ここに実悟は、これまでの本願寺批判としての蓮如像を掲げる必要性を失う。実悟の主張した宗教世界に限定された絶対者蓮如像＝法主像は、信長の手によって現実化の途が開かれたともいえよう（ただし、信長がこれを認めたか否かは別問題である）。実悟が、石山戦争終焉の直後、天正八年九月に『蓮如上人御一期記』[53]を草し、新たな蓮如像を打ち出した意味はここにあったと考えられる。

『御一期記』の構成は稲葉昌丸によると次のようなものである[54]（（　）内は私見によって補った条番号）。はじめの九カ条と物語を注す由来一カ条（第一～一〇条）は新編、次の四十カ条（第一一～五〇条）は『蓮如上人御物語次第』（『蓮悟記』、うち第四四条は別）より、次の六十カ条（第五一～一一〇条）は二冊本『空善日記』（うち、往生記の部分を除く。また、第四八条の前部、第七九・九八条は書き加え）より、次の四十九カ条（第一一一～一五九条）は『実悟旧記』の抜粋下巻を用い、次に八カ条（第一六〇～一六七条）の新編、次の四十二カ条（第一六八～二〇九条）は一冊本『空善日記』（うち、第一七四条は別）から、終わりの三十二カ条（第二一〇～二四一条）は『空善日記』下巻の往生記で、四、五カ条の新加を含む。しかるにこの構成を、稲葉昌丸の『実悟旧記』に付された諸本校合の注記を参考にして本文にあたりなおしてみると、必ずしも右のようには考えられない。第一に右の構成では、稲葉の示す条数に従ってゆくと、全文二百四十一カ条となるが『一期記』は二百二十七カ条しかなく、これに別記の二カ条を加えても、条数は一致しない。何らかの誤りがあるようで、あらためて検討してみると次のように考えられる。

第一～一〇条（十カ条）新編　（C1）
第一一～四七条（三十七カ条）『実悟旧記』より（『実悟旧記』引用『蓮淳記』より）　（A1）
第四八～一〇二条（五十五カ条）『空善日記』　（B1）
第一〇三～一四五条（四十三カ条）『実悟旧記』より　（A2）
第一四六～一四七条（二カ条）『空善日記』より　（B2）
第一四八～一五四条（七カ条）新編　（C2）
第一五五～二二七条（七十三カ条）『空善日記』より　（B3）

『仰条々連々聞書』に比べて、『実悟旧記』が前者の百五十八カ条から八十カ条と半減し、代わりに『空善日記』が大幅に取り入れられていることが知られよう。

このことを稲葉は、天正二年の『仰条々連々聞書』の編集段階で『旧記』の上下二冊各七十九カ条ずつの抜粋帖を入手したが、天正八年の『一期記』ではその下冊のみを使用し[55]、またこのとき「『空善日記』の完本を見られず、一冊本の『空善日記』の外此二冊本の修正したるものを見て、多少文言を改めて」『一期記』中に加えたものとみなしている[56]。しかりとすれば、天正八年段階で、なぜに『実悟旧記』抜粋本の上冊を捨てて下冊のみに限定し、またどの本かは問題にしても、この欠を『空善日記』で埋めようとしたかが問題であろう。ここにこそ実悟の編纂意図を知る手がかりがあると思われる。

まず、(A)『実悟旧記』のうち『仰条々連々聞書』に引かれたものから何が脱落し削除されているかをみておこう(前掲二二八～二二九頁表参照)。『仰条々連々聞書』における二部に分けての引用のうち、前半の七十九カ条(稲葉のいう抜粋本上冊)が削除されているのであるが、その結果『仰条々連々聞書』の第四〇条、第五九～六四条(『旧記』の第一三七条、第一九〇～一九四条)における蓮如の夢告が脱落せしめられた。また、これと関連して『仰条々』所引『旧記』の第二項(下冊)部分、つまり『一期記』で用いられた『旧記』の部分のうちでも、権化の再誕をいう『仰条々』第一三六条(『旧記』第二三八条)が削除されている。このようにして『仰条々連々聞書』と対比すると、『仰条々』を特色づけた諸条項のうち両者に共通して見出せるのは、数カ条にすぎないのであり、『仰条々』の蓮如像は大変容を蒙っているといわざるをえない。

次に、(B)『空善日記』(『行実』所収『空善記』)よりの部分について検討するに、脱落十七カ条を数えるが、これは空善個人の関係条項(第七八条の寿像免許など)や報恩講の次第の記事(第一一条他)など、法語としての性格をもたないもの、あるいは、細川政元を聖徳太子の化身とみる説話(第三八・八六条)や将軍家側近の瑞林庵にまつわる話(第八〇条)なども、蓮如法語としての性格をもたないため削除されているようである。第三に削除の対象とされているのは、権者蓮如を示す条項と思われる。すなわち、出口坊の大水の話(第二七条)、近松坊のほうかしはに実のなった話（第三九条）、空善が夢に蓮如の相好が親鸞に変わったのを見て蓮如を「開山聖人の御再誕」と知る話（第六二条）などが『一期記』からは姿を消しているのである。『空善記』からのこのような削除は、前二者が蓮如法語でないということで理解されるにしても、第三の削除は明らかに意図的なものであり、稲葉のいうように、実悟が、たまたまこのような削除本を入手してこれを収録したとしても、そこに実悟の『一期記』編纂の意図をみることができようし、それは、明らかに、権者蓮如の像の排除であったといってよいであろう。

かくみるとき(C)新編もこの意図のもとになされたものと予想される。そのうち、まず問題になるものは次のような本書の序文である。

ソレ蓮如《先師》上人ハ開山親鸞聖人ヨリ法流御相続ハ八代、一天四海スミヤカニ一流ノヒロマレル事ハ此上人ノ御遺訓ニアリ。然ハ中興上人トソ申シケル。凡六十余州ニ当流ノ義アマ子クヒロマリ、日本国中ニ比類ナク槃《（マヽ）》昌セシムルコト歴然ナリ。剰一年荊タン国人モ観世音菩薩ノ示現ニ○《ヨリテ》（日本）《我朝》ヘワタリ、蓮如上人ノ御勧化ヲウケテ本国ヘ帰朝シ《リニ》キ。又ハエソ島マテモ御教化ノアマ子キ事ハアリカタキ○《事也》、弥陀○《他力ノ》本願ノ比類ナキ超世ノ悲願ノコトハリアラタナル事也。イヨ〳〵末世相応ノ本願《弘教》ナレハ繁昌モコト《栄ノ尤》ハリトアリカタクソ覚侍ケル《ルモノナリ》。

この序文は前掲『拾塵記』の序文に酷似している。けれども蓮如の中興によって法流が全国に弘まり、さらに外国からも蓮如に帰す人が渡来したことを述べ、これを弥陀の超世の悲願のことわりの顕現としているのに対し、同様なことを記した『拾塵記』は「前代ニ未聞之奇代不思議ノ事也。忽権化ノ再来ト云事、支証明鏡、其奇瑞不レ可ニ勝計一」と意味づけている点で大きく異なる。『拾塵記』の序文が蓮如の権者性をいうものであったに対し、『一期記』の序文では、同様なことを記しながらこうした方向はまったく姿を消していることが知られる。

序文に続く九カ条は、これも『拾塵記』の構成と同じく、蓮如の誕生から若年時代の史伝として構想されている。

『拾塵記』や『仰条々』では、ここに生母の石山観音化身説を展開していたが、『一期記』もほとんどそのままで収録している。この限りにおいて権者蓮如を語るかにみえるが、本書は第四条の後半で、

サテ此蓮如上人三十余年ノ《年ヘタ、リテ》後、西国ノ豊後国ニ人ヲ下給ヒテ御タツ子アリシカトモ、サラニ左様ノ人ノユカリトテモナキ由ヲ申シ侍リシ。カノ国ノ人々モカタリ申サレケリ。其後豊後ノ国ヘ御下向アルヘキトテ度々尋給ヒシカトモ、カツテ彼御ユカリトモ《テハ》ナカリケル《シ》事也ケル《共ナリ》。

と書き加えている。いうまでもなく、これは『空善記』第一〇〇条、『仰条々連々聞書』第八五条をうけたものであるけれど、ここではこの話は蓮如の母を慕う情の厚さを強調するものとして記されているようであり、また、消息は知れないにしても西国に生母が実在することを蓮如は確信し、それを尋ね当てたいと思うことを記す以上、生母は化人というより実在の人間として暗示され、蓮如も権化性においてよりも、母を慕う人間性において示されているように思われる。なお『拾塵記』の蓮如伝をかざるいま一つの奇瑞譚である継職時の不思議については、『一期記』ではきわめて簡単に「条々〇《文》不思議ニモ侍リテ《共ノ出来セリト侍ル》」とあるだけで、何ら具体的に示されていない。

『一期記』における(C2)新編の第一四八〜一五四条の部分は信心をとらせること、そのための苦労、その蓮如への報謝という一連の内容をもつ諸条項のようである。すなわち、第一四九条で、此内に信心決定者は一人か二人かと問い、第一五〇条でその信心は仏智であると説き、報謝の念仏をいい、第一五一・一五四条では何事も冥加と心得ることの重大性を説く。そして、第一五二・一五三条では蓮如の三度にわたる東国修行によって一宗の繁昌があり、「今各心安ク安穏ニアルコトノアリカタキ事」を強調する。これは『空善記』の教化者蓮如の像と方向性を一にするものであって、新編追加は、これをまとめて補強する性格をもっているといえよう。ただし、第一五三条では、加賀横根村で仏法僧の鳴声がしたことをあげ、常のところに鳴かないこの鳥の出現は「権者明師ノ徳アキラ

カニ〇《顕レ》」たことであり「先師上人《住蓮如》、名匠ノ威徳ヲアラハセリ」として、権者性をいうごとくである。けれども「権者」と「明師」を結びつけ「名匠ノ威徳」というように、その権者性はそれほど強いものではなく、むしろすぐれた先人というニュアンスで語られているのである。

かくみれば、『一期記』では蓮如の権者性はほとんど払拭されているといってよく、ここに再び『空善記』の蓮如像に接近し、人間蓮如、教化者蓮如に復帰しているといえよう。実悟をして権者蓮如から教化者蓮如へ再転回せしめたのは、石山戦争の終焉に伴う幕藩体制への途の確立という歴史の状況であり、実悟はこのとき、自分の理想とする蓮如像が、これからの時代にふさわしいものと確信してこの『一期記』を著したと思われる。世俗と切り離された宗教的世界の内で信心為本を説き、人々に信を勧める蓮如の姿は、来るべき幕藩体制のうちで、宗教的世界に限定された存在としての本願寺法主の姿であったといえよう。

第八節　中間総括と展望

「蓮如の息子である実悟の手になる記録なども貴重なものであるが、かなり蓮如を理想化している面があって、御文ほどではないにしても、蓮如の内面を手探りするうえでは、わたしにとって第一次資料というわけにはいかなかったのである」。これは、『空善記』を中心に『人間蓮如』を描き出した山折哲雄の、実悟の諸書についての評価である[57]。以上の検討によって、実悟の諸書は、たしかに蓮如の「理想化」が試みられており、蓮如伝の史料としてはそのまま用いることは問題が多いことが明らかとなった。山折は、それによって実悟の諸書を捨てたが、本稿ではこれを拾いあげ、実悟の手になる蓮如の「理想化」＝蓮如像の形成を、当時の実悟をめぐる諸状況、本願寺教団の動向の上に位置づけを試みた。『実悟旧記』で、『空善記』に見られるような同朋的教化者、人々に信を勧めるために我身を捨てた蓮如像を打ち出した実悟は、享禄の錯乱による勘気、追放、処々漂泊、赦免、本願寺の戦国大名化に伴う法主権力の聖俗両界にわたる強化、石山戦争という激動のうちで、人々を救済に導く権者の再誕として、さまざまな奇瑞に彩られた蓮如像を打ち出して、本願寺教団の地上での抗争を批判し、法主の権威を宗教的世界に限定せんと試み、そこに勘気批判を展開したのである。けれども、加賀一国を領国化し、戦国大名と地上の支配をめぐって抗争する本願寺という現実において、法主像をカリスマ的救済者として描き出すことは、現状批判としてよりは、かえってそれを宗教的権威で荘厳する結果を生じ、実悟の意図とはうらはらに、その蓮如像、法主像は、一向一揆中末期における宗教王国のイデオロギーとして機能したと思われる。ただし、実悟の蓮如言行録がどれだけ用いられていたかという点は不明であり、それは別の問題として論じられねばならない。

石山戦争の終結による実悟の蓮如像の転換は、現実の宗教王国の可能性の消滅に伴うものであり、蓮如像は再び教化者として構築されてくる。実悟にとっては当初の構想への復帰であった。そしてこの蓮如像は、地上と切断され、精神の世界にとじこめられた近世本願寺を位置づけるイデオロギーとしてはまさに適合的なものであり、幕藩体制下における、世俗権力と宗教的権威の関係に合致するものであった。この意味で、一向一揆と戦国大名の抗争は、イデオロギー史的にも近世封建制への二つの途を象徴するものであり、宗教王国とそれを打倒して神聖脱化を遂げんとする世俗権力の抗争であったとみることができる。実悟の構想した蓮如像は、幕藩体制下における本願寺教団のあり方を先取りしていたのである。『一期記』に帰結したこの方向は、やがて『蓮如上人御一代記聞書』となって、近世蓮如像の基本をなす。

『御一代記聞書』には、内題の下に「古写本外題ニ、実悟覚書、天正十三年記ト云」とあり、また奥に「天正十三年四月十九日書写之者也[58]」とあって、実悟が天正十三年（一五八五）四月に著したごとく示されている。けれども、実悟は天正十二年十一月に九十三歳で没している（一説に天正十一年[59]）から、少なくとも、実悟の手によって完成したものではない。稲葉昌丸はこれを実悟の子顕悟の作とみなしている。[60]その内容は『空善記』からの四十三カ条、『実悟旧記』からの二百五十二カ条が中心であるから[61]、そこに描かれる蓮如像は、その素材に従って、教化者としての性格が強いものである。

実悟が第二に構想した権者蓮如の像は、現実には宗教王国の方向に機能せしめられたとはいえ、その本来的性格は第一の方向を基本とし、宗教的世界の権威者として法主を位置づけようとするものであり、本願寺自体が地上支配を切断された近世においてはこの方向も十分に展開の可能性をもつものである。延宝七年（一六七九）に刊行された『蓮如上人遺徳記[62]』がその復活の最初である。「真宗再興ノ徳」「在世ノ不思議」「滅後ノ利益」の三点をもって蓮如像を構成せんとするこの書は、古来、蓮悟編、実悟記、兼興添削の書として、その奥書にいう大永四年（一五二四）から、天文二年にかけて成ったものとされてきた。[63]しかるに、他の実悟の諸書のほとんどが自筆本が現存するのに、この書にはそれが存せず、また延宝七年以前の古写本も見出しがたい[64]という問題をもつ。加うるに、添削者とされる兼興が、蓮悟の子実教であるなら、彼は先述のごとく天文二年に二十六歳で毒殺されている[65]が、本書の奥書には兼興「七十歳」と注記されていて矛盾を来す。この点について芳淑院履善は、兼誉蓮淳が天文二年に七十歳に当たることから、兼興は兼誉の誤りであるとしたのである。[66]けれども本書奥書には、他にも「難覆其誉」と「誉」の字があり、これが正しく写され、兼誉のみ誤字であるというのは信じがたい。また、本書奥書は、本書が蓮悟・実悟・実教という、本泉寺の三代にわたって伝承・修補されたということをいわんとするものであり、本文中にもわざわざ他書に見えない蓮如の本泉寺立寄の記事があるから、兼興が実教を指すものでなければ奥書の意味が失われてしまうのである。したがって、兼興が誤りではなく「七十歳」という注記が誤りであり、注記者が兼興実教が天文二年に二十六歳で没したことを知らなかったと考えざるをえず、この点でも本書の成立は天文年間ではありえない。

『遺徳記』の内容を検討するに特に第二在世の不思議、第三滅後の利益においては、『拾塵記』などに見えていた奇瑞が増補されて充満している。一例を示せば、『仰条々連々聞書』に見えていた赤尾道宗が無灯火の座敷で光明を放つ蓮如に面謁した話には、勢至の化現法然との対比が加えられ、蓮如は「イヨ〳〵仏陀応化ニテ在ス」と評されている。また、『拾塵記』以来、蓮如権者説を強化する素材となった生母石山観音化身説は、六角堂の救世観音の化現に改められている。実悟の諸書に、救世観音説はまったく見えておらず、大永・天文年間（一五二一〜一五五五）に、実悟がこの説を知っていた形跡はない。六角堂救世観音化身説は、聖徳太子信仰を意識したものであり、やがて観音信仰と結びついて、近世真宗における諸神諸仏礼拝への突破口を開くものとなるのである。こうした点からみても、『遺徳記』は、近世蓮如像の端緒を示すものとみる方が妥当であろう。こうした近世の蓮如像については稿を改めて論じたい。（補註）

註

（1）禿氏祐祥『蓮如上人法語集』（龍谷大学出版部、一九一四年）。『空善聞書』、『蓮如上人御物語次第』（蓮悟記）、『栄玄聞書』、『蓮如上人御若年ノ砌ノ事』（蓮淳記）、『蓮如上人御遺言』（蓮応記）の五点を所収。以下『法語集』と略称。

（2）稲葉昌丸『蓮如上人行実』（法藏館、一九二八年）。『空善記』『蓮淳記』『実悟旧記』『実悟記』『本願寺作法之次第』『昔物語記』『栄玄記』を所収し、附録として「蓮如上人御一代聞書類の研究」と題する論文を載せる。以下

『行実』と略称。所収諸書のうち『実悟旧記』『実悟記』は稲葉が諸史料より編集、復元して命名したものである。なお、『真宗仮名聖教』『真宗法要』『真宗聖教全書』に収める『実悟記』は、『本願寺作法之次第』に当たるもので、『行実』のそれとは別書である。

（3）『続真宗大系』第十五巻（真宗典籍刊行会、一九二八年）に『拾塵記』『実悟覚書』『山科御坊事幷其時代事』、『真宗全書』（蔵経書院、一九一五年）に『実悟記拾遺』が収められる。『全書』の『実悟記拾遺』と『大系』の『実悟覚書』はともに先啓了雅所集の『蓮如上人御法語』から他書にない部分を抄出したもので、内容的に同一の書である。

（4）禿氏祐祥『蓮如上人法語集』凡例および解説。

（5）稲葉昌丸『行実』附録論文三二八～三二九頁。

（6）禿氏祐祥『法語集』一一八頁、稲葉昌丸『行実』附録論文三四〇頁。

（7）実悟の伝記については、宮崎円遵「願得寺実悟の生涯」（『真宗書誌学の研究』永田文昌堂、一九四九年）がある。一々注記することは省いたが、教えられるところが多かった。

（8）『大谷一流系図』（『続真宗大系』第十六巻）の勝林坊勝恵妻の項に蓮能禅尼伝があり「永正十五年九月三日寂五十四」とあるから、寛正六年生まれである。なお北西弘に「蓮能尼の生涯」（『教化研究』七〇・七一合併号、一九七三年）があり、能登守護畠山氏の一族政栄の息女としての蓮能尼の立場に言及している。

（9）『反古裏書』（『続真宗大系』第十五巻）二〇二頁。なお『塵拾鈔』（井上鋭夫『一向一揆の研究』、吉川弘文館、一九六八年）では、「実悟は明応元十月廿八日誕生して四十日ありて、霜月に若松へ下されけると候」（八〇四頁）とある。

（10）『塵拾鈔』（同右、八〇四頁）。『実悟記』第四二条（『蓮如上人仰条々連々聞書』第一九二条、『行実』一六三頁）にも同様に見える。

（11）前掲註（9）『反古裏書』（二〇二頁）。

（12）『本願寺通紀』（『大日本仏教全書』）の蓮悟伝に、実教は「天文二年五月修遺徳記、七月十五日没、年廿六」とあるから、永正五年の生まれとしなければならない。

(13)『拾塵記』(『続真宗大系』第十五巻)一三二頁。
(14)『山科御坊事并其時代事』第七二条(『続真宗大系』第十五巻)一五九頁。『行実』一六五頁。北西弘は前掲註(8)論文でこの事件に触れ、摂津・河内門徒のこの態度は実如の細川政元一倒辺を批判し、「政元の手先になって誉田城を攻撃することが、門徒にとって利益になるものでないことは、門徒自身一番よく知っていた」のであり、畠山氏系統の実賢を宗主とすることによって「坊主を領主にしてわがままをいう」加賀の状態を実現させようとしたものとみなしている(五〇頁)。
(15)北西弘は前掲註(8)論文で、「永正三年以後における蓮悟と実悟の感情的対立」があり、「この感情的対立に畠山氏出身の蓮能尼の実子という実悟の立場が、政治的な意味で影響していると思う」(四七～四八頁)とみなし、「実悟が本泉寺を出て願得寺に移住しなければならなかった理由も判然とするであろう」(五二頁)と述べておられる。
(16)前掲註(9)井上著書、北西弘「一向一揆」(『日本仏教史Ⅱ中世編』法藏館、一九六七年)。
(17)『朝倉始末記』巻一(日本思想大系17『蓮如・一向一揆』、岩波書店、一九七二年)三三二頁。
(18)『本願寺文書』八、「超勝寺・本覚寺下坊主覚」(拙稿「中世末北陸における真宗寺院の本末関係について」、『近世仏教』第四号、一九六一年)。
(19)『塵拾鈔』八〇九～八一〇頁。
(20)『大谷一流系図』。蓮誓の第六子に「南向、願得寺兼俊室、永正十一十二月十六日卒十八歳、法名了忍」とある。なお、宮崎圓遵は、前掲註(7)論文において、この了忍尼を実悟が当初に配されるはずであった蓮悟の娘に比定し、実子ではなく養女であったとされているが、両者は別人と考えるべきであろう。
(21)『大谷一流系図』。兼俊の息女の項に「梅原少将玄貞室、天文十六五月八日卒廿九、母前右府公藤女、法名公周」とある。
(22)前掲註(16)北西論文。
(23)『拾塵記』一三二頁。
(24)願得寺蔵。護法館、一九〇四年。以下、すべてこの刊本による。
(25)『今古独語』(『続真宗大系』第十五巻)一八六頁。

(26)『反古裏書』二〇八頁。
(27)『大谷一流系図』兼俊の項。
(28)『行実』附録論文、三四七〜三五二頁。
(29)『行実』に収められる『実悟旧記』はこれによっている。以下『実悟旧記』は『行実』所収本による。
(30)『行実』所収。同附録論文によれば、奥書に慶聞坊龍玄の証明によって、蓮淳が著したと考えられるから、龍玄の没した永正十七年までにその原形が成立している（三二五〜三二八頁）。
(31)北西弘「本願団教団の成立とその展開」(『本願寺教団』、学芸書林、一九七一年）一〇一〜一〇三頁。
(32)『拾塵記』は『続真宗大系』所収本のほかに、大正八年大谷大学の仏教史学会より刊行された『蓮如上人一期記』付載の本がある。以下の引用は仏教史学会刊本によった。より原本に忠実と判断したからである。返り点、送り仮名は続真宗大系本によって補った。
(33)『続真宗大系』第十六巻。両系図の解題による。
(34)『続真宗大系』第十五巻。『拾塵記』解題、一二三頁。
(35)同右、一三〇頁。
(36)同右、一二三頁。
(37)註(32)参照。
(38)『反古裏書』二〇九頁。
(39)前掲註(9)井上著書四四九頁。
(40)『私心記』(『続真宗大系』第十五巻)。以下引用は『私心記』による。
(41)『大谷一流系図』実悟の項では、「弘治三年二月以来大坂殿伺候」とする。
(42)同右。
(43)蓮如が光明を放ったという説話群は、『高僧和讃』に「源空在世のそのときに　金色の光明はなたしむ」「源空光明はなたしめ　門徒につねにみせしめき」とあって、親鸞が法然を勢至菩薩に擬したことを原形としているように思われる。

（44）『行実』附録論文、三五六～三六〇頁。三九〇頁。
（45）註(30)参照。
（46）『続真宗大系』第十五巻所収。第四八条の次に以下のごとき奥書がある。
右此条々は、御所望により思出るにしたがひて注進ずる也。一句一言も虚言は有べからず候。但外見は大にはゞかりなり、努々他見あるべからず。炎天の術なくねふりの間、すぢなき事しるし進候。やがて可被入火者也。
　天正三年乙亥林鐘上旬日　　苾蒭兼俊八十四歳（花押）書之
　　願入寺江
（47）大谷大学図書館蔵。実悟の奥書および恵空・理寛の転写奥書は次のごとし。
右条々、愚老承伝分注付処、御所望之間、悪筆ト云ヒ文言ト云ヒ、旁以雖ニ憚入一、不レ存ニ隔心一筋目迄令レ進者也。可レ被ニ外見止一者也。可笑々々。
　天正三称蒙人定金商梢秋初十日　　苾蒭兼俊順毛有余在判
　佐栄大僧都御坊参
私云恵空、斯一巻元禄十七年甲申正月廿日写之竟。写本者六条浄真寺之本也。予先年於ニ河州願得寺一閲ニ古記一中ニ、有下題ニ塵拾記一ト一巻上無表紙実悟之御自筆也。彼ノ記ノ中ニ有ニ条々一。其中此ニ今一巻ヲ一条トセリ。其後依レ望一悟自筆ヲ以テ其一条ヲ抜写シテ給ハレリ。彼文今此本ト全ク一也。見合スヘシ。
　　隠侶恵空子
　右本ノ儘伝写之畢　即得寺理寛叟
恵空の転写奥書によれば、願得寺に『塵拾記』なる一書があり、本書はそのうちの一部に当たるという。『真宗聖教現存目録』には願得寺に『塵拾記』は見あたらず、その所在は不明である。稲葉昌丸はこれを『拾塵記』の誤りとみ、内容が一致しないから恵空の記憶誤りであろうとされている（仏教史学会本『拾塵記』解説三頁）。
（48）『行実』附録論文三八五頁、三二五～三二六頁。先啓了雅編『実悟記拾遺』にこの名が見え、その内容は『天正三年記』に一致する。願得寺に『一期記』と合綴の無題の一冊が伝えられるという。おそらく恵空が見た『塵拾記』はこれであろう。

(49) 前掲註(46)参照。

(50) 北西弘「一向一揆の意識構造」(『大谷大学研究年報』第二十集、一九六六年)に、集団的信仰の問題がグループ・エフェクトという視点からの追求がある。

(51) 北西弘は註(50)の論文で「うちしにのかた〳〵は、ごくらくのわうしやうとけ候はんする事うたがひなく候」という証如の書状を紹介しておられる。実悟の批判する往生の可否の法主による判定の一つの例証とみることができる。

(52) 『行実』所収。ただし『行実』では、『山科御坊事』と併せて一書として構成され、そのままの形を知るには不便である。『真宗仮名聖教』など所収の『実悟記』がこれであり、以下、便宜的に『真宗聖教全書』三列祖部に収めるものによる。その奥書は次のごとし。

右此条々者、実如上人御時、城州山科郷野村里御坊之時、細々令二上洛一、行事以下諸事奉レ相候之間、不二忘申一次第連々書二付之一。但不レ同雖レ無二正躰一、自然古之儀者、有二御存知一度事共侍覧と書付申候也。落字以下如何憚レ之儀、奉レ憑者也。愚存分雖レ有レ恐一言虚説等不二書付申一者也。仍御局迄進二置之条々一也。以二御分別一御目一不レ可レ有二他見一

天正八年三月二日　実悟（花押）
八十九歳書之
御局参

なお『仮名聖教』所収本は、このあとに、

真本目録ノ前一紙ノ表ニ云
門主可二進入一条々約束申条也兼俊

とあって、本書が顕如の見参に入れるために著されたものであることが知られる。

(53) 大正八年、大谷大学仏教史学会刊。以下この刊本による。奥書は次のごとし。

天正八年九月中旬清書之　苾蒭釈実悟八十九歳（花押）書之

(54) 『行実』附録論文三九一貫。

（55）同右、三五九頁。
（56）同右、三四二頁。
（57）山折哲雄『人間蓮如』（春秋社、一九七〇年）著者後記。
（58）大谷派本願寺蔵版による。
（59）『大谷一流系図』に「天正十二十一月廿五日卒九十三、（十一年卒九十二ィ）」とある。
（60）『行実』附録論文三七四頁。
（61）『同右』三九二頁。
（62）大谷大学図書館蔵。「延宝七己（マヽ）未年正月吉日」と年紀があるが、刊記を欠く。『真宗聖教全書』三列祖部などの刊本がある。
（63）右刊本によると、奥書は次のごとし（ただし返り点は大桑）。
右所ㇾ録ノ冊篇殆ト有ㇾ憚リ。但思頗有二僻之一。恐懃ニ染二黄子之拳墨一、列二鳥鼠ノ之疎詞ヲ一。有ㇾ恥有ㇾ憚繇テㇾ是ニ楚忽短慮弥惑。豈非ㇾ受二呵咲ヲ一乎。寧非ㇾ招二毀呀一乎。雖ㇾ然憶フニ二彼徳ノ海ヲ一深而、雖ㇾ覆二其誉一、難ㇾ謝二其恩徳一。因ㇾ茲挙二九牛カ一毛ヲ一、捨《ヒロフノ》二所ㇾ聞之聊肯《ナルムネヲ》一。乞文躰卑劣言辞訛謬、尤譲二他眼ニ一而加二取捨通局一而已。

大永第四暦南呂初三日、同第五之天終早書篇畢。

此ノ遺徳記、本泉寺兼縁蓮悟ノ所ㇾ集。其後実悟記ㇾ之。釈兼興ノ七十歳先年予馳筆ノ之次、早卒ニ記ㇾ之。其ノ後者擬メ二反古ニ一令二弃置一之処ニ、尚斯ノ書有二座右ニ一。然間為ㇾ消二閑窓ノ之徒然永日ノ之懶睡ヲ一、聊加二添削ヲ一書二改之一。愚昧ノ之短語不ㇾ及二再覧一。慚二汗スヲ之一。

天文癸巳年蕤賓下旬日
（64）『真宗聖教現存目録』『国書総目録』などに見えない。
（65）前掲註(12)参照。
（66）『真宗法要典拠』。
（補註）『蓮如上人遺徳記読解』（真宗大谷派宗務所出版部、二〇〇二年）参照。

第九章　生身仏信仰と権化蓮如

新稿である本章は、前章での実悟による権者蓮如像の形成論を、その民衆的基盤を論ずることで補足する意図をもっている。二〇〇〇年の真宗大谷派の安居において『蓮如上人遺徳記』を講じ、権者蓮如の像の形成をあらためて問題とし、その講義を『蓮如上人遺徳記読解』（真宗大谷派出版部、二〇〇二年）として公刊したこともあって、蓮如像は両者を併せて論じなければならなくなったことにもよっている。安居講本の結論部分を中核に再論し、その後の知見を付加して本章とした。

はじめに――実像と虚像

蓮如実伝を探るという試みは、これまでにも多くなされてきた。早くは稲葉昌丸の『蓮如上人行実』という史料集の刊行、近くは堅田修による『真宗史料集成』第二巻の仕事やそこでの蓮如伝の試み、一九九八年の蓮如五百回御遠忌にあたっての『講座蓮如』の諸論文、真宗大谷派教学研究所による『蓮如上人行実』などをあげることができよう。

そこでなされた試みは、蓮如遺文あるいは蓮如の下付した絵像裏書などのような蓮如の第一次史料の集成によって、新たな蓮如伝の形成を目指す方向であるが、それは真宗教団史に新しい知見を加えることが主となり、蓮如伝ということにおいては、いくつかの論点を新たに提示したにしても、伝記そのものを大きく書き換えるような性格のものではなかった。根幹となる伝記史料ということでいえば、多くの研究者の調査にもかかわらず、新史料の発見というようなドラスティックな展開はもはや望むべくもないことが明らかになった。したがって、いまや蓮如像、ないしは蓮如伝を新たに構想するならば、それは視点の転換ということ以外にありえない。教団史的視点においては、たとえば金龍静が(1)、蓮如の画期性を初期教団の門流的あり方の否定に立つ「宗派」形成に見たような転換はあったが、そのことによって蓮如伝が更新されたかといえば、それほど大きな転換を認めることは難しい。

伝記研究とはいったい何を目指すものなのか。少なくとも、蓮如の行実の史料年表を作ることではないだろう。そのような作業は伝記の基礎をなす伝記史料研究ではあっても、人物像の形成や伝記叙述ということとは別である。伝記とはあくまで人物像の形成が目的であり、歴史学における伝記研究は、歴史的人物像を形成することによる人間と歴史のかかわりを解明することにあろう。

しかるに、伝記史料とは、前章の願得寺実悟の伝記史料へのかかわりで明らかにしたように、収録者の視点を抜きには語りえないものである。つまり伝記史料とは、それ自体が伝記物語なのであり、虚構性を必然的に包含したものなのである。稲城正己の研究(2)は、「語られた言葉は、聞き手の〝解釈〟の経路を辿って記憶の中に蓄積される。その場合、聞き手の〝解釈〟の経路は、既存の社会的コンテクストによって一定の枠組みを与えられる」ことを問題化したが、虚構性をこのように社会的コンテクストによる「解釈」と捉えてもかまわない。

伝記史料がこのように虚構性を包含し、「解釈」によって成り立っているなら、近代実証学が求めた「実証」による「実像」とは何かをあらためて問わねばならない。真宗大谷派教学研究所編『蓮如上人行実』がその「あとがき」で、「先入観なしに」「客観的な蓮如像を探求しようという機運が出てき」ていると述べることを取り上げた村上學[3]が、それを半ば肯定しつつ、ただし史実の認定に研究者によって差があると断ったのは、「実証」と「解釈」の間に難問のあることをあらためて指摘したものである。「実証」ということが、虚構性や「解釈」を史料批判によって排除し、その作業に耐えて残ったものによる事実性の証明ということであるなら、「実証」に耐ええないもの、「実証」しえないものを虚構・虚像として排除し否定する近代学、その精神によって立つ歴史学が問題であり、蓮如像・蓮如伝においては、同じく「実証」によって立つ真宗史学が問題である。そしてまた、その「実証」の精神による近代精神との格闘から生まれたという真宗近代教学もまた問題となろう。

まずは真宗近代教学ということからみていこう。真宗大谷派における座談会「新たな蓮如上人像との出会いを求めて」の最終回[4]において、真宗教学研究所長・西田眞因は、近代を「実証」と押さえる次のような発言をしている。

　私が近代知と言うとき、それを実証を求める知として捉えます。その近代知の木の実を食ったが故に阿弥陀さんを信じられなくなった。そこで、近代知の木の実を食ってしまった自分がどのようにして阿弥陀さんを信じられるようになったか、その近代知の自分と求道の自分との格闘の軌跡を私は近代教学という。（中略）それ以前の封建時代の信仰は、如来が実在することを前提にして、それを信じられるかどうかを問題にしていたのが封建教学ですね。（中略）明治になると、その如来の実在自体が問われることになった。存在しない如来を信ずることは出来ない、これが近代知ですね。

近代知を「実証」と押さえ、そこにおける信仰という問題への的確な発言で、「実証」できない阿弥陀仏をいかに信ずるかという課題から近代教学が成立したことを解き明かしている。そこから、清沢満之が学生に「如来さまがあって、それで如来さまを信ずるのか。自分が信ずるから如来さまがあるのか、考えてみよ」と言われた。

という事柄を取り上げ、さらにそれは曽我量深の「如来我となりて我を救い給ふ」という明治四十五年頃の発言に連なり、昭和四十年の九十歳の記念講演での「如来あっての信か、信あっての如来か」という講題となっていると指摘し、この流れに近代教学の成立をみたのである。

近代＝「実証」からすれば、如来の存在は実証できず、したがって如来の実在を前提にする信仰は成り立たなくなる。そのとき、「如来を信ずる私」という現実存在は実在する、という立場から如来を捉え返すことによって生まれたのが近代教学であるというのであろう。これに従えば近代教学とは、厳密には近代という課題と向き合った教学という意味である（それが近代批判ないしは反近代・近代超克であるかどうかはあらためて問われねばならない）。このように近代＝「実証」と対峙したとされるのが近代教学であれば、「実証」に耐ええない「物語」は、近代以前として視野から消去されてしまうことになる。それは、物語的な蓮如の像に共感する人々の姿が目に入らなくなることを意味する。そして一方での、歴史学・真宗史学からの近代的「実証」による蓮如の「実像」もまた、近代＝「実証」と対峙した教学であるがゆえに、近代教学においては受容されることが困難になる。

真宗史学は、近代的「実証」に対峙する真宗近代教学との関係という課題を、はたして自覚的に担ってきたのだろうか。むしろその課題を回避して、教学に向き合うよりは歴史学に身を置き、歴史学の近代的「実証」に寄り添ってきた。しかるに今、歴史学の「実証」自体が解釈学や物語論によって揺らぎ出している。どのような史料も語られたものであるという史料論の最低限の常識を、「実証」に生かしてゆくのか、あるいは「実証」を超える新しい歴史学の構築に適用するのか、いま大きな岐路に差し掛かっている。

かくして、蓮如像ないしは蓮如伝は、「実証」されえない伝説的神話的蓮如像、近代的実証的蓮如像、およびそれと対峙する近代教学の蓮如像（そのようなものがあるのかどうか、またどのようなものかが問題だが）という三つの蓮如像を視野に入れながら構築されねばならないという課題に直面している。「実証」しえない蓮如像、これを「虚像・虚構」というなら、そのような「虚構・虚像」で構成される「物語」は、近代実証学および近代教学の目を超えて問題化されねばならない。一般化していえば、「物語」というものがもつ現代的意義の確認であり、「物語」をいかに読むか、何を問題にするのかという課題である。

このような意味での「虚構」としての五木寛之の蓮如の物語、それを村上學は前掲論文で、「史実とは別に蓮如像の真実に迫ろうとする小説家としての営み」と規定したが、その「史実とは別」の「物語」が、この度の蓮如五百回御遠忌において提示され、一定程度人々の共感を獲得したのは重要な出来事であり、その意味を考えることが虚像と実像という課題へのアプローチとなろう。

五木の岩波新書『蓮如』（一九九四年）は、副題に「聖俗具有の人間像」という言葉が使われているが、それは五木の蓮如像を端的に表しているようである。五木のこの言葉の背後にあるのは、おそらくは「両性具有」という言葉、概念ではないかと推定している。「両性具有」とはギリシャ神話における両性に分かれる以前の原初の人間のあり方である。その完全性を嫉妬したデウスがこれを真っ二つに切り離したところから、人間は両性に分かれ、永遠に失われた半身を求め続けるように運命づけられた、という物語がある。「両性具有」とは失われた完全性を意味しているから、五木のいう「聖俗具有」も人間が失った完全性のメタファーであろう。つまり五木のこの言葉は、直接的には、蓮如が宗教的聖者でありながら、一方で世俗そのものの生涯を送ったことを意味し、同時にその生き方に完全なるものを見ることを意味している。

また「聖俗具有」は、親鸞の「煩悩具足」、さらには「非僧非俗」を連想させる。事実、五木は岩波新書『蓮如』でこのことに言及する。親鸞は、「一個の人間の、「実存的な苦悩」の自覚から発する信仰者であり、そこには「情緒とか、人情とか、感傷などと言った湿った心情」はなく、「漂泊の聖、そして僧でもなく、俗人でもない」「世間のしがらみにとらわれ」ない「信仰の自由人」という姿がある。親鸞の「苦悩」に対して蓮如は「悲苦」から出発するが、「悲苦」は人間関係から生じるものであり、蓮如が体ごと飛び込んだ俗世間と俗衆のうちに生まれるものである。このようにいう五木は、親鸞の「非僧非俗」に対峙するものとして蓮如を「聖俗具有」と捉え、ここに完全性を見出しているのである。

五木の蓮如像は、このように世俗に生きた宗教者、完全なる人間という「物語」であった。その物語が、教学者の、歴史学者の、蓮如像を圧倒したのである。「虚構」（小説家の真実）が近代学の「事実」である実存・実証を撃ったといってもよい。五木の蓮如像についてはまだ見るべきことが多いが、いまは「虚構」としての「物語」の意義を見るにとどめる。

第一節　親鸞の応化観念と真宗教学

前章において見た願得寺実悟の蓮如像は二つの方向性をもっていた。一つは、最初の出発点にあった身を捨てて人々を救う教化者の像であり、いま一つはそれを基盤にしながら、カリスマとして、弥陀の再誕の応化・権者として奇瑞不思議を現す蓮如像であった。後者は、『拾塵記』の段階で構想された蓮如像で、『蓮如上人仰条々』へ引き継がれるが、『蓮如上人御一期記』でいったん姿を消し、やがて近世に復活するというように捉えた。戦国大名にも比定されるような世俗権力をもち、一方で人々の現世も後生をも支配する生き仏本願寺宗主・門跡への実悟の批判がその根底にあり、蓮如を権者化することでそれに繋がる本願寺宗主権威を宗教世界に限定することが目指されたが、石山戦争終結によってそれが現実化したことで、権者の方向が転換され、再び教化者蓮如の像に戻ると考えた。

そのように、実悟による権者蓮如像の形成と転換を、もっぱら本願寺をめぐる社会状況から位置づけたのであるが、そこには、真宗信仰における権者の観念の問題や、その背後にある民衆の生き仏信仰などの視点が欠落していた。二〇〇〇年の真宗大谷派安居での講義をまとめた『蓮如上人遺徳記読解』(5)ではその問題に言及したが、ここではそれをベースに再考察を試みる。

まずは真宗における権者・応化の観念を理解するために、親鸞の応化観念をみておく必要がある。親鸞の応化観念は、次のように「源空和讃」に集中的に見えている(『真宗史料集成』第一巻)。

二　智慧光ノチカラヨリ　本師源空アラワレテ　浄土真宗ヲヒラキツ、　選択本願ノヘタマフ

七　源空在世ノソノトキニ　金色ノ光明ハナタシム　兼実博陸マノアタリ　拝見セシメタマヒケリ

八　本師源空ノ本地オハ　世俗ノヒトヒトアヒツタヘ　綽和尚ト称セシメ　アルヒハ善導トシメシケリ

九　源空勢志ト示現シ　アルイハ弥陀ト顕現ス　上皇群臣尊敬シ　京夷庶民欽仰ス

一三　源空光明ハナタシメ　門徒ニツネニミセシメキ　賢哲愚夫モエラハレス　豪貴鄙賤モヘタテナシ

一四　命終ソノ期チカツキテ　本師源空ノタマハク　往生ミタヒニナリヌルニ　コノタヒコトニトケヤスシ

一五　源空ミツカラノタマハク　霊山会上ニアリシトキ　声聞僧ニマシワリテ　頭陀ヲ行シテ化度セシム

一六　粟散片州ニ誕生シテ　念仏宗ヲヒロメシム　衆生化度ノタメニトテ　コノ土ニタヒタヒキタラシム

一七　阿弥陀如来化シテコソ　本師源空トシメシケリ　化縁ステニツキヌレハ　浄土ニカヘリタマヒニキ

すなわち、法然は、弥陀如来の智慧光の応化であり（二・九・一七）、その智慧の象徴である勢至菩薩と示現し（九）、また釈尊の霊山の説法に連なったことがあり（一五）、道綽・善導を本地とし（八）、この間三度の往生を遂げ、たびたび日本に応化し（一四・一六）、いま法然として光明を放っている（七・一三）といわれるのである。ここには、法然を阿弥陀如来や勢至菩薩などの応化と仰ぐ親鸞の姿がある。このような親鸞の応化観を、真宗教学ではどのように了解するのであろうか。

真宗教学における応化観念の論拠は、『教行信証』信巻に引かれる菩薩の衆生済度の五種の門、その第五門に関する左のような『浄土論註』の文であり、還相回向という問題に連なる。すなわち、その現代語訳を示せば、

出の第五門は、大いなる慈悲をもってあらゆる苦悩の衆生を観察し、応化の身を示して衆生を救うべく生死《まよい》の薗、煩悩の林の中に入り、神通に遊戯し衆生教化の地に至るのである。それは衆生を救済しようとする本願力の回向によるからである。これを出の第五門と名づける。(6)

という文であるが、信巻のほかに証巻に二カ所引文されており、またこれによって『正信偈』の文が作られていることも周知のところである。

この出第五門——還相回向に関して寺川俊昭(7)は、

還相の回向の恩徳は、それを構成しているいくつかの要件があることが思われる。（中略）第二は、応化身を示すということである。これは生死の稠林に回入するということと、表裏一体であろう。浄土の菩薩が穢土の苦悩する衆生の祈りに応えて、流転の世界に身を捨ててという、これが第二の要件である。

と、還相回向の要件として菩薩の応化をあげる。さらに寺川は、この文に親鸞が尋ねあてたものは、

苦悩する衆生を開化して、仏道を求める心に目覚ましめそして無上仏道に立たしめていく、この恩徳を施して
　くれた「よき人」に感ずる深い恩徳感、
であったとされる。この「よき人」が『歎異鈔』に見える法然を指す親鸞の言葉であることはいうまでもないが、このように、親鸞の言葉に従ってではあるが、法然を「よき人」と表現することによって、『浄土論註』における応化身観念や親鸞の『和讃』における応化身法然という観点は大きく転換されている。それは、
　もしこれ（応化身―大桑註）を実体として考えるならば、ほとんど了解不可能であろう。そうではなくて聖人は、壮大な表現で語られる浄土の菩薩の荘厳功徳を説く教説によって、衆生を開化して無上仏道に立たしめる教化の恩徳を施す諸仏善知識が一体どのような意味を湛えた存在であるかを正確に教えられたのではなかろうか。このような了解を確立した聖人の聞思は、現代の課題的な関心に立っていえば、一種の神話的表現をもって教説されている浄土の菩薩の荘厳功徳に対して、ある意味で非神話化を果たし、その教説に対して見事な実存論的解釈を果たしたと、了解することができるであろう。
と、応化身とは神話的表現であり、それを実体的に捉えることはできず、親鸞はそれを非神話化し実存論的解釈を示したと、了解することである。このような非神話化と実存論的解釈という近代学の概念を駆使しての解釈、これが近代教学といわれるゆえんであり、応化という観念を実体的に見ることが拒否されている。
　このことは小野蓮明の著書にも詳しい。[8]この書の第二章第二節では『観無量寿経』の調達・提婆・闍世・韋提など王舎城の悲劇を構成する人々を、
　阿闍世を誘惑して逆害を興させた提婆達多でさえ、親鸞は「提婆尊者」と崇めている。（中略）親鸞にとって、悲劇を構成するすべての人は、本地は果上の菩薩であり、その仏菩薩が、業苦の現実に沈淪する衆生を救済せ

んとして、権に凡夫の相をもって示現された「権化の仁」であると、信解されたのである。

と述べる。「権化の仁」とは『教行信証』総序に、

浄邦縁熟、調達闍世興二逆害一、浄業機彰、釈迦韋提選二安養一。斯乃権化仁、斉救二済苦悩群萌一、

と見える言葉で、応化身の意味である。このような「権化の仁」に代表される応化の観念について小野の了解を示すのが、第三章第二節での曽我量深の法蔵菩薩論に関する論述である。

法蔵菩薩は、（中略）信仰的自覚の主体の名でもある、という直感的自覚がそこにある。（中略）この直感的確信こそ、『大無量寿経』に本願の主体として説き示された法蔵菩薩の最も主体的な了解であり、法蔵説話の非神話化である。（中略）『経』における法蔵菩薩出現を語るこの叙述は、その直接的表現においては、恰も神話的表象をもって語られている。しかし、その神話的表象をもって叙述されている法蔵説話を通して、神話的表象のもつ実存論的意味を見い出し、説話を実存論的に解釈することは、極めて大切なことである。実存論的に解釈するとは、物語をいわば実存の方向に引き寄せて、主体的に解釈するということである。

と、神話の「主体的な了解」による「非神話化」によって、「物語を実存の方向に引き寄せ」て「実存論的意味」を見出したのである。「非神話化」という方法が、近代教学の大きな支柱となっていることを知りうる。

非神話化・実存論的解釈の問題には、これ以上立ち入らないが（『蓮如上人遺徳記読解』を参照されたい）、ただ、これらの解釈では、応化身法然が「よき人」という人間に転換されたように、神話が神話としての性格を剝奪され、神話でしか語りえない超越的で始源的・根源的なものが別のものに変容されていることを指摘しておきたい。超越性・根源性が宗教性であり信仰の基盤であるなら、非神話化は、神話的信仰への批判であるけれども、信仰そのものを見失うものではなかろうか。

同じく近代真宗教学の内にありながら、広瀬杲(9)の場合はこれらと相当に異なっている。広瀬は、先に引いた「源空和讃」の第二首「智慧光のちからより　本師源空あらわれて」によって、法然が弥陀の智慧光から出現したこと、また八首の「大勢至菩薩和讃」の末尾に「以上大勢至菩薩　源空聖人之御本地也」とあって、弥陀の智慧を象徴する勢至を法然とすることなどから、「親鸞にとり法然上人が勢至菩薩の化身であるということは、具体的に親鸞一人を、それゆえにまた、すべての人間を、念仏往生人として独立せしめる如来の智慧の現実態であるという、確かな領解が裏打ちされていた」という。親鸞が領解した応化とは、「如来の智慧の現実態」としてであったという見解は、如来は娑婆に生まれるということの、きわめて現代的な表現というべきかもしれない。

さらに広瀬は、先掲の「源空和讃」第十七首「阿弥陀如来化してこそ　本師源空としめしけり」という和讃は、後の二句に「化縁すでにつきぬれば　浄土にかえりたまいにき」とあることにおいて、「有限の肉身をもっての教化の終りこそが、無限の法身としての教化の縁の尽くし切られる最も具体的な現実である」と親鸞が受け止めたことを示しているという。すなわち、肉身の法然は死という別れをもつことで「無限の法身」となったのであり、これが応化ということである、というのである。

このような領解の前提となるのが、善導の「就人立信」と「就行立信」という言葉である。親鸞が念仏往生人の道を歩んだのは、「よきひとのおおせ」によって信を立てることから始まった。「就人立信」である。その「よきひと」法然との決別は、その仰せの内実である「ただ念仏して弥陀にたすけられまいらすべし」という念仏＝行によって信を立てることを、否応なしに親鸞に迫った。そのような「就人」から「就行」の立信への転換によって、「常住不滅の法身としての師法然上人との再会」、「絶対の再会」が生まれたのであり、それは「決して神秘的な事柄ではない。最も具体的な宗教的事実」である。「教理的な仏身説としてではなく、このような再会における如来を「応化身」といい、「この世に出世したもうた如来ということは、信心における確かな内実としてでないかぎり、何の意味もない」、このように広瀬はいう。

それとともに、親鸞が念仏往生人の道を歩み「就行立信」に至るには、「群萌の生」が契機となっていた。それは越後で親鸞を拒絶した人々との「生き会い」を意味している。法然が、打ち首になってもこれだけは、といった信心を、越後で親鸞が語ったとき、法然から得た信心という性格が残っているがゆえに、「親鸞の語る言葉は親鸞だけの特権者の言葉」として人々に拒否された。そのときいったい念仏とは何だったのかと問い直さねばならないが、その問いをも拒否したのが法然の死であった。こうして「群萌の生」は親鸞に十方三世の諸仏の随縁摂化という事実となった。「十方の諸仏とは、親鸞にとり「いなかのひとびと」といい、「いし・かわら・つぶてのごとくなるわれら」と頷き、「具縛の凡愚、屠沽の下類」と呼んだ群萌の世界の事実以外になかった」。つまり親鸞にとって諸仏とは群萌という「具体的人間の生きる事実」でありながら、同時に「諸仏とは、親鸞にとりましては、決して阿弥陀仏以外の仏のことではない」、「諸仏が阿弥陀の実働態なのであり、阿弥陀は諸仏として自己を表現する」という。あえて図式化すれば、人間の生きる事実＝諸仏＝阿弥陀の実働態、となる。

要約として的確かどうか心もとないが、少なくともここには、応化法然という神話的表象を、非神話化するのではなく、神話的に了解し、そこに宗教的真実を見ようとする姿勢があることだけは確かである。生身の法然、巷にうごめく群萌、そこに親鸞は阿弥陀如来を、諸仏を見出し、それらはすべて弥陀であると観念したのであり、そのような法然応化観、群萌諸仏観は神話的表象で語られた宗教的真実なのである。

村上學は前掲論文において、「何れの宗教を問わず絶対的な崇拝と帰依心の対象については全ての事実は史実／虚構の次元を超えて全てが事実となる」と、宗教的事実は実証的事実を超える事実であるといい、さらに如来等同の地位になりえても身体的には凡夫であるという真宗教義からは「人間が仏菩薩の権者としての証拠＝奇瑞を表したエピソードの類は論理的には排除されねばならない。しかし、それは近代歴史学の実証的な方法による不合理性の排除とは異質である」という。広瀬杲による法然応化論は、そのような理論といえるかもしれない。しかし他の真宗近代教学における還相回向論での応化身の解釈と、その実体化の排除、つまりは神話の非神話化には、村上のいうような宗教的事実性の確認がない。村上はそうした前提として、絵解きや談義説法で語られた伝承があり、目の前に証拠となる遺跡や事物があることをあげ、それらによって、真宗門徒は応化身を「真実＝事実」と受け止められたとみる。このような観点が歴史学における応化観念の把握にも必要であろう。

第二節　中世の生身仏

苦悩の衆生がうごめく娑婆世界、ここをめがけて仏菩薩は応化する。応化の理論は人々の求めに応えて形成された教学であろう。中世世界にはこのような応化身の仏たちが続々と姿を現し、人々の救済に当たっていた。それらを中世神話という視座から捉えて、その神話的表象を神話的に捉え返す必要がある。

中世宗教史研究の場からは、生身仏信仰への問題提起が相次いでいる。たとえば誉田慶信[10]は、「民衆の苦そのものが、人間を救済しうる力を持ち得た神を導き出していく最も根元的な出発点」であり、そこに「神と民衆の間には人格的な諸関係が成立」して「なんじとわれの関係」の体系が生まれるのであるから、「民衆の中にこそ神がいるのであり、神は現実的存在そのもの、生きた形そのものという信仰」、つまり「生身仏信仰」が形成された、という視座を提示している。その視座から「源空和讃」の「金色ノ光明ハナタシムト」（第七首）、「源空光明ハナタシ

メ　門徒ニツネニミセシメキ」（第一三首）という光明を放つ法然は、親鸞にとっては「阿弥陀如来・勢至菩薩の化身」であって、生身仏と何ら変わらない意識として見られるという。あるいは『歎異抄』の「法然聖人ニスカサレマヒラセテ……」という親鸞の信仰告白は、法然との人格的関係の表現であるとともに、生命ある弥陀（化身）と苦悩する人間の関係であったという。先に見た真宗教学者寺川・小野の応化観念とはまったく逆で、生身の仏を信ずる親鸞がいる。

また誉田は、そこを拠点に親鸞が「生身の阿弥陀如来」であるとの信仰が生まれたことが『親鸞伝絵』上第八段の入西観察における「さては生身の弥陀如来にこそと、身毛いよたちて、恭敬尊重をいたす」に窺える、という。民衆の苦悩とそのような場における生身仏の観念の形成、それを土台として親鸞の法然観、あるいは人々の親鸞観が生まれたという誉田の視座そのものは、いわれてみればごくあたりまえのことであるが、それを言い切ったという意味で注目してよい。

入西観察段で親鸞は生身仏である善光寺如来の来現とされるのであるが、善光寺如来と真宗の関係に関する吉原浩人[11]の説は興味深い。関連する部分を要約すれば以下のようである。善光寺如来への信仰は鎌倉期以降爆発的に広まるが、その原動力は生身仏への信仰であった。生身仏とは「なま身の、実際に生命が宿っているということ」であり、『善光寺縁起』の冒頭に「抑善光寺生身如来者」とあるように、善光寺如来は何よりも生身の如来として信仰された。真宗門徒のうち、高田門徒は善光寺如来を本尊とし、善光寺如来絵伝・聖徳太子絵伝・法然上人絵伝・親鸞聖人絵伝の四種を一組として用い、仏教の日本伝来から親鸞に至る歴史が説明された。三河如意寺がこの四種絵伝を覚如から免許された史料があり、本願寺系でもこの四種が用いられたことが知られる。こうしたことが前提となって、『親鸞伝絵』の入西観察段で親鸞は定禅の夢に現れた「善光寺の本願御房」であり、「生身の阿弥陀如来」と少しも違うことがなかったといわれ、「聖人弥陀如来の来現といふこと炳焉なり」と仰がれる。「すなわち、阿弥陀如来がこの世に来現したのが親鸞」であり、「親鸞は阿弥陀如来の化身として絶対化され」る。親鸞を弥陀の化身とするのになぜ善光寺如来かといえば、善光寺如来が生身の如来であるからである。一方、和讃などに聖徳太子は救世観音の垂迹、法然は勢至菩薩の応現という認識があるから、「阿弥陀如来（善光寺如来）から観音・勢至の両菩薩を経て浄土の教えが本朝に広まり、再び阿弥陀如来（親鸞）によって衆生が済度されるという、円環構造が完成することになる」。つまり、弥陀（善光寺如来）―観音（聖徳太子）・勢至（法然上人）―弥陀（親鸞）というように、生身仏が円環する構造がある。

このような観点は小山正文[12]にも見られる。小山は真宗絵伝や真宗の聖徳太子信仰を課題として関連絵画史料や古写本を博捜するうちで、「初期真宗においてはたんに法然の絵伝だけではなく、日本仏教の濫觴を物語る善光寺如来絵伝や和国教主の聖徳太子絵伝、あるいは宗祖親鸞絵伝があわせ用いられさかんに念仏勧化が行われた事実がある」と述べている。また蒲池勢至[13]も親鸞伝絵入西観察段に関して、「親鸞＝善光寺の本願御房＝生身の阿弥陀如来と捉えている。善光寺如来は生身の如来であるという信仰があって、覚如は親鸞を同体化させ、さらには「聖人弥陀如来の来現」とまでいうのであった」と、真宗信仰と生身の如来の深い関連性をいう。

善光寺は戦国期に荒廃して甲斐に移され、岐阜・岡崎などを転々とした後、如来は豊臣秀吉によって京都大仏殿方広寺に迎えられる。西山克[14]によれば、豊臣始祖神話の形成に利用され、また仏法三国伝来のルートを逆にたどる秀吉の大陸侵略政策のイデオロギーの役割を担わされたという。そうした側面とともに、生身の如来信仰の本尊を押さえて民衆信仰を吸収する意味をも考えるべきであろう。名畑崇[15]が、本願寺御影堂の宗祖像は生身御影と称され、生けるがごとくに奉仕されていたのであり、その生身の宗祖は善光寺如来の応化であったというのに従えば、秀吉の善光寺如来勧請は、生身の如来を親鸞や蓮如に求める真宗門徒の掌握が視野に入っていたと考えられる。吉原によれば、中世における真宗の善光寺信仰受容の証拠として、談義本の『善光寺如来本懐』の存在、実悟選の『聖教目録聞書』に「善光寺如来伝」があり、江戸期にも粟津義圭に『善光寺如来東漸録』がある。

生身仏は善光寺如来だけではない。二、三の研究からこのことを確かめておきたい。最も著名な生身仏は京都嵯峨清凉寺の釈迦如来像であろう。成田俊治・上林直子[16]によれば、この像は中国で生身の釈迦として広く信仰されたインド伝来の像の模刻で、昭和二十八年（一九五三）にその胎内からおびただしい封入物が発見され、そのなかには生身の釈迦の証として五色の絹で作られた五臓があった。内臓をもつ生ける釈迦である。末法の本師は釈迦であり、娑婆五濁の世の慈父悲母であるという観念が、このような生身の釈迦の信仰を生み出したのであり、やがて笠置の貞慶、栂尾の明恵、西大寺叡尊などによって次々に模刻された。西大寺の模刻では一万人に及ぶ結縁者の交名が胎内に納入された。こうした模刻像は近世初頭に至るまで百体を数えるという。

右の生身の釈迦信仰者に名が見えた西大寺叡尊は、釈迦のみならずさまざまな生身仏の信仰者であった。中尾堯の研究[17]にこの様相が詳しい。叡尊の奈良般若寺復興において造像された文殊菩薩像は木を骨、土を肉とし、胎内に仏舎利を奉籠することで生身の菩薩とされ、さまざまな霊験を現した。叡尊が般若寺の復興に成功したのは、ひとえに生身仏の信仰を文殊信仰とその造像に糾合しえたことによっている。その文殊菩薩は、貧窮孤独で苦悩する衆生の姿をとって現れる。非人の姿がそれで、文殊菩薩は非人の姿で現れて人々に慈悲心を起こさせる。非人こそ生身の菩薩と観念されたから、叡尊の主催した文殊会に施しを受けた非人は三万余人に上ったのである。こうして鎌倉中期畿内には生身仏の霊験への期待が高まった。それだけではなく叡尊生前の寿像にも仏舎利が収められ、これによって寿像もまた生身仏となったのである。

以上のような、目について拾い上げた中世仏教史の研究からだけでも、この時代の生身仏信仰の広がりと深まりが窺え、善光寺如来を生身仏としての信仰もこうした背景のなかで考えられねばならない。親鸞における光明を放つ法然讃仰も、蓮如を権者と仰ぐのも、こうした時代的基盤をもっていたのである。そしてさらに重要なことは、生身仏の信仰は、仏が衆生済度の本懐を成就するには、人々と苦悩をともにせねばならず、この娑婆世界に生まれねばならない、という願望から生まれたものである、ということである。この願望が続く限り、生身の如来はこの娑婆世界に生まれ続ける。

こうした研究動向のうちで、蓮如応化観念もまたようやく問題化され始めている。稲城正己も前掲著書で、「蓮如は阿弥陀仏（あるいは親鸞）の「権化」「化身」なのだというのが実悟の解釈」であるが、「実悟は中世の仏教各派が多用していた高僧の叙述法を流用して蓮如像を形成し、「権化」「化身」が当然行うべきカリスマ的振る舞いを蓮如に行わせている」と、中世世界の通念に従ってのカリスマ蓮如像の形成をみる。これによって「蓮如は阿弥陀仏の化身どころか、あらゆる仏神の権能を体現し、生命をさえコントロールできる造物主、絶対者として描写される」ことになり、それはまた、「信心獲得という不可思議な出来事」が門徒に実現しうるには、「誰よりも本願寺宗主が、蓮如の行為を率先して模倣しなければならな」かったから、宗主のカリスマ化にも機能したという。

中世民衆世界から、その願望を受けて成立した生身仏の信仰が、中世仏教を揺り動かし、親鸞・真宗にまで展開し、善光寺如来・聖徳太子・法然が生身仏と観念された。その観念は蓮如に及び、さらにはその伝記作者実悟に至って、権化蓮如の像が形成されたのである。

第三節　権化蓮如の諸相

中世世界は権化・化身・生身の仏の世界であることは、いまや広く認知された。そのような中世世界から権化蓮如が登場したのである。

前章で考えた権化蓮如の像をあらためて一瞥したい。その端緒は『空善記』にあり、空善が夢うつつのうちに蓮如と親鸞の相好が似通っていることを感得し、親鸞の再誕と信仰した話である。しかしこのほかには、蓮如の夢に現れた法然が墨染めの衣に換えることを告げた話があるくらいで、いまだ権者化は著しくない。終焉記の部分での遺骸を人々に見せよという遺言なども、自己の死をも信を勧める手段とする教化者蓮如と捉え、そこに権化の姿を考えなかった。

しかしそれは、訂正の必要があろう。死の三日前には「御開山聖人ノ御相好」となったと記し、荼毘の日には「朝日ト日中ト夕日ト三度ツヽ、又五色ノ花二尺ハカリノカ《（マヽ）》御堂ノ上ニ七日中フリ申候テ」（『第八祖御物語空善聞書』『真宗史料集成』第二巻）という奇瑞があったと記す。空善は身を捨てて信を取らせる教化者蓮如を描き出したと捉えたけれども、身を捨ててということ自体が権化のあり方であり、終焉に及んでその姿を露にしたと空善も考えていたのであろう。

実悟編の諸書に至って、次第に権化化が進むのであるが、実悟の最初の蓮如語録『実悟旧記』（『蓮如上人一語記』〈同前所収〉）では、御文の如来直説化から夢告をする蓮如と展開し、これによって「蓮如上人権化の再誕」と宣言され、その証として別記が編まれたという。その再誕の証としての一編が『拾塵記』（同前所収）である。この書は蓮如が「権化ノ再来ト云事支証明鏡其奇瑞不可勝計」という序文で始まり、蓮如の略伝を記しつつ奇瑞を説くという構造である。権化蓮如の神話の発端は生母石山観音化身説で、以降、山科での井戸を掘り当てて行基菩薩と仲がよかったとされる話、和泉鳥取の志記大夫の観音夢告による帰依の話、河内榎並での大蛇済度、赤尾の道宗が灯火のない座敷で光明を放つ蓮如を見た話、このほかに名号焼け残りの奇瑞がいくつか、などが記されている。このような神話的逸話群だけを見れば、蓮如およびその周辺で起こった奇瑞が脈絡もなく拾いあげられているだけであり、まさしく権化たる「支証」を列挙したにすぎないようで、『拾塵記』から権化蓮如の奇瑞の諸相は知ることができるが、それがいかなる性格の権化と実悟が考えたかは、必ずしも明らかではない。

蓮如の権化としての性格を明らかにするためには、『実悟旧記』（『一語記』）における御文の如来直説化を介しての蓮如の権化性とが、合わせて見られなくてはならない。こうして、失われた『実悟旧記』に代わって『蓮如上人仰条々連々聞書』（同前所収）が編まれ、そこでは両書を統合した権化蓮如が語られる。新たに若年の苦労話が増補され、それらは「御一代ニ仏法ヲ是非トモニ御再興アラント思召タル念力」（第一六条）の現れであり、その仏法再興が「一人ナリ共人ノ信ヲ取タル事」、したがって蓮如の「御一生ノ間ハ人ニ信ヲトラセ」（第九五条）るものであったと意味化される。そのために説き出された御文が如来の直説であってみれば、蓮如は阿弥陀如来が娑婆に人間と生まれ人々に信を勧めている姿であり、弥陀の還相回向の働きとしての応化であると示唆される。人々は、この蓮如に絶対に信順することが求められる。たとえば加賀の唯道が蓮如の言葉に従って三日三夜山中の湯につかった話がそれである。それは権化蓮如に対するよりも弥陀への信順なのである。

このようにして、権化蓮如の像が描かれたが、その志向性をさらに明確にして論理化した書が『蓮如上人遺徳記』（同前所収）である。この書が蓮悟・実悟・実教という加賀本泉寺の三代によって書かれたという奥書をもちながら、それは信用できないことを前章で述べた。前掲の安居講本では、江戸に入っての最初の刊本である延宝七年（一六七九）の頃の成立と見るべきことを明らかにした。その詳細に関しては省略するが、ここまで述べてきた中世の生身仏信仰や高僧たちの権化化と蓮如のそれを見通す必要から、総括に代えてその蓮如権化の像を提示しておきたい。

『蓮如上人遺徳記』が蓮如を化身・再誕など応化身と表現する箇所は次のようである（『真宗史料集成』第二巻）。

a（生母）救世観音ノ化現タルモノカ（巻上、七九二頁上段）
b（法然上人）大勢至ノ応化ナリ（同右）
c（十五歳立志）鸞聖人ノ化身トモ云フ（同右）
d（仏法弘通）先師上人ハ黒谷聖人ノ化現トモ謂、又祖師聖人ノ後身トモ称ス（巻中、七九五頁上段）
e（一流熾り）高祖聖人必ス蓮如上人ト再誕シテ（同右）
f（未来記）ソノ（高祖聖人）後身トイフ事（巻中、七九五頁下段）
g（仏祖恩徳）権化ノ再誕タル英聖（同右）
h（身から光明）黒谷聖人ハ大勢至菩薩ノ化現（巻中、七九六頁下段）
i（身から光明）イヨ〳〵仏陀ノ応化ニテ在ス（同右）
j（歌で遺訓）恐クハ西方権化ノ来現トイフベキヲヤ（巻中、七九八頁上段）
k（大地鳴動）権化入滅ノ瑞想ナリ（巻中、七九九頁上段）
l（遺骸拝礼）祖師聖人ノ再誕ト（巻下、七九九頁下段）
m（或人霊夢）今此本願寺上人ハ黒谷聖人ノ化身トシテ（同右）

n（葬場奇瑞）権化ノ方便末代ノ衆生ニシラセン（巻下、八〇〇頁上段）
o（葬場奇瑞）本願寺ノ上人ハ開山聖人ノ後身ナリト（同右）

多くの用例があったように思うが右の十五例にすぎず、そのうち蓮如を権化とする直接的な表現は右のa・b・hを除く十二例である。これは、本書が間接的表現、つまりメタファーを多用して権化であることを表現し、その要の部分にだけ権化としての直接表現が用いられていることによっている。右の用例から判明することは、第一に、「応化」は仏菩薩が法然や蓮如のような人間として現れるときに用いられている（用例b・i）。そのような仏菩薩の応化した姿は「権化」といわれる（g・j・k・n）。第二に、これに対して「化身」「後身」は用例c・f・m・oのように法然や親鸞が蓮如として現れたときに用いられ、その現れ方が「化現」（d・h）、「来現」（j）、「再誕」（e・g・l）である。

『遺徳記』のこのような用例の背後には、仏菩薩は応化して人と生まれて権化と呼ばれ、権化はやがて入滅し、往生を遂げて浄土に還帰するが、後に人として再誕、化現して後身・化身と呼ばれ、やがて再び往生して浄土に還帰するというように、権化は浄土と人界との往還を繰り返すという考えがある。この観点から『遺徳記』での蓮如を見れば、勢至菩薩・弥陀如来・釈尊が応化して法然・親鸞という権化として現れ、往生を遂げて浄土に還帰したが、後に再誕し、来現・化現したので蓮如はその化身・後身と呼ばれることになる、と了解できる。

そのような観念系のうちで、生母化身説を読めば、実悟の諸書では石山観音とされた生母が六角堂の救世観音の化身に変換されることが重要である。救世観音は応化して親鸞内室となり、いったん浄土へ還帰し、やがて再び応化し、親鸞の子として蓮如を産む。このゆえに蓮如は親鸞の後身なのである。それとともに蓮如は弥陀・釈尊の応化でもある。言葉として書かれていないが、巻下の「大聖（弥陀如来）悲憐シテ……法滅百歳ヲ救済シ……釈尊出世……五祖東漢ニイデ……源信・源空ソノ教ヲツタヘテ……祖師聖人出世……サレバ先師（蓮如）和国ニ生ヲ受」（八〇一頁上段）という文脈は、単に真宗の相承を語るだけではなく、弥陀如来は釈尊から蓮如にまで応化を繰り返していることを物語っているのである。このことは、先に見た弥陀（善光寺如来）―観音（聖徳太子）・勢至（法然）―弥陀（親鸞）という生身仏の円環構造論とも合致する。善光寺如来こそ姿を見せないが、阿弥陀如来＝親鸞、救世観音＝生母、勢至菩薩＝法然、そしてそれらの子であり再誕・後身である蓮如、言い換えれば弥陀・観音・勢至である蓮如という図式で『遺徳記』の蓮如を読むことができる。

むすびにかえて

蓮如が親鸞の後身であるという『遺徳記』の説は、法然・親鸞が如来の応化であるという了解が『御伝鈔』や「源空和讃」によって流布し、読者との思惟の共同性を形成していることを基盤にしているが、『遺徳記』の文脈からは必ずしもわかりやすいものではない。それを補うのが生母六角堂観音化身説であり、その生母からの一流再興委嘱説であった。

親鸞内室としての応化身から浄土に還帰した観音が、後世において再び応化して蓮如を産んだということにおいて、蓮如は親鸞の子となる。応化であった親鸞の後身として誕生しながら、このことを知らない幼い蓮如に、一流再興という如来としての使命を委嘱することで蓮如が応化たることを示唆し、その道を歩むことを教える役が観音である生母に課せられていた。こうして一流再興委嘱説が説かれねばならなかった。生母が石山観音から六角堂観音に変換される理由、なぜ一流再興委嘱なのかが明らかになる。そのためには生母の素性は、人間にあらざるものとして人が尋ねても答えず、その出で立ちには「奇雲四方ニタナビキ荘華虚空ニアリ」（七九二頁上段）という奇瑞が必要であったし、その日を命日、つまり観音の浄土還帰の日としなければならなかった。生母神話は親鸞と蓮如を繋ぎ、その後身とするミッシングリンクであった。

二十一世紀を生きる我々は、ここに前提とされているような応化観念をもっていない。それどころか、かかる観念を、遅れたもの、非合理な否定すべきものとしか考えていない。このとき、生母化身説は五木寛之の蓮如のように慈母に転換される。それも今はありえないような慈母として。その意味で、失われた伝説としての母親像であり、それを現代社会に提示することで人々の郷愁がかきたてられる。それは宗教性とか信仰という性質の言説ではなく、原境回帰の言説である。同じことが法然「よき人」論にいえないだろうか。如来がその本懐成就のために応化した法然、と仰ぐ宗教的心情と、「よき人」、と崇敬する人間的心情には、大きな隔たりがあるように思う。後者は、どこまでも人間的であり、人間主義的であるが、人間存在の空虚化による危機としての今において、それを克服する思惟たりうるのであろうか。

それはさておき、このような応化の観念、言い換えれば生身の如来観念のもつ意味を、いま一度、当該の時代において振り返ってみたい。中世民衆世界では神仏は苦悩する人間のうごめく娑婆世界に生を受け、ともに苦悩する存在でなければならなかった。そこに血肉をもった生身の如来が観念され、それが教学的表現をとれば応化する如来、応化身となった。あるいは還相回向である。親鸞にとってはこのような応化の如来は王舎城へ出世した釈尊であり、あるいは曇鸞・善導の出世であった。しかしながら、これらのことは、経典論釈を通じてのことであり、つまりは言葉（文字）によってのみ知りうることで、信じがたいことがらである。このような信じがたい虚構的な如来の娑婆への出世を親鸞はいかにして信じえたのか。

釈尊、曇鸞、善導と法然を親鸞が応化と仰ぐことができたのは、それは確かな、目に見える現実としての法然の存在があったからである。現前の法然を応化と仰ぐことを通して、曇鸞・善導が、釈尊が応化として出世されたことが現実となる。言い換えれば、法然という現実を介して応化という虚構感覚が現実感覚に転換され、逆に釈尊の応化としての出世という虚構感覚によって法然が応化であるという現実感覚が支えられるのである。先述の広瀬杲の考えに従ってゆけば、法然の死によって言葉のみが残され、その真実性が確信されたときに親鸞は応化法然と了解したのである。しかし時の経過は、人についての記憶を失わせ、残された言葉の真実性をも次第に解消させてゆく。つまり、時とともに、応化は忘れられ、その言葉は信じがたいものとなる。そのとき伝記が書かれる。したがって宗教的伝記は、善知識は応化であり、その言葉は仏の金言である、真実の言葉である、というそのことを証明することを目指して書かれる。

『遺徳記』という伝記の作者は、誰にもある生母、という現実感覚によって、その母からの一流再興委嘱を通して、はるかなる蓮如を現実化した。また蓮如の修学ということが、親鸞の遺教によって親鸞を認識するものであったにしても、それが言葉・文字による限り虚構感覚に属することがらである。それにリアリティーを与えるのが生母による一流再興委嘱であったから、生母は虚を実に転ずる転換装置として設定されている。それだけではなく、この虚から実への転換装置は、作者と読者の間にも働く。『遺徳記』は、末代後世の門弟・門徒にとっては虚であり、信じがたい応化蓮如を、いかに実としうるかという課題にせまろうとするものであるから、このような転換装置が絶対に必要なのであった。

一つには、誰もが抱く慈母のイメージで生母を形象化することで実とすること、一つには蓮如は人に隠れて修学し近江から吉崎へと苦難を経たと語ることで、世上に流布する苦難する神という本地物の主人公のメタファーして実に近づくこと、であった。本地物を「中世神話」として捉え返す徳田和夫[18]によれば、㈠主人公の多くは神仏の申し子であり、㈡流離・艱難のもとに沈淪するが、㈢神仏の加護によって救済され、やがて神仏となる、という構造をもつのが本地物であった。神―人―神の円環構造というのも、先述の吉原浩人と同様である。

さらに一つには蓮悟集・実悟記という奥書である。蓮如上人を目で見た、血が繋がっている蓮悟・実悟の書とすることは、信じがたい文字・言葉を実に転換する装置なのである。こうして末代後世の門葉において、体験を超えた容易に信じがたい言葉・文字である御文も金言として仰ぐべき言葉となる。応化蓮如が実となることで、その奇瑞不思議も実に転換され、また一転して蓮如が応化であること、生身の如来であったことを実感させる証拠となる。生母、本地物、蓮悟・実悟はこうした転換装置としての思惟の共同性なのであった。

神話的伝記とは、このようにそれ自体が虚を実に転換する装置なのである。蓮如の神話的伝記『蓮如上人遺徳記』は、体験しえない応化蓮如を、その行実を文字化することで実とし、生身の如来の存在を実感させるものでなければならなかった。作者が、「述シテ不レ作」（七九八頁下段）と論語を引いて述べるのは、単なる文飾ではなく、応化蓮如を実として伝えるという宣言なのである。この時代の伝記が、多くの場合近代的感覚からすれば虚構と思われるような内容にもかかわらず、「実録」を称するのはこの意識であろう。

中世における生身仏の信仰という基盤は、その末期にさまざまな鬼子を生み出した。一切の宗教的権威を否定したといわれる織田信長が、生きながら自ら神となろうとしたというキリスト教宣教師の報告は、その信憑性をめぐって議論があるものの、宣教師の目に生身の神のように見えたことが重要である。あるいは生身の仏の観念の普遍性を前提にすれば、さほど奇異なことではない。こうしたことがらを「自己神格化」などと表現したことがそもそも間違いのもとであった。善光寺如来を取り込もうとした秀吉は、その遺言によって死後には神となり、豊国大明神と崇められた。熱心な念仏信者であった家康は、これまた遺言によって神となり、やがて東照大権現となって、権現様、つまりは権りに現れた仏として、江戸時代を通じて尊崇された。『遺徳記』が刊行された直後の元禄期には、家康を弥陀とし、その天下掌握は弥陀の授与によるものという神話が形成され、流布するに至る(19)。近世初頭の三人の権力者がなぜに生きながら、あるいは死後に、神仏と祀られねばならなかったのか。いうまでもなくそれは、人々にその生き様にかかわる問題として生身仏信仰が存在したからであり、その人々を政権の基盤として編成組織するのには、その信仰を吸収しうる存在に、権力者自身が成り上がることが最も有効と判断されたからである。

もう一方に生き仏本願寺門跡が現実的に存在していた。応化の蓮如とはいったいどのような関係になるのか。このことを考えるには戦国期から近世にかけての真宗信仰の展開を考察しなければならない。蓮如没後から直ちに、蓮如を中興上人・再興上人として、またその教学が教団教学、人々の信仰として展開した、と語るとしたら、それは一つの思い込みにすぎない。蓮如没後、実如を経て証如に至ると、ここに権威と権力を一身に集めた法主が、善知識として誕生する。法主証如が門末に破門権を行使し、あるいは生害という死刑宣告を行ったことは、一向一揆史上の著名な出来事である。やがて次の法主顕如に至ると、織田信長との石山戦争をバックに、善知識の往生裁許権ともいうべき権限が強化される。大坂本願寺を包囲する信長勢に対して、法主顕如が城壁に姿を現すと、信長勢中の門徒兵は、武器を棄てて念仏したという。近世成立ながら、『石山退去録』や『石山軍記（鑑）』などの軍記物がこうした様相を伝えている。このような善知識信仰は蓮如が口を極めて否定したところであり、善知識信仰のもとで蓮如の教学が展開したとすれば、信心為本は善知識による往生決定に転化され、報謝の念仏は善知識による往生決定への報謝とされることになろうから、信心為本称名報恩の教義は、形はともかく、実質において蓮如教学から大きく外れたものになったと思われる。その例証として、九州臼杵安養寺の慶念という真宗僧の信仰がある（次章参照）。かつて森龍吉[20]は戦国期本願寺法主をマンゴッド（人神）と論じたが、その根底には、この慶念のような善知識信仰があった。それはまた中世世界の生身仏信仰を踏まえたものであった。

註

（1）金龍静『蓮如』（歴史文化ライブラリー、吉川弘文館、一九九七年）。
（2）稲城正巳『〈語る〉蓮如と〈語られた〉蓮如』（人文書院、二〇〇一年）。
（3）村上學「蓮如の史実と伝承」（『国文学解釈と鑑賞』八〇九号、一九九八年）。
（4）『真宗』一九九七年三月号。
（5）大桑斉『蓮如上人遺徳記読解』（真宗大谷派出版部、二〇〇二年）
（6）神戸和麿訳『浄土論註』（『大乗仏典』中国・日本篇5、中央公論社、一九九三年）。
（7）寺川俊昭『顕浄土真実教文類聞記』（平成五年安居本講、真宗大谷派宗務所出版部、一九九五年）。
（8）小野蓮明『本願の行信道』（文栄堂、二〇〇〇年）。
（9）『偏依と独存――諸仏称名――』（広瀬杲講義集第四巻、文栄堂、一九八二年）。
（10）誉田慶信「中世民衆神学の視座」（『中世奥羽の民衆と宗教』、吉川弘文館、二〇〇〇年）。
（11）吉原浩人「総説善光寺如来絵伝」（『真宗重宝聚英』三、同朋舎出版部、一九八九年）、および「『親鸞聖人伝絵』に見る親鸞像――善光寺如来の来現として――」（『国文学解釈と鑑賞』八〇九号、一九九八年）。
（12）小山正文『親鸞と真宗絵伝』（法藏館、二〇〇〇年）。
（13）蒲池勢至「親鸞の信心・門徒の信仰――阿弥陀信仰と太子信仰――」（草野顕之編『信の念仏者親鸞』、吉川弘文館、二〇〇四年）。
（14）西山克「豊臣「始祖」神話の風景」（『思想』七月号、一九九三年）。
（15）名畑崇「本願寺の御影崇敬と霊場説」（『蓮如大系』三、法藏館、一九九六年）。
（16）成田俊治「清凉寺式釈迦像を中心とする釈迦信仰について」（『日本仏教学会年報』五〇号、一九八五年）、およ

び上林直子「中世清凉寺釈迦如来像摸刻の思想史的背景」（『歴史の広場』第四号、二〇〇一年）。
（17）中尾堯「叡尊にみる生身仏の信仰」（大隈和雄編『鎌倉時代文化伝播の研究』、吉川弘文館、一九九三年）。
（18）徳田和夫『お伽草子研究』（三弥井書店、一九八八年）
（19）大桑編『近世における仏教治国論の史料的検討』、一九九九年度科学研究費報告。
（20）森龍吉「幕藩体制と宗教」（『日本宗教史講座』第一巻、三一書房、一九五九年）。

第十章　善知識と「あさまし」の思想
――安養寺慶念『朝鮮日々記』から――

本章は論文「善知識と「あさまし」の思想」（朝鮮日々記研究会編『朝鮮日々記を読む』、法藏館、二〇〇〇年）に副題を付して収録した。本書の筋道に従って改定すべきであるが、そのまま収録した。権化蓮知が直ちに受容されたのではなく、善知識信仰という基盤をいったん潜り抜ける必要があったことを示す意図がある。

はじめに

医僧として、豊臣政権末期の第二次朝鮮侵略に、南原から蔚山へと激戦場ばかりを従軍し、極限状況ともいうべき厳寒と飢餓と苦戦をへて、あくる年に故郷臼杵に帰り着くまでの日々を、一冊に書きとめた（中略）全編は、ほとんど厭戦と信仰告白の書といってよい。

安養寺慶念『朝鮮日々記』を紹介した藤木久志（『日本の歴史』15、小学館、一九七五年）は、このようにこの書に「厭戦と信仰告白」を見た。ここにいわれる慶念の「信仰」と「厭戦」を検討するのが本章の目的である。

はじめに、『朝鮮日々記』の慶念の信仰を捉える視点について考えておかねばならない。〈侵略〉戦争という状況のうちで発現された信仰の様相とその特質を問うことになろうが、その場合にこの戦争を国内統一戦争と異質な戦争と捉えることは避けられねばならない。それによって、発現された信仰もまた特異化される危険性があるからである。そうではなく、戦国期の真宗信仰者が戦場に臨んだとき、どのような信仰的立場を告白したのかを問題にすべきと考える。

そのために、〈侵略〉といわれるこの戦争が特異なものかどうかを、まず考えねばならない。私見ではこの戦争は、特異なことがらではなく、〈戦国〉という時代の、あるいは秀吉の天下統一ということがらの、帰結としてあったと考えている。すなわち戦国争乱とは、侍―封建領主階級と、百姓―侍以外の全民衆とが、民族形成をめぐって抗争した戦争であり、結果的には侍による百姓の〈征服〉に帰結した、言い換えれば、封建領主階級による百姓〈征服〉戦争であった、と考える。具体的には、領主の結集体である戦国大名とその統一権力である織豊政権と、百姓の結集体である一向一揆との対決であり、前者が後者を〈征服〉して生まれたのが豊臣政権およびその後継の徳川政権であり、したがってそれらは、征服王権であり軍事政権であるという特質をもっている。近年の高木昭作の「兵営国家」論（『日本近世国家史の研究』、岩波書店、一九九〇年）や、ヘルマン・オームスの「ギャリソン・ステート（占領体制国家）」論（『徳川イデオロギー』、ぺりかん社、一九九〇年）、あるいは前田勉の「凍結された軍事体制」論（『近世日本の儒学と兵学』、ぺりかん社、一九九六年）などは、観点は異なるにしても同様な性格において近世国家を捉えている。このような列島内部での〈征服〉戦争が朝鮮半島に及んだのが、秀吉の朝鮮〈侵略〉であったと捉えたい。

そのことは、日本が当時の東アジア世界においては野蛮な軍事国家と見られていたことからもいいえよう。明の万暦三十年（一六〇二）に刊行された世界地図「坤輿万国全図」には、日本について「今有六十六州、各有国主、俗尚強力、雖有総王、而権常有強臣、其民多習武、少習文」（入間田宣夫「比較領主制論の視角」『アジアのなかの日本史1』、東京大学出版会、一九九二年による）とあって、「強力」「武」を尊重して「文」を軽んずる国、つまり野蛮な軍事国家であるとの認識が示されている。百年に及ぶ戦乱と二度にわたる大陸への軍事行動が、このような認識を生んだのであろう。日本は、その軍事力で〈征服〉戦争を挑んでくる野蛮国であったから、その軍事行動は〈侵略〉よりも〈征服〉と呼ぶのがふさわしい。

〈征服〉戦争は、先進文化と後進文化の対決のなかで現れる現象で、先進文化に対して後進・野蛮の側がしかける戦争は、文明破壊・文化収奪を行うことを本質としている。列島内の戦国戦乱において、戦争が略奪・人狩り・虐殺を伴ったことは、藤木久志の『雑兵たちの戦場』（朝日新聞社、一九九五年）に明らかであるが、それはこの戦争が文化破壊を伴う〈征服〉戦争であったことを示している。このような〈征服〉戦争のあり方は、そのまま朝鮮へ向けられる。本書に慶念が生々しく描き出しているように、日本軍による朝鮮文化財の略奪となって現れるが、その戦争を仕掛けた秀吉政権が築き上げたいわゆる桃山文化は、たとえば秀吉の茶の湯趣味に示されるように、文化的に遅れていた領主たちが、発達した町人文化を収奪したものにほかならない。朝鮮から収奪した文化は、たとえば朝鮮の陶磁器のように、この桃山文化の重要な構成要素であった。また〈征服〉戦争は、すべての力を軍事力として編成することによって遂行されるから、勝利した後には、過剰な軍事力が残され、この過剰軍事力はさらなる〈征服〉を求めて自己運動し、ここに列島内〈征服〉戦争は外部に向けられ、アジア全域をその対象とするに至る。これが秀吉の〈唐入り〉構想なのだろう。

〈征服〉戦争は、最初の目的を達成すると、内部に先進文化を抱え込むことになる。その文化は新たな〈征服〉戦争に向けて編成され、動員されねばならない。列島内〈征服〉戦争の終結は、大量の真宗門徒を被征服民として抱え込むことをも意味した。武力的に制圧されたとはいえ信仰そのものが屈服したかどうかは、いまだ明らかではない。このような危険な被征服民は、新たな〈征服〉戦争に動員され、その信仰が試されねばならないのである。被征服民にして真宗信仰者の安養寺慶念は、かつて戦った征服者の軍隊の一員として〈征服〉戦争に従軍を強いられる。征服者との抗争のうちで形成された信仰が、新たな〈征服〉への従軍においてどうなるのか、このような視点が、慶念の信仰を考えるうえで、不可欠なのである。

したがって、慶念の信仰を考えることは、それが〈征服〉戦争下での、言い換えれば石山戦争期における真宗信仰を考えることになり、真宗信仰史において石山戦争とは何であったかを考えることになろう。おそらく、護法戦争と意識されたであろう石山戦争、そこでの真宗信仰が、一転して征服者の側に参加させられ、「護法」という価値を失ったとき、「厭戦」が生まれるのではないか。そこに、慶念の「厭戦」を捉える視点があると考える。

第一節　研究史――慶念の信仰

さて、『朝鮮日々記』にはすでに一定の研究蓄積がある。それらのうちから、特に慶念の真宗信仰の捉え方に焦点を当てて、問題点を析出したい。

学界に本書をはじめて紹介した内藤雋輔（『朝鮮学報』三五、一九六五年）は、その解説で本書の特質を指摘し、併せて慶念の真宗信仰にも言及している。まず本書の和歌に関して、全体で三百三十余首のうち、「真宗僧侶として深く信仰に生きる歓びを詠じた歌が七十余首」、望郷の歌が七十余首、そして「戦争の悲惨さ、苛烈さ、残忍さと戦争状態における人間の野獣性とでもいうべきものを直視して、今更ながら人間の恐ろしい残虐性の一面と、露骨な貪欲心とに我ながら深い悲嘆にくれたその嘆息が、謂ゆる戦争批判の形となり、戦争を厭い、平和な世界への祈念を込めた日々の感想」の歌が九十余首、と分析しているが、ここから、第一に、本書に慶念の信仰の歓びが見出せること、第二に人間の野獣性・残虐性・貪欲心への悲嘆が戦争批判となって厭戦観を形成している、という内藤の指摘が知られよう。これを受けるかのように内藤は「慶念の思想なり信仰なりを規定するものはかれの熱烈な親鸞教徒としての信仰である」といい、「この信仰の基調の下に現前する全ての出来事が悲しきにつけ、嬉しきにつけあらゆるものを自分を含めた人間の業縁の深さに於て反省するとともに、いよいよ弥陀の救済の確かさを改めて確信」すると慶念の信仰を規定し、「宗教者として、その崇高さに襟を正さしめる」「慶念のゆるぎない信仰の深さ堅固さに私は深い感動と尊敬とを禁ずることが出来ない」とこれを讃仰し、「真の宗教者として始めてなしえた戦争観」という。このような讃仰の部分は別として、内藤の慶念の信仰観を言い換えれば、自己（人間）の業縁の深さを知って、いよいよ弥陀の救済を確信するという真宗信仰の特質をつかみだしているということができ、これが内藤の指摘の第三点である。つまり内藤の慶念の信仰観は、自己の罪業性への悲嘆を弥陀の救済の確信へと転じ、それを歓ぶという、親鸞的な質をもつということになり、罪業性への悲嘆が厭戦観を形成しているというようにまとめることができよう。そうであれば「真の宗教者」として讃仰に値しようが、このような信仰構造の析出自体に問題があり、にわかに賛同しがたい。本稿全体を通じて明らかにすべき課題である。

このような「真の宗教者」という内藤説と一線を画すのが藤木久志の説で、先にも見たように、内藤と共通するかのように、「厭戦と信仰告白の書」としながらも、そのあり方の問題性を指摘する。すなわち、慶念が釜山に到着して一向宗の道場に参詣したことを取り上げ、「一向宗の侵略荷担というめくるめく思いにとらわれ」たというのであるが、その一方に「統一権力とまっこうから敵対しつづけた一向一揆」を対置するとき、「この逆説とも言うべき二つの史実」をどう理解するべきかと、とまどったというのがその理由である。このような藤木の捉え方は、一方に〈反統一権力の一向一揆〉を置き、他方に〈統一権力の侵略荷担の真宗〉を置く、という図式であり、統一権力に敗北し従属した真宗の堕落、という答えが予想されている。はたして藤木は、蔚山籠城戦における城内の水不足に関しての慶念の「日本ハ神国なれハあはれミのあめ」（十二月二十四日条。以下の『朝鮮日々記』からの引用は、すべて『朝鮮日々記を読む』法藏館、二〇〇〇年、による）という言葉を取り上げ、これを華夷意識に対置される形で侵略をあおりたてるイデオロギーである神国意識とみなす。また撤退命令が出たという噂に慶念が、「さても〳〵かたしけなき御定とて諸人よろこひ候」（十一月十七日条）と記したことについて、民衆を憐れむ「天下さま幻想」に捉われたものと考え、さらにそこから、異国の戦陣にあって報恩講に参詣できないことについての「王法をまほるおきてと御座あれハ、なけきなからも、さてやミ申侍る也」（十一月一日条）という言葉を捉え、「いまは「天下さま」の戦いという「王法」を護る定めに従っているのだから」という慶念のいいわけと考え、ここに「王法・仏法は車の両輪という教説のみごとな再生」をみる。

このように藤木は、敗北した一向一揆＝真宗、そして慶念も、「天下さま幻想」のうちに包み込まれ、これを王法為本の教説で受け止め、侵略荷担に転向した、というのである。しかしながら、この藤木説は信仰構造の分析を欠いており、また信仰自体と侵略荷担の関係も問われていないのであり、簡単に納得できるものではない。

さて、内藤・藤木の両説を念頭に置きながら、「信仰の内実に踏み込んだ内容分析」が必要と指摘し、それを試みたのが平田厚志（「「うき世」から「ミやこ」への旅路としての従軍」『季刊日本思想史』四八、一九九六年、『朝鮮日々記を読む』に再録）である。本書に見える慶念の「心の軌跡」をたどることを課題とし、強制従軍という不条理を慶念はどう納得し、どう意味づけたかと問う。その一つとして、慶念が王法為本の教説に安易に乗ったという藤木説を批判し、藤木の引用した言葉を「慶念は王法を守ったのは宗門の掟であるから遵守したのであり、彼自身はそのことをくやしく思っていた」と解釈する。たしかに「なけきなからも、さてやミ申侍る也」という言葉からは、平田説のような解釈ができよう。しかし、藤木説の根幹は「天下さま幻想」に捉われた念仏者という点にあるから、慶念の信仰に関してこの点を明らかにしなければ批判として有効性をもたない。

そこで平田の慶念の信仰構造論をみるに、その根幹は、内藤と同様に自己の貪欲心の自覚と弥陀の救済の確信に置かれている。秀吉軍の略奪行為を目撃した慶念は自分もまた同じ心をもつことに気づいて、「かくなる貪欲心の沸き起こるわが心の危うさを浅ましく思い、これほどまでに妄念に覆われた身ではとても往生はかなわぬことと、深く慚愧する心をも持ち合わせ」「深い罪業の自覚に立ち、その罪業の鉄鎖を自ら背負うほかはないとの覚悟を持っ」たのであり、それゆえにこそ「罪業深重のわれを救わんとする弥陀の誓いの呼び声が、彼にははっきりと聞こえたのであろう」という。自己の罪業性を自覚させ、その我を救うものとして弥陀の本願があった、強制従軍という不条理はこれを知らせる弥陀の働きであったと自分を納得させたというのであろう。

ここから慶念の「うき世の旅路」という思いが生まれると平田はみる。従軍の人夫を酷使し、抵抗する者を虐殺する侍（十一月十二日条）、財宝略奪にしか関心がない貪欲心の固まりのような侍（十一月十四・十五日条）、その侍たちも「六道のしで《死出》の山路のざいごう人」（十一月十五日）であるといい、高麗までの出陣も「たゝ一身をうき世を御すこし候ハんとのため、たかきもいやしきもさらにかわる事ハひとつもなし」（十一月十八日条）と、責める侍も責められる百姓もともにこの「うき世」を生きていくためであり、自分もまたそのような「うき世の旅路」にあって、それはどうにもならないことだと嘆いている、という。とすれば慶念の「厭戦」もここに立脚するのであろうか。しかし平田は「厭戦」を問うのではなく、「かやうのうらめしき旅なりとも都に参候ハんハ、うれしかるへき也。此うきをミやこのたひとおもひなはさこそうれしく」（八月二十六日条）と、「うき世の旅路」が同時に「ミやこのたひ」であると心の転換を行うことで精神の自由を獲得した、と考える。これが平田説の重要な論点で、慶念の信仰はこのように、すべての苦難を、都＝浄土への、往生の旅路と逆転するところに特質があると考えるのである。そうであれば、往生の旅路へいざなう従軍は「天下さま」の御恩ともなり、「天下さま幻想」に捉えられてくるのではなかろうか。そのとき、慶念にみられる善知識への報恩観念が問題になる。

平田は「うき世の旅路」から浄土への旅への転換の、精神的緊張を高め維持するものとして善知識のお逮夜とご命日の報恩行の実践を位置づける。戦陣のなかでそれが叶わぬとき、慚愧とともに自己点検がなされ、信心が確かめられていくが、それは「厭戦」ではなく、「非戦」「不戦」という慶念の特有の戦争へのかかわりを生み出すことになると、平田は考えている。つまり慶念の善知識への報恩行の実践は緊張を高める機能において理解されているだけで、彼の信仰構造の内にどのように位置づけられるのかが明確ではない。それが「非（不）戦」という実践を生み出したと評価するなら、この点の解明がなされねばならない。本章では、それを一つの目標としている。

第二節　「あさまし」の構造

先行研究において、慶念の信仰の特質は罪業性の自覚において捉えられていることがいえようから、これらに従って、慶念の罪業性の自覚を再検討してみたい。慶念が「あさまし」という言葉を多用していることに着目して、その内容を分析することから始めたい。

いくつかの用例によりながら検討していく。その第一の典型的なものは、これにつけてもいよ〳〵弥陀の御本願のありかたき事ハ、諸仏のをしへにもましまさす。ゆへいかにとなれハ、かやうにあさましき凡夫なり共、一念たのむ信心まことならハ、たのしミめてたき国にむかへ取たまひて、

（十一月八日条。傍線大桑、以下同）

というように見える「あさまし」で、信心まことならば迎え取るという本願の対極に「あさましき凡夫」が置かれているような用例である。このような場合、「あさましき凡夫」の内容は特に示されておらず、その意味では公式的な慣用句としての「あさまし」の用例である。

そこから一歩進んで、「釈迦弥陀ハ慈悲の父母」の和讃を引いて、

われらかやうなるあさましき物に信あたえまし〳〵候て、上もなきさとりをたまハり候事ハ、かへす〳〵もありかたき御事なるを、つたなく信せさるハ、木石よりもおとりたる事共にて候。（十一月二十八日条）

というような場合も、釈迦弥陀の方便をも「つたなく信せさる」自己が「あさましき物」とされているように、第一の用例に内容が与えられているけれども、それは「つたなく」も（おろかにも）、本願を信じようとしない人間という、真宗信仰としては紋切り型の言葉であり、個別的な、特有の内容をもった「あさまし」ではない。

むしろここに見えている「つたなく」という言葉において、慶念特有の罪業性の自覚が示されている。すなわち、

いろ〳〵人ことのらんはうの物を見てほしくおもひて、わか心なからつたなくおもひ、かやうにてハ往生もいかゝとおもひ侍りて、

はつかしや見る物ことにほしかりて心すまさるもうねんの身や

同日にあまりに〳〵わか心をかへり見てつたなくおもひ、（八月七日条）

などは、自分の貪欲心を慙愧する表現としての「つたなく」の用例である。このように慶念の「深い罪業の自覚」

といわれるものは、「あさまし」ではなく「つたなく」と表現されている。

さらに、特有の内容をもった「あさまし」を求めていくと、

さても〳〵今夜ハわか国にあらんにハ報恩の御いとなミ申候ハん物を、情なくかやうの所にてあさましくて、（八月二十三日条）

というような「あさまし」が見出される。これが第二の用例である。慶念がかつて仕えた本願寺十一世顕如の命日が二十四日であるから、そのお逮夜にあたっての報謝の営みが、戦陣ゆえにできないことを「あさましく」というのである。わが身が「あさましい」のではなく、自分の置かれた状況が「あさましい」のであり「情なく」思われている。しかもその対極にあるのは、弥陀や本願ではなく、善知識顕如である。

こうした「あさまし」は他にも多くの用例をあげることができる。

未明に御陣替なりけれハ、御よろこひ御報謝ノかたも油断申なり。かやうに候てハ、かならす悪道へこそおもむき侍らん。あさましやとうちおとろき申候て、（九月二十四日条）

と善知識への報謝行が実践できないことが「油断」であり、その結果「悪道」へ堕ちることになると畏れ、これを「あさましや」と嘆いているのである。自分の置かれた状況によって、自分の責任でもないのに地獄へ堕ちることが「あさましや」であるが、その根底には善知識への報謝が実践できない状況を「あさまし」と受け止める心情が働いている。

夜もすからハ御定をあんし出しつゝけ侍れ共、凡夫心にて候へハしつねんのミにて侍りけれハ、あさましくおろかやな。いかてか此ふんにしてハ往生のそくわひをとけ候ましきとおもひまいらせて、（十月十六日条）

というのは、善知識の「御定」（仰せ）を思い出せないことが「あさましくおろか」なのであり、それは往生を妨

げるほどの重要な意味をもっていたのである。こうなると、「あさまし」は罪業性には違いないにしても、善知識の仰せを失念するという罪業性である。同様に、

無量おつこうにもあひたてまつりかたき御法なり。すこしのうき世をすごし侍らんとて御定にもれ申さん事ハ、返す〱もあさましき事也。（十月二十八日条）

というのは明確に善知識の仰せに「もれる」ことが「あさましい」の内容になっている。善知識は御定に「もれる」ものを許さないのであり、許されず、したがって救われないことが「あさまし」と認識されている。

以上のように、慶念に特有の「あさまし」は、救済者であり善知識である本願寺宗主への絶対的信順を前提にして、自己の置かれた状況や、それによって報謝行が実践できないことを意味し、さらには善知識の御定にもれ地獄へ堕すること、へと展開していることが明らかになった。罪業性の自覚とみえるのも、かかる善知識帰依の信仰との関連で考えられねばならい。

第三節　「あさまし」の道宗と才市

「あさまし」という言葉から、慶念より先に蓮如時代の赤尾の道宗、ずっと遅れて明治期の浅原才市が想起される。この両者の「あさまし」と慶念のそれを対比することで、おのずから慶念の信仰の性格が明らかになろう。

赤尾の道宗には有名な二十一カ条の覚書（日本思想大系17『蓮如　一向一揆』所収）があるが、そのなかで「あさまし」が連発される。「あさまし」を含む条項を列挙しておこう〈（　）は条数〉。

一、仏法より外に心にふかく入事候はゞ、あさましくぞんじ候て、すなはちひるがへすべき事。（2）

一、仏法にをゐてうしろぐらき利養心あらば、浅間敷存候て、手を引思をなし、たちまちひるがへすべき事。（4）

一、仏法をもつて人にもちゐられ候はんと思候事は、かへす〳〵あさましき事にて候。其心出来候ば、仏法信は、たゞ此度後世之一大事をたすかるべきため計にてこそ候へと思候て、ひるがへし候べき事。（8）

一、これ程のあさましき心中をもちたるよと、思召候はん事こそ、返〳〵も、あさましく、かなしく、つらくぞんじ候。今までの事をば、一筋に御免を雖レ所レ仰、かやうなる心中なる者よと思召候はん事、返〳〵身のほどのつたなさ、かなしさ、あさましく存候。先生もかゝるつたなき心中にてこそ、于レ今かやうに候らめと、申かぎりなくあさましく存候。もし〳〵つゐに懸二御目一候ても、爰をあさましく存候。あら〳〵冥加なや。今日までうしろぐらきをば、ひたさら《（マヽ）》御免を所レ仰候。仰にまかせ、まいり候べく候。（10）

一、浅間敷の我心や、後生の一大事をとげべき事ならば、一命をも物のかずとも思わず、仰ならばいづくのはてへ成共、そむき申間敷心中なり。（21）

はじめの三カ条（2・4・8）の「あさまし」は仏法とのかかわりにおいていわれており、仏法以外に心が深入りすること、仏法を利養心で用いること、というような世俗的な名聞利養へかたむく自分の心が「あさまし」であり、それを「ひるがへす」ことが問題となっている。（10）では「あさましき心中」、（21）では「浅間敷の我心」というように、「あさまし」はもっぱら自分の心のありようにかかわってのことである。したがって、このような道宗の「あさまし」は、状況を「あさまし」とする慶念のそれとは大きく異なっている。しかしながら、その一方で、（10）では「あさましき心中」をもった者と「思召候はん事」がまた「あさまし」と認識されているから、道宗を「あさまし」き者とみなす善知識としての蓮如が対極に存在している。善知識蓮如から「あさまし」とみなされることが「かなしく、つらく」と思うのが道宗である。その前提には、(21)で「仰ならばいづくのはてへ成共、そむき申間敷」というように、善知識蓮如への絶対信順がある。この点では慶念と同じ位相にあるとせねばならないし、慶念の善知識帰依は道宗のこのような心情と同様なところに出発点をもっているといってよい。

琵琶湖を一人で埋めよといわれて「畏リタル」といったという逸話（『蓮如上人御一代記聞書』一九二条、前掲『蓮如　一向一揆』所収）が、このような道宗の絶対信順を裏づけるが、道宗にとってその善知識は自己の「あさましき心中」を「ひるがへす」ことを促す人であり、その仰せにもかかわらず、依然として「あさましい」心をもつ自分が「あさまし」であった。言い換えれば、道宗の「あさまし」が仏法・善知識の「仰せ」に背く者としての自己の罪業性の自覚であるなら、慶念のそれは善知識の仰せに背かざるをえなかった状況や、その結果「御定」にもれることが「あさまし」であった。

このような、道宗と慶念の「あさまし」の差異は、それ自体が真宗信仰史の展開を示している。しからば「あさまし」はその後どのように展開するのか。近世真宗においては「あさまし」は、問題的な言葉としてはほとんど見出せないように思う。そして近代に至って、浅原才市において噴出する。鈴木大拙『妙好人』（法藏館、一九七六年）によれば、

あさまし、あさまし
あさましわ、どこにおる
あさましわ、ここにおる、このさいち。
あさまし、あさまし、
あさましが、くよくよと

あさまし、あさまし、あさまし。

とあって、「あさまし」は自己以外の何者でもない。その意味で才市の「あさまし」は道宗的であるから、その中間にある慶念の「あさまし」は特異なものといわねばならない。それは石山戦争という〈時代〉の信仰なのであろう。

第四節　善知識信仰

慶念の信仰の中枢に善知識崇拝があることを見てきたのであるが、その具体相を析出したい。『日々記』には、毎月十二・十三日の証如、二十三・二十四日の顕如、二十七・二十八日の親鸞の、お逮夜と御命日に、「きょうはおたや」とか「御命日」とあって、何らかの御恩報謝の記事がある。ちなみに、蓮如のそれは二十四・二十五日で、一日顕如と重なることもあってか、まったく意識されておらず、その名も見えなければ、若干の用語や取意の文を除けば、『御文』等からの引用文もないというように、蓮如は存在感がない。中興上人蓮如という現代の位置づけからすれば、この時期にまったく姿が見えないことは実に不思議で、そのこと自体問題にされねばならないことである。ここではただ、慶念において蓮如は問題になっていないという事実を示しておくにとどめる。

さて、慶念にとって、この親鸞・証如・顕如が善知識で、それぞれ御開山宗祖聖人・前住上人・現住上人という意味をもっている。慶長二年（一五九七）段階では、現住上人は准如でなければならないが、顕如の面影を偲ぶという文言がある（七月二十四日）ことから、慶念は顕如に仕えていたと考えられ、彼にとっては顕如こそがいつまでも現住上人であり、第一の善知識であった。このことは「同十三日ニけふハかたしけなくも前住さまの御明日」

（九月十三日条）とあって、前々住の証如が「前住さま」とされていることからもいいうることである。そしてこの日には、

殊更に御名号御筆をくひにかけまはり申候へハ、ありかたく侍りて、

とあって、おそらく証如筆であろう名号を首に「かけまは」るという行為をとっている（十月十三日にも「御名号さ

あほひてもつきせさるハちしきのおん弥陀のくとくをさつけたまへは

まをくひにかけまはり」とある）。近世のものであるが『石山退去録』（和泉書院、一九八六年）という説教の筆録に、石山戦争において門徒が顕如から授与された名号を首に掛けて守り本尊としたことが見えるから、おそらく石山戦争期には、このような行為が一般的に見られたのであろう。ともあれ慶念にとっては、証如は前住上人であるだけでなく、首掛け名号と関連した特別な善知識であった。

その善知識は、右に引用した和歌によれば、「弥陀のくとくをさつけ」（功徳を授け）る人であった。慶念はその第一の善知識顕如の命日に、

同廿四日ニさても今日の善知識さまの御あハれミ、海山をかたふけてもあまり有りし御事なり。其御すかた片時も忘れ申候ハねハ、なをも有りかたくそんして、

面かけのたちそひいまにわすられぬそのあわれミハ四方にあまれり（七月二十四日条）

と忘れられない面影を偲び、その御恩に報謝を捧げている。このほか、

たゝいまの善知識さまの御勧化にあひたてまつらすハ、いかゝしてわれらことき凡夫ハたやすく往生つかまつり候ハん哉。（十一月二十三日条）

とか、

まことにくちの凡夫の身か、われとハ何にしてさとりをひらき申さん事ハあるましき事なるに、かたしけなき善知識さまの御勧化のほとをありかたくそんしたてまつり申侍る也。

さてもしも知識のすゝめなかりせは弥陀の浄土へいかていらまし（十一月二十四日条）

というように、「善知識さまの御勧化」こそが往生へ導くものと観念しているのである。親鸞もまた善知識であった。「当月ハ開山の御しやうつき」（十一月一日条）というようにもっぱら「開山」の名で見えているが、「しん実のちしきにあふハまれそかし」（八月二十七日条）というように真実の知識ともされている。

こうして三人の善知識のお逮夜と御命日、その日における報謝の営みが、慶念の信仰生活に重要な意味をもっていた。なかんずく、顕如の二十三・二十四日がその中心になっている。このことは開山の祥月といっている十一月においても確かめられる。すなわち二十一日からの一週間の報恩講の期間には、毎日経典や聖教の文言を引いてその意味を敷衍する記事が見られるのであるが、二十四日の顕如命日までは次第相承の善知識という観念を展開するような書き方になっていて、後半の弥陀への御恩報謝の文言を中心とする部分と差異を見せている。詳しく見ていくと、二十一日には『往生礼讃』の「自信教人信、難中転教（更）難、大悲伝普化、真成報仏恩」の文が引かれ、それに続いて、

身つからも信し人をもおしへ信ぜしむることかたきかなかに、うたゝさらにかたし。大悲をつたへてあまねく衆生をけすする事、まことに仏恩をほうすルになるへし（十一月二十一日条）

という釈文が記されている。これは『浄土真要鈔』が『礼讃』の文を引きながら「次第相承の善知識」の恩徳と報謝を語る文の一部である。さらにこれに続いて、

御文に、霜月廿一日よりこれをよミ申て人々に信をとらすへき物なりと御座候。

とある。この「御文」は、蓮如の『御文』四帖目第十五通の末尾に「明応七年十一月廿一日よりはじめてこれをよみて人々に信をとらすべきものなり」とあるのを受けているが、ここでは特に蓮如が意識されているわけではない。「人々に信をとらす」という「自信教人信」の実践が善知識への報謝となることを明らかにしようとしたのである。「自信教人信」の善知識への「真成報仏恩」が明らかにされたから、次には善知識の次第相承が明かされねばならない。二十二日には「不因釈迦仏開悟弥陀名願何時聞」という『法事讃』の文言が引かれ、続けて、

此釈文の心ハ、しやかふつのかいこによらすハいつれのみたのミやうくわんいつれの時にかきかんとあそはし候を、此うたに、

釈迦仏のおしへによらぬ物ならは弥陀の名号いつかきかまし（十一月二十二日条）

と、おそらく『持名鈔』からと思われる釈文と、それを受けた和歌が記される。弥陀の教説を最初に開いたということによって、釈迦仏が最初の善知識として示されたのである。次いで二十三日には、

五祖東漢に生れて西方の往生をおしへたまふとあそはし候所をとりてよミ申侍る也。五祖とハ法照・少康・曇鸞・道綽・善導、此五人ノ祖師を申侍る也。（中略）

同日ニ、これハ源空・親鸞、これをひろめたまふことなくハと有る所を申候也。

師のおしへおゝき中にもことになをふかしきなりしいまの知識は

同日ニ、次第相承の善知識、これをさつけたまハすハ、われらいかてか出離のみちをわきまへんやとあそハし候ところを、此うたによミ申候也。さてもく〵たゝいまの善知識さまの御勧化にあひたてまつらすハ、いかゝしてわれらことき丿凡夫ハたやすく往生つかまつり候ハん哉。（十一月二十三日条）

と記している。やはり『持名鈔』によるものであるが、言わんとするところはきわめて明瞭で、法照・少康・曇

鸞・道綽・善導から源空・親鸞、そして次第相承の善知識、そして「たゝいまの善知識」という善知識の系譜とその勧化の御恩を現している。かくして二十四日の顕如命日には、

> 若悲《マヽ》本師知識願《マヽ》弥陀浄土云何入トあそはし候ところを取てやはらけ申候也。此心ハ、もしほんし知識のすゝめにあらすハ弥陀のしやうとにいかんしていらんとなり。(中略)かたしけなき善知識さまの御勧化のほとをありかたくしそんしたてまつり申侍る也。
>
> さてもしも知識のすゝめなかりせは弥陀の浄土へいかていらまし(十一月二十四日条)

と、『報恩講私記』に引かれて迦陀として詠われる『般舟讃』の文から「本師知識」の語を取り、「かたしけなき善知識さまの御勧化」と展開してその御恩がいわれている。

以上のように、二十一日から二十四日は、善知識の系譜とその勧化の御恩をいうことに費やされている。これに対して二十五日からの後半は、もっぱら弥陀への報謝の引文が続く。要点だけにとどめるが、二十五日は「如来所以興出世」、二十六日は「能発一念喜愛心」と『正信偈』の文が、また二十七日は「弘誓の強縁ハ多生にもまふあひかたく」という『教行信証』総序の文が、そして二十八日には「他力の信心うる人を」の和讃が、それぞれ引かれて展開されているのである。このようにみれば、報恩講の一週間が二十四日の顕如命日を境に二分されていることが明らかになろうし、それが顕如を今の善知識と仰ぐ慶念の信仰のあり方を示していることも、明らかであろう。

第五節　「あさまし」と厭戦

そこで考えねばならないのは、慶念の善知識信仰を前提とした「あさまし」と「厭戦」の関係である。内藤は、

「人間の恐ろしい残虐性の一面と、露骨な貪欲心とに我ながら深い悲嘆にくれたその嘆息が、謂ゆる戦争批判」となったといい、平田は、惨劇を目撃したことが慶念の良心に衝撃を与え、「深い罪業の自覚に立」ったことが弥陀の本願の呼び声を聞き取る契機となり、また顕如への報謝行は浄土往生を遂げることと、死を覚悟し「非戦に徹」したというように、先行研究は「厭戦」「非戦」を慶念の信仰そのものから考えているからである。その慶念の信仰の特質を善知識信仰を前提とした「あさまし」の観念に求めた以上、それがいかにして「厭戦」に結びつくのかが、より厳密に考えられねばならない。

十一月十日頃から、苦境に立った日本軍が蔚山に築城を始め、それにまつわるさまざまな出来事が慶念の心を悩まし、先に考えたような、折からの御開山祥月の報恩行となっていくのであるが、この一連の事柄がこの問題を考える手がかりを提供してくれる。十二日には従軍の百姓たちが用材集めに動員されて山へ入るが、朝鮮軍の襲撃を受け、監督の日本軍からも責めたてられる。十三日、このありさまを慶念は、「三悪ハたゞ目のまへにあり」、信心に油断するなら「のちの世ハかやうのおそろしきせめ」に遭うと知るべきであるといい、十四日にも侍たちは財宝略奪に狂奔する者であり、「とんよくのほかハなし」と批判する。十五日に至ると、再び百姓虐待を見て、

かやうの事をあんし候へハ、地こくハよそにあるへからす。やかてめに見へてある事を、後生のなけきハ夢にさへもしらすすくる事ハあさましき也。

と、自分の後生が地獄であることを現前に見せつけられながら、それにまったく気づかずに過ごしていることを「あさましき也」と記しているのである。先に慶念の「あさまし」の観念を分析して、自分の置かれた状況によって報謝行が実践できないことの意味があると指摘したが、ここでは、その状況が自分の後生のありさまと気づかないことを指しており、それもまた「あさまし」の重要な意味であることも付け加えておかねばならない。

略奪・虐待・虐殺、あるいは人狩りなどの現前の地獄のありさまを記した箇所には、慶念の深い溜息が感じられ、読む者に「厭戦」の感情を惹起せしめる。しかしそれは、慶念の意図したところではなかろう。十六日に、百姓たちが材木を取りに山に入り、襲撃されて多くの死者が出たことを記し、それを「たゝわれかなせる心のとかよりほかはなし」「とかのあれはそせめらるゝ」というのは、人間の心の咎、罪業性がこの世に地獄を生み出すと指摘することで、それに気づかないことを嘆いているのである。したがって、そこには「あさまし」の語は用いられていないが、気づかないそのことを「あさまし」とする前述の用例のように、この記述もまた「あさまし」と嘆くものと読み解くことができよう。心の咎の表れとしての地獄のごとき現世、そのことに気づかない「あさまし」さ、慶念の根底にあるものがこのようなものであれば、それは「厭戦」を超えた「厭世」観というべきであろう。

こうした嘆きのなかにある慶念にとって、十七日に「天下さま」より帰国の仰せがあったと聞いたときには、まさに地獄に仏の思いであったろう。それは「人夫一人もとりのこし候ハぬやうに念を入候て、船にのり候へ」との仰せであったから「さても〳〵かたしけなき御定」と喜び、「百性《（マヽ）》をハふひんにおほしめ」す「天下さま」と観念され、これに対して、百姓を飢えさせ「山におひやりすて物」にすると侍たちが批判される。結局この帰国命令なるものは誤伝であったようであるが、現前の地獄から救い出すものとしての「天下さま」が幻想されたことは間違いない。その意味で藤木久志のいうように「天下さま幻想」にからめとられたのであるが、それには、現前に地獄を見せしめ往生を勧める善知識への絶対的信順の心情が前提となり、「天下さま」がこれに重ね合わされたからであろう。

こうして「天下さま＝善知識幻想」が生まれると、悲惨な現実は、それによる救済を気づかせる場として受け入れられる。十八日、この出陣は「たゝ一身をうき世を御すこし候ハんとのため」と「うき世」を過ごす以上受け入れざるをえない定めであり、そのことに関しては「たかきもいやしきもさらにかわる事ハひとつもなし」「百性《マヽ》も大名小名おしなへてくちゆへにこそほねハおりめせ」と、身分にかかわらず人間の愚痴心がこの苦労を招き寄せたとすることになる。現実の苦労が自分の愚痴心の現れであってみれば、それはそのまま受け入れ、そして「とかくはやく〳〵くるしミの世界をいそき〳〵はなれたきのそミはかりなり」と、世を厭い往生を待望するしかない。十九・二十日と慶念は人買い商人の地獄の阿防羅刹のごときありさまを記録し、買われてゆく人々に「見るめいたハしく」「殊におそろしき」と同情するが、「たゝ〳〵人界ノさほうほとおそろ敷つたなき物ハなかりし」と人間界の定めと受け入れてしまうのである。

　こうして慶念は二十一日からの報恩講を迎える。報謝を心に懸けよとの善知識の仰せに従い、油断なく心にかけている信心をともに語り合う同行もいないままに、また帰国できるかどうかも不定であるゆえに、故郷の人々に知らせるために書き付けたというのが、先に紹介した善知識への報謝の諸々の言葉であった。それらには、地獄を現前に見せられ、往生を切望した慶念が、歴代の善知識ならびにいま善知識の勧化に逢うことによって信心決定して往生を定められた歓喜があふれている。

　以上から、慶念の「厭戦」とは、むしろ世を厭う＝「厭世」＝厭離穢土欣求浄土の思いが根底となり、彼の記録した戦場の悲惨なありさまそのものが訴えかけてくる情念であった、といえるのではなかろうか。あまりにも悲惨な戦場のありさまが地獄のごとくであり、それが自分の逃れがたい罪業性に基づくものと知らされたとき、それを記録する慶念の筆は、おのずから悲しみに満ちてくる。「さしてもなきとかなれ共、百性《マヽ》のかなしさハ、事をさうによせ、くひをきり」（十一月十二日条）というような文章にその悲しみを見ることができよう。ここに慶念の「厭戦」＝「厭世」がある。

おわりに

最後に、以上のような慶念の信仰、とりわけ善知識信仰は、慶念一人の、あるいは朝鮮〈征服〉戦争下における、特殊な信仰のあり方なのかどうかを考えねばならない。しかしながら、これと対比すべき、戦国期の真宗信仰に関する史料は、まったく存在しないといってもよい。

わずかに、江戸期の説教筆録である『石山退去録』などが材料に残されているだけである。これらは、江戸という時代性からの相当の潤色がなされているので、そのままでは対比することはできないが、先にも触れたように、慶念と同様に宗主授与の名号を首にかけるという、江戸期には失われたであろう風習を伝えており、あるいは、石山の城壁に顕如が出座すると、寄手の織田勢の門徒兵は戦意を失って退却したというような、善知識信仰のありさまを伝えている。このことから、慶念の善知識信仰は決して孤立した特殊なものではなく、むしろ戦国型真宗信仰にかなり普遍的なものであったことを予想させる。

一向一揆研究の成果からすれば、神田千里（『信長と石山合戦』、吉川弘文館、一九九五年、三九〜四〇頁）が以下のように破門権に言及していることは、この問題を考えるに、大いに参考になる。

本願寺が武装蜂起について門徒に求めたのは、（中略）後生救済の道を教えてくれた親鸞への報恩である。（中略）ただ、後生の救いの道を教えた宗祖に恩返しするために、親鸞の家や子孫すなわち本願寺が立ち行くように身命を賭して奉公せよ、（中略）だから本願寺は、奉公しない門徒は地獄に落ちる、などといったわけではない。単に忘恩の徒として破門するといったにすぎない。だがこれは、地獄に落とすというにも等しい宣告であった。本願寺宗主一族が、個々の門徒の往生如何を思いのままに左右できる、と信じこんでいた門徒たちにとっては、破門とはまさに堕地獄そのものだったからである。

このような破門のあり方は、慶念の善知識信仰と対応したものとみることができる。『朝鮮日々記』に多出する善知識の「御定」「御諚」、あるいは「仰せ」、それに「もれる」というのはまさに破門を意味したであろう。そのように善知識の仰せに背反し、その結果往生が不定となることが「あさまし」でもあった。

このことを逆からみれば、本願寺宗主は人々を地獄のような現実から救済すべく、弥陀の本願を人々に伝える善知識であって、人々はその慈悲のもとで石山戦争を戦ったといえる。これを「善知識幻想」というなら、同じく人々の現世安穏後生善処の願いに対して、たとえば信長が安土の総見寺に参詣する者には現当二世の利益があると説き、秀吉が刀狩令で大仏への結縁がやはり現当二世の利益を受けると説いたように、統一政権の権力者たちも人々の救済を説いて「天下さま幻想」をふりまいたのであった。したがって石山戦争は、民衆救済をめぐる宗教権威と世俗権力の決戦、「善知識幻想」と「天下さま幻想」の決戦であった。敗退し征服された「善知識幻想」＝宗教権威とその支配下の民衆は、征服者の「天下さま幻想」＝世俗権力に吸収され、それに奉仕することを求められる。〈征服〉戦争が国外に転じたとき、慶念が「日本は神国」といったような、国家イデオロギーにくるまれた「天下さま幻想」に「善知識幻想」は吸収され、「天下さま＝善知識幻想」として一体化するのである。

このような二重の幻想のもとで、一向一揆の子孫たちも〈征服〉戦争に従軍を強制された。朝鮮〈征服〉戦争は、「天下さま」と善知識が人々の現当二世の救済を実現する戦争とされることによって、それが可能となった。しかるに〈征服〉戦争としての現実があからさまになり、現前の地獄と感じられたとき、この二重の幻想は破綻し始める。「天下さま幻想」が救済幻想としての力を失うなかで「善知識幻想」がこれを補うように浮上してくる。慶念は現前の地獄を「うき世」として厭い、ひたすら往生を求めて善知識への報謝行に徹することで生をまっとうしたのである。慶念は善知識信仰を再生産し、それへの報謝行にすがり、その困難さゆえに「あさまし」を連発した。これが「厭戦」=「厭世」であった。

あとがき

定年を迎えて二年目、宿題であった真宗思想史の第一論文集をようやくまとめることができた。既発表の論文を読み返してみれば、意に満たぬことばかりで、呆然、途方にくれる思いに悩まされた。修正に取りかかってみたものの、集中力が続かない。三十分か一時間もすれば、疲労を覚え、ぷっつりと集中力が途切れてしまう。しばし休んでなだめすかして再開すれば、はて何をやっていたのかと考えこまねばならない。疲労、途切れ、忘却に悩まされて、大幅改訂は見送らざるを得なかった。ただ、大学に居れば雑務に追い回される二月三月、引退の身の幸せは、人様の多忙を横目に、他事に悩まされることなく集中できる時期をもてたこと。最低限の修正でようやく何とかまとめあげることができた。

意に満たないことの一つは、あまりにも目配りがなさ過ぎることであった。いずれもいずれも、時間に追われて、ともかく手元の材料で、なりふりかまわずに、ええーいと一気に仕上げた論文ばかりである。真宗思想史を標榜するからには、思想史の成果を踏まえるとともに、真宗教学の研究に学ぶことが不可欠である。そのことに気づいてはいたが、江戸の宗学から現在に至るまでの夥しい業績が聳え立っていて、にわか勉強ではいかんともしがたい。既発表論文はほとんどそれらを捨象しており、今回気づいた若干のことがらを補説的に付け加えたが、まだまだ十分ではない。

各章の始めに付した文章は、改訂ができなかったことの言い訳である。本来なら、「あとがき」にでも初出一覧と改訂の有無を記せばいいことであるが、すでに単行の論文として読んでおられる方に対しても、あらためて読んでいただく前に、修正のことなど最低限の事柄を示さなければ、気持ちが治まらなかったからと、了解されたい。

折から、八年後の親鸞七百五十回御遠忌へ向かっての準備が周辺でも始まってきた。それなのに、私は、五百回御遠忌が終わって過去の人になりつつある蓮如をいまだに追い回している。いったい何の意味があるのか。次の親鸞御遠忌は「宗祖」親鸞に出遇うものだと真宗大谷派の宗務総長が言い出し、一定の共感を得たのであるが、そのことを私流に言えば、御開山親鸞聖人に出遇うことであり、それは人々の親鸞受容史である。そうすれば、そこの中核に蓮如がいる。もとよりこの論文集はそのようなことを意識して書かれたものではないが、振り返ってみれば、まんざら的はずれでもない。蓮如を介して御開山親鸞聖人に出遇ったのが一向一揆の人々であり、その人々の救済を第一義としたのが御文であった。その蓮如を御開山に見たて仏と仰いだのが実悟の蓮如像であった。

蓮如と御文を問題化することは、その教えによって江戸を生き、今を生きる門徒の人々の信仰を考えることであった。その信仰は、実証できないものは信じられないという近代の精神によって、遅れたもの、克服さるべき信仰として貶められてきた。それなら、そのような信仰に生きた人々は救われなかったのか、そのような信仰を産み育てた蓮如教学は、救済されざる人々を産みだしたのか。そうではなかろう。それなら、それを捉える視点は何処にあるのか。この疑問が私の真宗思想史の出発点であり、基軸である。救われざる人々を救い取る、というのが真宗という宗教の根源的立脚地であるなら、その真宗という宗教を思想史として捉えるとは、いったいいかなる営為なのか。

宗教思想史を「宗教思想」の歴史と捉えるなら、一定の客観性が不可欠である。しかし、人々の生に生きて働いていた信仰の歴史という見方に立つなら、そしてまた、その信仰の根底の、救われざる者の自覚を研究者が共有する場合、おのれの生きざまとのかかわりにおいて、「私にとって」という一人性が求められてくる。そこには宗教（信仰）の立場と思想史「学」としての成り立ちの二律背反がある。けれども信仰は、どこまでも一人性に立ちながら、その一人性がそのままで「われら」という普遍性を開いてくるはずである。信仰が一人性と普遍性の両義性においてあるなら、それは、研究者と研究対象の間に宗教思想史という場を成り立たせるものであるはずである。おのれの一人性が、信仰の歴史という場においていかに普遍性を獲得できるか、といってもよい。

救われざる者とされた人々の信仰史として一向一揆を捉え返せば、真宗における救済と一揆、つまりは宗教における暴力という、実に厄介な問題が立ちはだかる。それはおのれの真宗が問われることでもある。一向一揆の見方においては、輝かしい民衆闘争史、日本の民衆共和国というような評価は姿を消し、数年前のオウム真理教――サリン事件以来、現今の宗教を背景とするといわれるテロに至るまでの、宗教と暴力というテーマが問題化すると、むしろ否定的に扱われ出した。一向一揆はかなりの専門知識を有しなければ理解できないせいだろうと思うのだが、宗教とテロというような一般の評論で一向一揆が取り上げられることはあまりないから、一向一揆の意義を否定する声は必ずしも大きくないが、そのような無言の評価がひしひしと感じられる。一向一揆は宗教暴力であり、そのような一揆を指導したのなら蓮如は麻原彰晃と同じだ、という意見である。そうであれば、真宗教学からの蓮如批判と相俟って、一向一揆の人々は誤った信仰に導かれて救われざる道に踏み入ったということになる。一向一揆の人々は救われなかったのか。そうではなく、一向一揆の人々はそのままで救われると説いたのが蓮如だ、と私は考える。そのとき、親鸞における悪と救済に関しての、そしてそれを受け継いだ蓮如の救済論を、山折哲雄が条件付救済論であるというのは無視できない。その声の大きさに比して、か細い声ながらあえて一言なかるべからずで、補論を書かざるをえなかった。

中世宗教思想史の戦国段階における宗教化状況と、そこでの最高神観念の形成に蓮如の阿弥陀仏観念を据え付ける、という本書の構成からいえば、第二編御文の思想史においても、そのことがもっと前面に出なければならなかった。各論は最高神観念など関係ないような書き方であるが、私の頭のなかでは一貫してそれを踏まえているつもりである。このことを軸に第二編の各章が書き改められるのが理想であったが、なしえなかった。ここで言及することで、そのように読んでいただくことをお願いするだけである。また第三編は生身の仏が主要テーマでありながら、その観念と最高神観念のかかわりが論じられねばならなかったが、これまた果たしえなかった。問題に気づきながら、いまだ有効な論理を見出せていないためである。読者からのご教示を待って、いずれなさねばならない宿題としたい。

なお本書の蓮如をイメージ的に強調した講演録を刊行する予定である。また真宗思想史の展開というテーマの第二論文集として、江戸における真宗思想史を構想している。すでに残日のなか、たどりつかねばならないとの思いは強いが、はたしてかなえられるかどうか、いささか心もとない。

売れない論文集の出版を快諾していただいた法藏館の社長西村七兵衛氏、編集長上別府茂氏、面倒な原稿を丁寧に見ていただいた担当の大山靖子さんに、そして索引作成についての前田一郎氏の御協力に心から御礼もうしあげます。

二〇〇四年九月二〇日

大桑　斉

大桑　斉（おおくわ　ひとし）
1937年石川県金沢市に生まれる。1960年金沢大学法文学部史学科卒業。1967年大谷大学大学院博士課程満期退学。1974年同大学専任講師，のち助教授を経て，1984年同大学教授。現在，同大学名誉教授。この間，同大学図書館長・同大学院文学研究科長・仏教史学会会長を務める。博士（文学）。
主要な編著書は，『寺檀の思想』（ニュートンプレス，1979年），『日本近世の思想と仏教』（法藏館，1989年），『シンポジウム〈徳川イデオロギー〉』（共編，ぺりかん社，1996年），『蓮如上人遺徳記読解』（東本願寺出版部，2002年），『日本仏教の近世』（法藏館，2003年），『論集　仏教土着』（編，法藏館，2003年）など。

戦国期宗教思想史と蓮如
二〇〇六年六月一日　初版第一刷発行
著　者　大桑　斉
発行者　西村七兵衛
発行所　株式会社法藏館
京都市下京区正面通烏丸東入
郵便番号　六〇〇－八一五三
電話　〇七五－三四三－〇〇三〇（編集）
〇七五－三四三－五六五六（営業）
印刷・製本　中村印刷株式会社

ISBN 4-8318-7467-1 C3021

索　引

・Ⅰ　名辞索引，Ⅱ　御文帖通・遺文索引，Ⅲ　文献名・条項索引に分類した。

・Ⅰ　名辞索引

①固有名詞，及び歴史的名辞・真宗教学用語などの内，意味的に重要なものを，本文に限って採録した。本文中の表・年表，及び註などは含まれない。

②蓮如，実悟，御文，王法，慶念など，章の主題となっている名辞は，「蓮如　3,5～8,16,……,(第二章～第八章),254,……」のように表記した。

③略称・略記及び表記上に差異があっても，同一の名辞は一括した。

④本文に地名・肩書・通称・官途名などが付された人名，逆に略称で表記されているものは，その表記に従って立項した。

・Ⅱ　御文帖通・遺文索引

①本文で使用した御文の各帖各通を立項し，番号順に配列した。

②帖外御文を含めた「遺文」(『真宗史料集成』第二巻「諸文集」)をその番号順に配列した。

・Ⅲ　文献名・条項索引

①本文で使用した歴史的文献，ならびにその条項を立項した。歴史的文献であっても，箇条書でないもの（例えば『拾塵記』など）は，名辞索引に挿入した。

②おおよその成立年代に従って配列した。

Ⅰ　名辞索引

あ行

か行

た行

ま行

や行

ら行

わ行

Ⅱ　御文帖通・遺文索引

総　称

別　本

各通別称

五帖御文各帖・通

遺　文

Ⅲ　文献名・条項索引